2021年度四川省重点出版项目专项补助资金项目
典型铁路隧道工程创新技术丛书

非圆盾构法
隧道建造关键技术

郑余朝　申志军　仇文革　著

西南交通大学出版社
·成都·

图书在版编目（CIP）数据

非圆盾构法隧道建造关键技术 / 郑余朝，申志军，仇文革著. --成都：西南交通大学出版社，2024.6
ISBN 978-7-5643-9670-1

Ⅰ. ①非… Ⅱ. ①郑… ②申… ③仇… Ⅲ. ①隧道施工－盾构法－研究 Ⅳ. ①U455.43

中国国家版本馆 CIP 数据核字（2024）第 008989 号

Feiyuan Dungoufa Suidao Jianzao Guanjian Jishu
非圆盾构法隧道建造关键技术

郑余朝　申志军　仇文革 / 著

出 版 人 / 王建琼
策划编辑 / 黄庆斌　李芳芳　李华宇　韩　林
责任编辑 / 王同晓
责任校对 / 蔡　蕾
封面设计 / GT 工作室

西南交通大学出版社出版发行
（四川省成都市金牛区二环路北一段 111 号西南交通大学创新大厦 21 楼　610031）
营销部电话：028-87600564　028-87600533
网址：http://www.xnjdcbs.com
印刷：四川玖艺呈现印刷有限公司

成品尺寸　185 mm×260 mm
印张　14　字数　347 千
版次　2024 年 6 月第 1 版　印次　2024 年 6 月第 1 次
书号　ISBN 978-7-5643-9670-1
定价　68.00 元

图书如有印装质量问题　本社负责退换
版权所有　盗版必究　举报电话：028-87600562

非圆盾构法隧道建造关键技术编写委员会

主　　任：郑余朝　申志军　仇文革

副 主 任：贾连辉　邓明长　章龙管　夏　勇　王江红

成　　员：王　刚　安刚建　薛广记　朱祥勇　艾旭峰
　　　　　路桂珍　袁　铁　毕清泉　汪　洋　段东亚
　　　　　范　磊　高　进　王　成　宫廷民　袁正璞
　　　　　龚　伦　章慧健　孙克国　王海彦　张自光
　　　　　李志刚　李冬生　杨昌闲

前言

马蹄形、矩形等非圆形断面的隧道具有断面利用率高、圬工量小、布置灵活等优点，契合当今社会对地下空间开发日益增长的需求，可广泛应用于交通隧道、地下综合管廊、地铁车站、地下停车场等领域。盾构法则具有机械化程度高、施工进度快、安全系数高、扰动影响小等优点。因此，非圆断面盾构法兼具上述优点，应用场景和市场需求十分广阔。

实际上，布鲁内尔发明的世界上第一台盾构就是矩形断面盾构。然而，非圆断面盾构难以实现机械化开挖和衬砌拼装等，并未在当时得到大量应用和充分发展。取而代之的是圆形盾构，其在城市地铁区间隧道和跨江越海通道工程中得到了广泛应用。近几十年来，随着经济和科技的发展，机械设计和制造技术得到了长足进步，伴随着城市地下空间开发利用蓬勃发展，非圆断面盾构隧道犹如枯木逢春，得到了新的发展契机，涌现了马蹄形盾构、矩形盾构和 U 形敞口盾构等多种形式非圆盾构。

本书围绕非圆盾构法隧道修建技术的研究和工程实践，结合了浩吉铁路白城隧道、成都市人民南路和三环路地下人行通道及海口市椰海大道城市综合管廊工程项目，介绍了非圆断面隧道工法比选、非圆断面盾构机研制、非圆断面管片结构设计、非圆断面盾构掘进关键技术、非圆断面盾构优化改造以及非圆断面盾构数字化技术与管理平台，以期为读者提供非圆断面盾构隧道的设备研发、结构设计、施工工艺、掘进控制与优化等方面的一些参考，为推动国内外非圆盾构隧道修建技术的发展贡献一份力量。

本书的撰写得到了浩吉铁路股份有限公司、中铁四局集团有限公司、中国铁路设计集团有限公司、中铁工程装备集团有限公司、西南交通大学、成都天佑智隧科技有限公司、成都建工集团有限公司等单位的支持和帮助，在此衷心地表示感谢。

由于著者水平有限，难免有疏漏之处，敬请读者提出宝贵意见。

作　者

2023 年 8 月

目 录

第1章 绪 论 ··········· 001
1.1 非圆盾构法现状 ··········· 001
1.2 非圆盾构法的发展趋势 ··········· 002

第2章 马蹄形盾构机依托工程及设计 ··········· 004
2.1 浩吉铁路白城隧道工程概况 ··········· 004
2.2 黄土山岭隧道施工工法比选 ··········· 006
2.3 超大断面马蹄形盾构机总体设计 ··········· 015
2.4 超大断面马蹄形盾构机多刀盘联合开挖设计 ··········· 016
2.5 大断面马蹄形盾构机紧凑型刀盘驱动设计与联合控制 ··········· 019
2.6 超大断面马蹄形盾构管片设计 ··········· 021
2.7 小结 ··········· 039

第3章 马蹄形盾构掘进施工技术 ··········· 040
3.1 始发技术 ··········· 040
3.2 马蹄形盾构掘进参数选取及优化 ··········· 044
3.3 马蹄形盾构管片拼装技术 ··········· 047
3.4 马蹄形盾构机姿态控制技术 ··········· 049
3.5 马蹄形盾构渣土改良技术 ··········· 050
3.6 马蹄形盾构同步注浆材料及配合比研究 ··········· 058
3.7 马蹄形盾构机盲区处理技术 ··········· 070
3.8 连续皮带机不间断出渣技术 ··········· 072
3.9 马蹄形盾构接收技术 ··········· 073
3.10 施工监控量测技术 ··········· 078
3.11 小结 ··········· 081

第 4 章　马蹄形盾构管片结构现场力学测试 …… 082

4.1 现场力学测试方案 …… 082
4.2 现场力学测试监测结果分析 …… 083
4.3 实测内力与设计计算内力对比分析 …… 093
4.4 小结 …… 094

第 5 章　矩形盾构顶掘工程设计 …… 095

5.1 成都市地下人行通道工程概况 …… 095
5.2 砂卵石地层市政隧道工法比选 …… 097
5.3 矩形盾构机总体设计 …… 099
5.4 双螺旋输送机联合出渣与土压控制 …… 101
5.5 矩形盾构管节设计 …… 106
5.6 小结 …… 113

第 6 章　矩形盾构顶掘施工技术 …… 114

6.1 矩形盾构顶掘施工总体方案 …… 114
6.2 掘进加固方案 …… 115
6.3 设备吊装方案 …… 115
6.4 施工专项方案 …… 115
6.5 施工测量方案 …… 122
6.6 掘进减摩技术 …… 127
6.7 渣土改良技术 …… 127
6.8 黏土系统 …… 133
6.9 小结 …… 134

第 7 章　矩形盾构机优化改造 …… 135

7.1 刀盘结构优化改造 …… 135
7.2 刀盘驱动优化改造 …… 144
7.3 螺旋输送机优化改造 …… 146
7.4 螺旋输送机保压密封装置改造 …… 154
7.5 小结 …… 156

第8章 U形敞口盾构机工程 ······ 157

8.1 海口市椰海大道西延段地下综合管廊概况 ········ 157
8.2 U形敞口盾构机总体设计 ······ 158
8.3 U形盾构掘进施工技术 ······ 160
8.4 小结 ······ 182

第9章 马蹄形盾构隧道 BIM 技术与信息化系统 ········ 183

9.1 地质三维数字模型 ······ 183
9.2 隧道及管片结构三维数字模型 ······ 185
9.3 盾构机三维数字模型 ······ 199
9.4 施工过程及控制三维数字模型 ······ 201
9.5 盾构项目管理系统 ······ 206
9.6 小结 ······ 209

参考文献 ······ 210

第1章　绪　论

隧道及地下工程一般采用非圆断面，断面净空常常根据几何尺寸需求和受力情况而确定。但由于圆形断面机械化开挖和衬砌拼装便捷，目前绝大多数盾构机采用圆形断面，导致盾构法隧道的结构断面通常为圆形。然而回到使用功能上，许多隧道底部需要平底板，为满足使用限界，常通过回填混凝土或结构分隔将圆形断面变为非圆断面。因此，直接开挖非圆断面隧道更能贴近使用限界，可以减少土方开挖和空间浪费，达到降能耗、减成本、更环保的目的。但目前非圆断面隧道及地下空间的开发多采用明挖法、矿山法、新奥法、浅埋暗挖法等传统工法，存在机械化配套水平低、工人劳动强度高、作业环境差、受环境影响大等不足。而常规圆形盾构机具有安全性好、施工效率高、施工质量好、受环境影响小等显著优点，但难以满足狭窄地下空间、浅覆土、高空间利用率等隧道施工需求，且费用较高。因此，发展非圆盾构工法是新的解决方案。

1.1 非圆盾构法现状

盾构法作为隧道建设的主要施工方法，具有施工速度快、安全程度高和对周围环境扰动小的优点。其核心的盾构机，即"盾构隧道掘进机"，是隧道开挖过程中使用相当广泛的专业性机械。通过不断发展，如今的盾构机已成为集光、电、液、传感和信息技术于一体的综合性机械，其强大的功能主要体现在四个方面：切削土体、运送渣土、测量导向及纠偏、管片衬砌的自动拼装。

盾构法的应用与发展与盾构机械密不可分，人类历史上第一台盾构机于1825年由法国人布鲁内尔发明，为矩形断面，断面尺寸为 11.4 m × 6.8 m，采用手掘式开挖，从此拉开了盾构法隧道施工的序幕。

此后，受机械设计制造和隧道结构施工技术水平影响，非圆盾构法发展缓慢。而圆形盾构隧道由于衬砌结构受力性能好，以及便于实现机械化开挖和衬砌拼装等优点，迅速发展成为主流。在此后的100余年内，绝大多数用盾构法开挖的隧道采用的是圆形盾构机。直到20世纪中叶，随着经济发展和城市地下空间开发利用需求快速增加，以及材料技术、结构设计技术、工程机械技术的长足进步，非圆盾构又得到了新的发展契机。

非圆盾构机开挖隧道的施工工艺、流程与单圆盾构机开挖隧道基本类似，主要包括准备工作（地质勘查等）、工作井施作、端头加固、盾构机组装调试、始发掘进、土体开挖、注浆管理、衬砌支护、渣土运输、到达接收等环节，但是各个环节的施工方法和技术要求与圆形断面盾构机开挖隧道施工不尽相同，特别是在管片拼装技术、沉降控制技术、姿态控制技术、盲区处理技术、渣土改良技术等方面具有显著的差异。

从世界范围来看，目前已进行非圆盾构技术研发并付诸实际应用的国家主要是中国和日本。日本受国土资源的限制，对地下空间的开发非常重视，于20世纪60年代开始对非圆断面隧道建设与非圆断面隧道掘进机技术展开研究，并于20世纪90年代开始快速推广。日本曾先后进行了矩形断面、椭圆断面、双圆断面、多圆断面盾构施工技术的试验研究和工程应用，取得了突出的成绩。日本的非圆盾构机设备种类齐全，包括矩形、椭圆形、马蹄形、自由断面、多圆等多种非圆盾构机，并在市政、过街通道、综合管廊等领域的多个项目得到了广泛应用，整体技术水平世界领先。在马蹄形掘进机领域，日本有初步概念设计，但并无工程应用案例，其研究也仅停留在理论研究阶段，其在上部装有大圆形刀盘，下部装配2个圆形小刀盘，断面适应能力有限。

我国于20世纪90年代才开始进行非圆盾构技术方面的研究与工程应用。上海地铁6号、8号和10号线均先后应用了双圆盾构工法，宁波地铁采用了类矩形盾构工法。大量的市政隧道也采用了矩形盾构顶管进行施工，如佛山南海大道下穿隧道工程、湖州市城图广场地下过街通道工程、成都市人民南路地下人行通道工程等。海口市地下综合管廊工程则采用了U形敞口盾构施工。经过短短30年，我国盾构机装备制造和施工技术实现了跨越式发展，地质上从软土小断面拓展到复合地层超大断面，装备类型上实现了从单一矩形断面盾构机到双圆、类矩形盾构机等多类型的转变。

各种断面形状的盾构机都有各自的特点，适用于不同的功能需求和不同的工程。如矩形盾构机能最大限度地提高空间利用率，但是衬砌结构受力较差，一般适用于城市浅覆土和高程受限的隧道工程；双圆盾构机或类矩形盾构机可同时修建左右线，提高空间利用率和施工效率；三圆盾构机非常契合地铁车站特殊的空间和结构形式；U形敞口盾构机可实现U形槽等隧道引入段的施工和结构施作；马蹄形盾构机结构受力优于矩形盾构机，空间利用率优于圆形盾构机，适用于长距离的山岭隧道，也可用于城市深埋地下空间开发。

1.2 非圆盾构法的发展趋势

非圆断面隧道具有空间利用率高、功能匹配性强、断面灵活、空间利用率高等显著优点，可以减少土方开挖和空间浪费，达到降能耗、降成本、提效率的目的。异形断面盾构技术必将迎来新的春天。随着盾构机设计和制造技术、结构设计技术的进步，以及非圆盾构案例的丰富，非圆断面隧道必将进入高速发展阶段，其适用场合和发展趋势如下：

（1）圆形断面隧道施工一般需要1倍洞径以上埋深，许多情况下无法满足这个要求，而非圆断面隧道能适应覆土更浅的施工，同时，非圆断面隧道也能减小结构高度，使线路布置更加便捷灵活，具有更显著的经济和社会效益。

（2）采用非圆断面可减少开挖面积，减少开挖量和渣土处理量，同时也避免了多余空间的回填，既节省了地下空间资源，又降低了造价。

（3）在复线铁路、公路隧道中，非圆断面可以一次性获得合理的隧道断面，避免平行推进两条较小断面隧道的施工情况，更加经济、高效。

（4）发展非圆盾构技术在很大程度上也契合了黄土山岭隧道修建技术的发展需求，非圆盾构法既能够克服黄土隧道采用传统施工方法安全性低、施工进度慢、变形控制能力弱、劳动强度高、作业环境差、质量控制难等缺点，又能够弥补常规圆形盾构隧道空间利用率低、施工成本高、能量和材料消耗大的不足，可实现黄土隧道安全高效、变形可控、质量稳定、经济合理的修建。

随着科学技术的发展，非圆盾构法施工将会获得更多的技术支持与优势。因此，在大量的山岭隧道和市政隧道建设中，需要广大工程技术人员积极开拓、勇于研发和实践非圆盾构法施工，推动非圆盾构技术的应用与发展。

第 2 章　马蹄形盾构机依托工程及设计

在世界隧道史上，虽然日本最早提出了马蹄形盾构隧道构想，但并未真正实施。山岭隧道一般会有基岩出露，当前以矿山法和掘进机为主。而在我国大量的山岭黄土隧道中，由于地质的不确定性和惯性思维，也以矿山法为主。在浩（勒报吉）吉（安）铁路（原名蒙华铁路）黄土山岭隧道建设中，终于迎来了采用盾构施工及马蹄形断面的契机。

2.1　浩吉铁路白城隧道工程概况

浩吉铁路是我国一次性建设的最大规模运煤专线，是"北煤南运"工程的运输通道，北起内蒙古浩勒报吉站，南至江西吉安站，线路全长 1837 km，规划设计输送能力为 2 亿吨，它的建设对于完善路网布局、开发煤炭资源、带动经济发展，都具有十分重要的意义。

浩吉铁路土建工程 MHTJ-3 标段地处内蒙古乌审旗及陕西靖边县境内，西起海则滩，东至石干沟，沿线地形起伏变化，地面情况复杂。标段内盾构隧道穿越"三管三线一塔"[延长天然气管道（埋深 7 m）、延长供水管道（埋深 10.79 m）、长庆石油管道（埋深 12 m）；包茂高速公路（近正交，埋深 28 m）、海机线（埋深 67.5 m）、大车路（66.4 m）；高压线塔（左 8 m，右 28 m）] 等特殊地段。

白城隧道为速度 120 km/h 单洞双线电气化铁路隧道，隧道进口里程为 DK206+365，出口里程为 DK209+710，隧道全长 3345 m，隧道进出口各有 210 m、100 m 明洞。隧道全段位于直线上，纵坡为人字坡，坡度分别为 4.5‰、3‰、−3.112‰。隧道最大埋深为 81 m，最小埋深为 7 m。隧道围岩级别为 Ⅴ、Ⅵ 级，其中 Ⅴ 级段 2730 m、Ⅵ 级段 305 m。隧道主要穿越地层为砂质新黄土（Q_3^{eol}），隧道进口以细砂为主，出口以粉砂为主。隧道范围内无地下水。白城隧道平面位置示意图及纵断面图见图 2.1-1 和图 2.1-2。

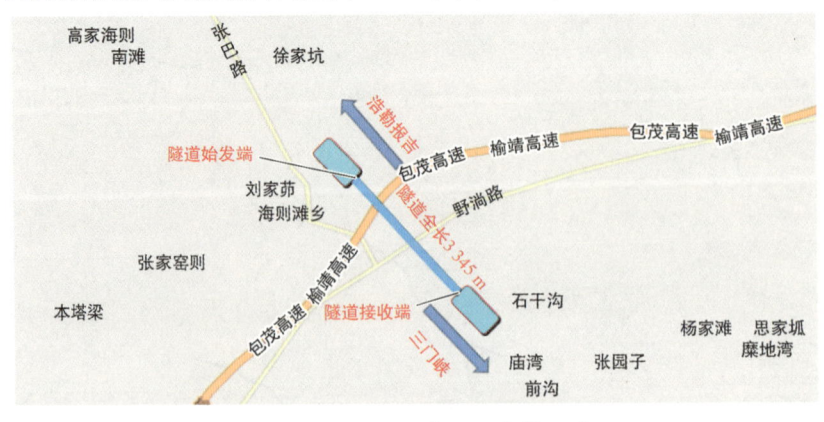

图 2.1-1　白城隧道平面位置示意

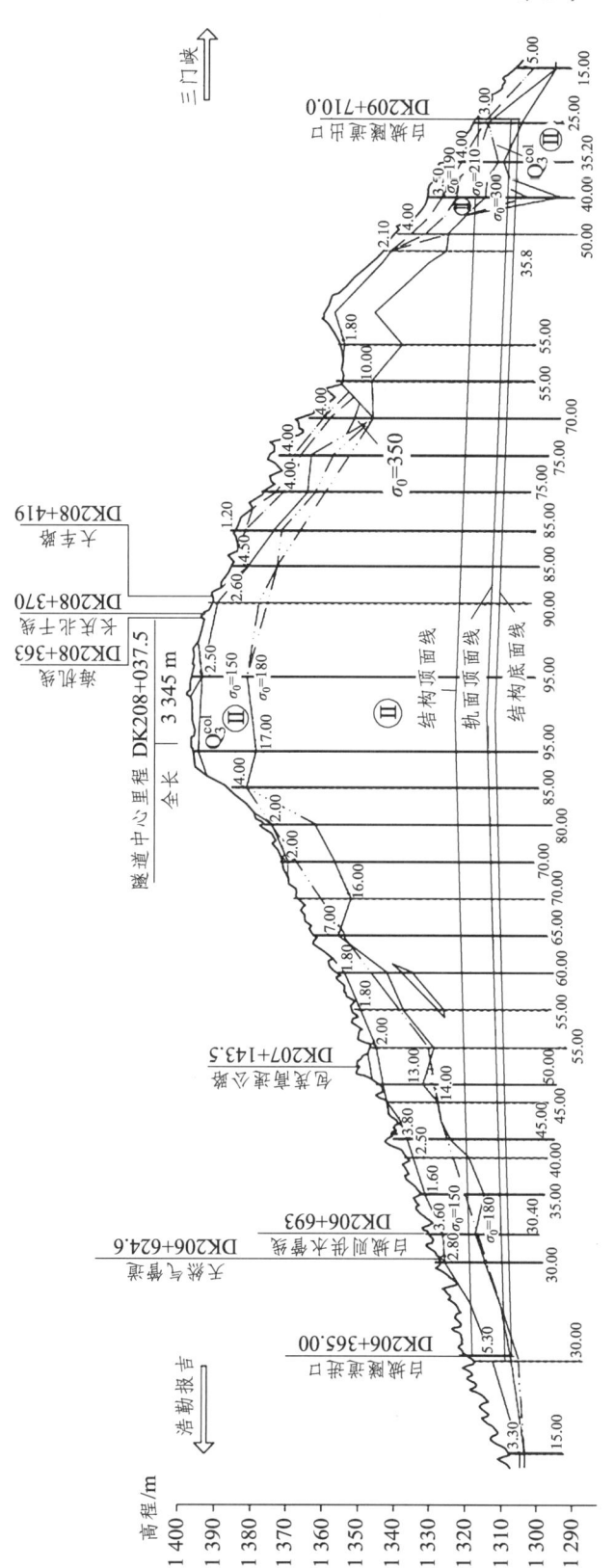

图 2.1-2 白城隧道纵断面图

白城隧道开挖面积为 104.175 m²，成型隧道净空面积为 81.295 m²，隧道衬砌内轮廓轨面以上有效净空面积为 63.6 m²，进出口明洞内轮廓与隧道内轮廓一致，均设计为马蹄形断面，如图 2.1-3 所示。

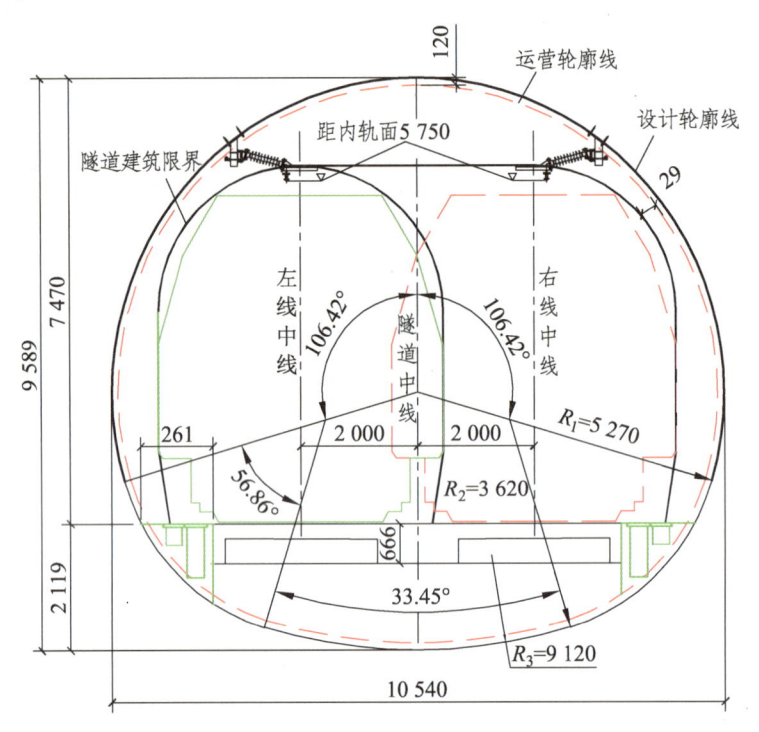

图 2.1-3　白城隧道设计轮廓（单位：mm）

2.2　黄土山岭隧道施工工法比选

在黄土山岭隧道中，开挖方法主要以矿山法为主，因为适用范围广泛，断面选择自由度大，也较为经济；但在白城隧道中，洞身工程地质为稍密、稍湿，局部具空隙的砂质新黄土，进口表层分布着松散的风积沙，因此矿山法施工需要辅助工法和大刚度的支护，导致进度慢、造价高，同时施工的风险也会增加。而盾构工法对于土质地层，具有较大的优势，因此提出了采用盾构法施工白城隧道的设想。

盾构法施工在城市浅层地层和跨江越海隧道的施工中得到了大量应用。在断面形式上，常规盾构以圆形为主，特别当面对双线大断面的形式下，大部分为大断面圆形盾构。国际上也有采用双圆甚至三圆土压平衡盾构的先例，但存在开挖断面加大、受力效果差、支护构件增加的劣势。若采用盾构法施工，则首先需要研究盾构法是否适用，并进行盾构机选型。在此基础上，需要在盾构法和矿山法、单一刀盘和多刀盘、圆形和马蹄形断面这三个方面进行综合比选，得出合理的施工方案。为了选定安全、经济和高效的施工方法，对矿山法和盾构工法进行了相应的比选。

2.2.1 矿山法设计

进、出口明洞设计采用明挖法施工；其余地段设计采用矿山法施工，具体分部方法为中隔壁法施工和双侧壁导坑法施工，其中Ⅴ、Ⅵ级围岩地段设计采用三台阶大拱脚临时仰拱法施工。下穿包茂高速公路段设计采用双层ϕ159 mm长管棚进行超前预支护，出口段粉砂地层设计采用地表旋喷桩预加固等工艺工法，并在隧道中心处设置施工斜井1座，与隧道斜交54°，长度465 m，由进口、出口、斜井等4个工作面组织施工。该施工工法的工艺复杂多样，实施具有一定难度。

2.2.2 盾构法设计

隧道结构设计采用马蹄形断面钢筋混凝土管片结构，断面由3种半径4段圆弧构成，环宽1.6 m、厚0.5 m，成环尺寸高10.589 m、宽11.540 m。设计采用结构刚度大的"7+1"分块模式，该模式拼装便利、速度快，且有利于控制结构变形，见图2.2-1。管片按照覆土<1.5D，（1.5～2.5）D，≥2.5D（D为洞径）进行了配筋计算，并对接头的连接方式、螺栓直径和角度、孔洞公差进行了研究，最终确定采用环向44颗RD30螺栓，纵向16颗RD36螺栓的方案。管片设置奇偶环，无楔形量，采取错缝拼装。管片混凝土等级为C50，抗渗等级为P10，单片管片最重约10 t。

（a）设计图　　　　　　　　（b）分块示意

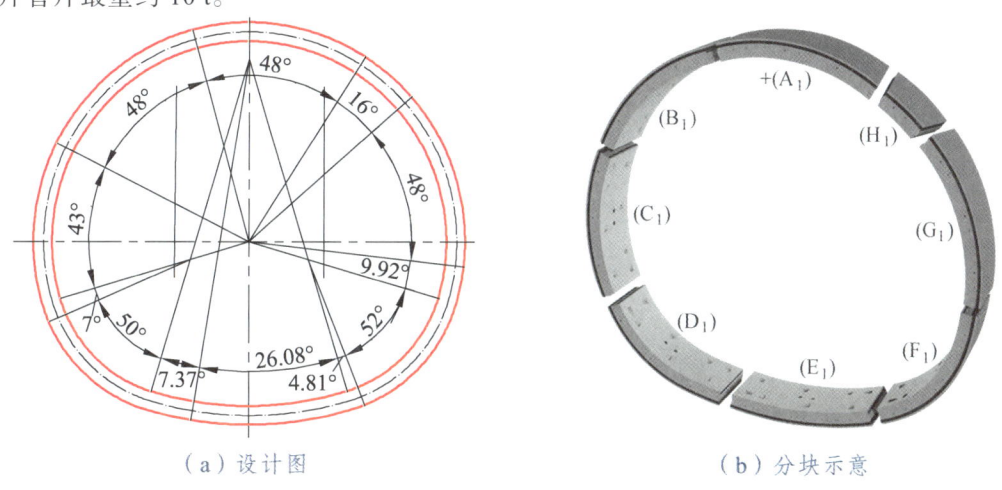

图2.2-1　管片分块

隧道黄土地基承载力为180 kPa，盾构机主机重量与盾体投影面积比值为40 kPa，小于隧道黄土地基承载力，且小于开挖土产生的压力，能够保证主机掘进过程中不会下沉，满足盾构法施工要求。

白城隧道地下水不发育，当采用土压平衡盾构机掘进时，易于获得流塑性良好的渣土建立土舱的平衡压力，掘进时能够有效地控制地表沉降。因此白城隧道若采用盾构法施工，则应选择土压平衡盾构机。

2.2.3 安全比选

1. 安全比选重要性

隧道为地下线形工程建筑物，隧道工程开挖施工属地下作业，存在很多不安全的因素，有塌方、冒顶片帮、危石坠落、物质打击、爆破和运输事故、车辆伤害、机械伤害、起重伤害、瓦斯爆炸、岩爆、中毒和窒息、触电、火灾、灼烫、涌水、淹溺、放炮及其他伤害。

施工过程涉及作业人员、施工设备、主辅材料（包括原材料、半成品、构配件和工程设备等）、工法流程、作业环境、辅助设施和组织管理等施工要素。危险源的产生与施工要素状态密切相关，因此，危险源的辨识、控制与施工方法紧密相联。选择合适的施工方法，确保安全生产是建设工程项目能够得到顺利进展的关键因素。

2. 安全比选方法

定量安全评价分析方法，指对施工方法或施工方案采用的作业人员、施工设备、主辅材料（包括原材料、半成品、构配件和工程设备等）、工法流程、作业环境、辅助设施和组织管理等方面的状况进行科学统计和定量计算，确定评价结果的方法。

非定量安全评价分析方法，是相对于定量安全评价分析法的，其显著特点是评价者根据自身具备的素质、能力、知识和经验，凭借主观或直观判断能力，对施工方法或施工方案采用的作业人员、施工设备、主辅材料（包括原材料、半成品、构配件和工程设备等）、工法流程、作业环境、辅助设施和组织管理等方面的状况进行分析、判断，确定评价结果的方法。

3. 安全比选结论

（1）新黄土地层。

采用矿山法：隧道进、出口浅埋段为松散的粉细砂地层，不能自稳，容易发生流砂及坍塌；洞身为砂质新黄土，地层松散，掌子面不易稳定，易坍塌。

采用盾构法：盾构施工具有保压系统和注浆系统，不会出现无支护状态，同时能够建立土舱的平衡压力，掘进时能够有效控制地表沉降，稳定掌子面。

（2）下穿构筑物。

采用矿山法：下穿包茂高速公路、天然气管及供水管段时，地表沉降不易控制，易导致地表开裂和气管、水管开裂。

采用盾构法：下穿包茂高速公路、天然气管及供水管段时，对地层扰动较小，能够较好控制沉降并满足小于沉降控制值的要求，施工风险较低。

并且矿山法设计措施中，下穿包茂高速公路段预支护采用隧道拱部150°范围ϕ159 mm双层大管棚，每个管棚内设置根ϕ22 mm钢筋形成钢筋笼增强管棚刚度，穿越包茂高速公路段管棚一次施作，施作前先施作管棚工作室，管棚加固范围考虑隧道施工破裂角影响，拟定加固范围为包茂高速公路中线左右两侧各 50 m。隧道结构初期支护厚 30 cm，采用 I22b 型钢钢架，钢架间距 0.5 m，二次衬砌厚度 60 cm。施工工法采用双侧壁法。

考虑到包茂高速车流密集，下穿段地层条件较差（基本为砂质黄土为主），地方主管部门要求，隧道上部高速公路路基须变为桥梁以确保安全。

三种方案具体如表 2.2-1 所示。

表 2.2-1　白城隧道下穿包茂高速施工方案比较

方案名称	矿山法方案	地表桥方案	盾构法方案
辅助措施投资	约 421 万元人民币（含管棚及双侧壁工法）	约 635.5 万元人民币（架桥费用）	约 571 万元人民币
优点	对地表行车干扰较小，但仍需要包茂高速公路限速行驶	施工较矿山法安全，但仍存在一定隐患	① 对地表行车不存在干扰；② 施工安全可控
缺点	① 施工安全及地表行车安全不可控；② 管棚工作室施工难度大；③ 洞内管棚一次性施工长度较长，施工精度要求较高	① 工程投资高。② 桥梁施工需要包茂高速公路分幅通行，对包茂高速公路运营存在一定影响	—

从表 2.2-1 比较可以看出，单纯从下穿包茂高速公路角度考虑，盾构法方案综合经济性和安全性均具有优势。

（3）高处坠落风险。

矿山法施工过程中，高处坠落风险广泛存在。人员通行和作业通道周围按照规范严格设置防护栏，高处作业每层设置护身栏和挡脚板，施工台架（脚手架）高度超过 4 m 必须挂设安全网，施工台架（脚手架）施工荷载要分布均匀。人员登高作业必须系紧安全带，高挂低用、挂点可靠。登高作业和悬空作业人员必须定期进行体检，服装要轻便，鞋帽要规范。

盾构及其协助设备结构合理、配置完善，最大程度地满足人性化管理和作业要求。盾构主机设备分层均设置钢板网人行道、护栏和防护网，各层之间设置钢板网步行梯、护栏和防护网，后配套系统也具有类似的设置。人行头顶和转角位置均设置警示标志，结构复杂部位均挂设安全网，这些设施可保证作业人员的安全。

（4）机械伤害风险。

矿山法施工显著特点是施工资源投入较多，隧道中分布数量众多的作业人员和施工设备，尤其是施工设备，种类繁多、型号复杂，难以组织，导致机械伤害风险广泛存在。

盾构机及其协助设备组装、调试、拆卸阶段，施工设备和工具器具数量多、类型杂，应安排专人负责协调和调度，施工设备使用必须按照进度计划和规定程序进场作业，作业完毕应及时撤出现场。各种施工设备和工器具操作人员必须取得相应的操作合格证。施工设备水平作业和竖直作业均与人体保持足够的安全距离。盾构机及其协助设备组装、调试和拆卸过程中发生机械伤害事故的概率极小。

两种方案安全风险的评价结果见表 2.2-2。

表 2.2-2　矿山法和盾构法安全风险评价结果

序号	矿山法方案		盾构法方案	
	风险因素	风险定义	风险因素	风险定义
1	进口段易发生流砂及坍塌	高度	始发段易发生流砂	高度
2	掌子面不易稳定，易坍塌	高度	土舱压力控制不合理	轻度
3	下穿构筑物导致地表开裂	中度	下穿构筑物导致地表开裂	中度
4	地下管线损坏	中度	地下管线损坏	轻度
5	地表沉降不满足要求	中度	地表沉降不满足要求	轻度
6	作业人员人身安全	中度	作业人员人身安全	轻度

2.2.4　质量比选

1. 质量比选重要性

我国工程建设必须坚持的基本方针是"百年大计，质量第一"。工程质量是实现工程项目独立功能和使用价值，达到设计目标和生产能力，实现投资目的和经济效益，保证建筑结构和工程安全的最重要的保障。质量是工程取得收入、收益，收回投资并获得利润的最重要的保障。

2. 质量比选方法

工程施工质量形成和保证的基础是施工生产要素。从形成工程施工质量基础的施工生产要素体系来讲，施工方法或施工方案与管理人员和作业人员、施工机械和工具器具、主辅材料（包括半成品、构配件等）和工程设备、施工环境和作业条件处于相同的控制要素层面。不同的施工方法或施工方案采用的人员、材料、设备和环境对工程施工质量控制目标的实现会产生不同的作用或影响。隧道工程开挖施工方法质量比选有两个方向，第一个方向是从施工质量生产要素控制角度进行研究和比选，第二个方向是从分项工程施工质量评价角度进行研究和选择。

3. 质量比选结论

（1）矿山法。

矿山法本身作为方法要素，核心是采用钻眼、爆破方式挖掘成洞，该方式会对围岩产生强烈的扰动甚至破坏，导致断面成型质量差，同时还影响支护工程施工质量；矿山法配备的管理人员和施工人员数量规模大，可能存在素质良莠不齐的问题；矿山法配备的施工机械设备存在简陋、低效的与先进、高效的并存；矿山法的主辅材料（包括半成品、构配件等）和工程设备生产要素无特殊要求、无明显影响；矿山法一般施工环境恶劣、作业条件较差，导致工作人员和施工设备作业效率低。因此，矿山法施工质量不可避免地受到不利影响，质量保证率低。

（2）盾构法。

盾构法本身作为方法要素，可以实现作业活动的稳定性和连续性；盾构法掘进配置的管理人员和施工人员具有较高的技术素养和专业素质；盾构机及其协助设备具有机械化、自动化和智能化等的鲜明特性，施工质量稳定、无波动；盾构法掘进的主辅材料（包括半成品、构配件等）和工程设备特殊要求、无明显影响；盾构法掘进的作业条件和施工环境较传统的施工方法有较大改观。因此，盾构法掘进施工质量稳定、保证率高。

两种方案质量风险的评价结果见表 2.2-3。

表 2.2-3　矿山法和盾构法质量风险评价结果

序号	矿山法方案		盾构法方案	
	风险因素	风险定义	风险因素	风险定义
1	衬砌厚度不足、二次衬砌开裂	高度	管片生产质量不过关	中度
2	混凝土质量离散性大	中度	注浆浆液质量不合标准	轻度
3	支护时机把握不当	中度	连接螺栓拧紧程度不达标	轻度
4	超欠挖情况	中度	盾构掘进轴线偏差	中度

2.2.5　进度比选

1. 进度比选重要性

施工进度的快慢最终体现到工程项目上是工期目标提前或延后。工期目标是一个工程项目的主要和关键指标，它反映工程项目从其第一项开展的工作开始时间至最后一项完成的工作结束时间，一般以日历天数表示。工期是衡量开挖施工方案优劣的重要指标，因此，选择施工进度控制措施强和工程工期保证程度高的施工方案至关重要。

2. 进度比选方法

鉴于隧道工程自身的特点，必须消耗一定甚至较长的时间进行施工准备，施工方案开始实施前同样会进行一定甚至较长时间的准备。因此，必须考虑施工准备阶段工期指标，并应以加权的形式体现到施工方案反映的总工期中去。

比选时，主要采用直接对比法，即按照不同的施工方法计划完成相同工程量施工进度的快慢和消耗时间的长短，比较施工方法施工进度方面的优劣。施工方法计划完成一定的工程量施工进度和消耗时间的确定方法：先行确定关键施工工作和工程项目；其次确定关键线路；再次按照定额工期计算关键线路占用时间；最后确定施工方法完成全部工作内容所必需的工期。

3. 进度比选结论

与矿山法相比，盾构法的施工准备工作主要包括设备生产、场外运输、安装、试运行，以及为组装工作提供场所的组装路堑的开挖、支护、混凝土、钻孔和灌浆、金属结构制作与安装、组装设备安装等工作。还应将盾构法施工完毕以后的设备拆卸、运输，以及为拆卸工作提供场所的拆卸洞开挖、支护、金属结构安装和拆卸设备安装等基础工作纳入施工准备阶段工期综合考虑。盾构法方案工期比矿山法方案工期缩减约 8 个月。

2.2.6 经济比选

1. 经济比选重要性

从宏观角度看，对隧道工程施工方案进行经济合理性比选是实现提高能效和降低能耗两个重大目标的必然要求。从微观角度看，对隧道工程施工方案进行经济合理性比选是决定工程项目能否实施和投资方案是否可行的基本依据，是确保施工方案技术先进性和经济合理性的内在驱动力。

2. 经济比选方法

（1）定性评价选择法。

运用定性评价选择法时，主要依靠选择者的理论知识、工程经验、直觉判断和比较思考施工方案的优劣，对施工方案进行评价、分析和决策。定性评价选择法使用简单、方便、快捷，容易组织和操作。但是，容易导致决策失误。目前，定性评价选择法在应用于大型隧道工程的施工方法选择时，仅限于可行性研究阶段进行多方案的初步遴选。

（2）定量分析选择法。

定量分析选择法是对研究客体的数目特征、数目关系与数目变化进行统计分析的方法。定量分析选择法以数据信息和计算结果为基础，客观体现施工方案的基本特征，供选择者进行选择。定量分析选择法准确、可靠，成为隧道工程施工方案比选的首要方法。

（3）模糊层次分析法。

模糊层次分析法是一种综合性的选择方法，既具有定性评价选择法的基本特点，又具有定量分析选择法的基本特点。但是，评判指标越多，数据统计越多，权重越难以确定；评判指标越多，判断矩阵的基本要素特征值和特征向量求解越复杂。

本项目选择定量分析总费用法进行计算分析，从施工方法实际成本或者工程经济角度出发，根据大断面马蹄形隧道工程基础资料和统计数据分析矿山法和盾构法的人工、材料、机械设备实际消耗水平。

3. 经济比选结论

对矿山法、盾构法每延米材料消耗量进行比较，如表 2.2-4 所示。

表 2.2-4　矿山法和盾构法材料消耗量对比（每延米）

序号	对比指标	矿山法方案	盾构法方案
1	开挖量/m³	121.91	104.10
2	注浆量（双液浆）/m³	1.18	10.60
3	小导管/m	65.46	0.00
4	锚杆/m	56.73	0.00
5	混凝土/m³	28.80	16.80
6	钢筋/t	3.96	2.80
7	造价/元	119 580	141 700

由表可知，盾构法由于存在初期的盾构机研发费用和盾构机制造成本，在考虑较高的机械折旧率的情况下，投资较矿山法高。

两种方案经济风险的评价结果见表 2.2-5。

表 2.2-5　矿山法和盾构法经济风险评价结果

序号	矿山法方案		盾构法方案	
	风险因素	风险定义	风险因素	风险定义
1	超欠挖情况	中度	超欠挖情况	轻度
2	注浆量	轻度	注浆量	中度
3	混凝土用量	中度	混凝土用量	轻度
4	钢筋用量	轻度	钢筋用量	轻度
5	机械设备维修更换	轻度	机械设备维修更换	中度
6	辅助工法材料用量	中度	辅助工法材料用量	轻度

2.2.7　环境比选

安全、质量、进度、经济方面的比选是进行施工方法选择时考虑的主要内容。同时，本报告还考虑了隧道施工作业环境，隧道施工产生的负面效应，如噪声、废弃物等对周围环境的影响。

采用矿山法施工时需要进行土方开挖及喷射混凝土作业、内燃机械洞内作业，粉尘、废气大，施工环境极差。而盾构法施工采用电动机械密闭施工，基本无粉尘、废气产生。

当采用钻爆法施工时，爆破产生的振动、噪声会对施工人员、周围居民生活造成一定的影响。而且炸药爆炸生成的炮烟排放到空气中，会造成环境污染。不稳定爆轰产生的残药随渣土一起运输排放，也会对土壤造成污染。盾构法施工中，噪声小，基本不会影响到周围居民的生活，也基本无污染物质排放。

环境风险的评价结果见表 2.2-6。

表 2.2-6 矿山法和盾构法环境风险评价结果

序号	矿山法方案		盾构法方案	
	风险因素	风险定义	风险因素	风险定义
1	粉尘、废气大	中度	粉尘、废气大	轻度
2	施工环境差	中度	施工环境差	轻度
3	施工振动、噪声、废气污染	中度	施工振动、噪声、废气污染	轻度
4	渣土对土壤造成污染	中度	渣土对土壤造成污染	轻度

2.2.8 综合比选

矿山法方案与盾构法方案综合比选见表 2.2-7。

表 2.2-7 矿山法与盾构法（土压平衡）比较

对比指标	矿山法方案	盾构法方案	对比结果
安全	① 隧道进出口浅埋段为松散的粉细砂地层，不能自稳，容易发生流砂及坍塌；② 洞身砂质新黄土，地层松散，掌子面不易稳定，易坍塌；③ 下穿包茂高速公路、天然气管及供水管段地表沉降不易控制，易导致地表开裂，气管、水管开裂等不利影响。且地方主管部门对于穿越包茂高速要求地表设置桥梁跨越	盾构施工具有保压系统和注浆系统，不会出现无支护状态，下穿包茂高速公路、天然气管及供水管段能够满足沉降控制的要求，施工风险较低	盾构法更安全
质量	① 隧道施工中可能产生超欠挖，二衬混凝土振捣不密实、拱顶填充不密实等质量通病；② 防水板铺设不规范及施工缝处理不到位，易造成隧道渗漏	① 盾构法施工采用专业的装备和专业化队伍，盾构管片采用工厂预制法生产，作业更规范，监管更容易，但管片拼装过程可能局部出现错台和破损现象；② 管片接缝采用成熟的防水橡胶，对比管片砌块式衬砌防渗效果明显优于复合衬砌	盾构法质量更高
环保	需要进行土方开挖及喷射混凝土作业，内燃机械洞内作业，粉尘、废气大，施工环境差	采用电动机械密闭施工，基本无粉尘、废气产生	盾构法环保更好
工期	严寒地区，冬季不能施工，工期 35 个月，能满足工期要求	工期 14.5 个月，能满足工期要求	盾构法工期短
投资	隧道结构厚、辅助措施多，投资 4.42 亿元人民币	结构简单、施工方便，考虑 50%机械设备折旧，马蹄形断面 4.74 亿元人民币，圆形断面 5.65 亿元人民币	盾构法投资稍高
下穿包茂高速	① 辅助措施投资约需 421 万元人民币（含管棚及双侧壁工法），对地表行车干扰较小，但仍需要包茂高速公路限速行驶；② 施工安全及地表行车安全不可控；③ 管棚工作室施工难度大，洞内管棚一次性施工长度较长，施工精度不易控制	对地表行车不存在干扰，施工安全可控	盾构法干扰小、安全

盾构法施工能有效的保证白城隧道快速、高效地施工，同时还具有以下有利因素：

（1）推动我国山岭铁路隧道机械化施工，同时较大提升其安全、质量、进度、环保指标。

（2）减少隧道开挖面积 10%～15%，提高空间利用率，节约投资。

（3）采用盾构法施工安全风险将得到有效控制。

2.2.9 比选结果

对白城隧道采用矿山法与盾构法在安全、质量、进度、经济和环境等方面进行了对比，虽然盾构法存在初期的盾构机研发费用和盾构机制造成本，在考虑较高的机械折旧率情况下，投资较矿山法略高，但盾构法施工在安全、质量、进度和环保上有明显优势。考虑到该隧道穿越地层为砂质新黄土和进出口的粉砂、细砂地层，且隧道基本无水，从掘进工作面稳定性出发，同时考虑地层和穿越构筑物风险等因素，决定选用土压平衡盾构机，从而可灵活采用土压平衡和欠压模式。

在断面形式的选择上，如采用常规的单一刀盘大断面圆形盾构，则需要配套大功率主轴承，一般需要定制，生产周期长、造价高。若采用多刀盘组合的大断面盾构，则可采用多个较低功率的标准主轴承进行组合，可大大降低成本和制造周期。同时，在采用多刀盘组合的前提下，断面利用率相对较高，受力相对较优。经比较，采用马蹄形断面较圆形断面内轮廓面积可减少约 7.1 m³，并可减少传统圆形盾构的仰拱底部混凝土圬工方，有效降低投资。最终，白城隧道施工方案决定采用马蹄形多刀盘组合的大断面土压平衡盾构形式。

2.3 超大断面马蹄形盾构机总体设计

超大断面马蹄形盾构机刀盘开挖形式采用平行轴式 9 刀盘布置方案，3 前 6 后呈品字形，如图 2.3-1 所示，开挖覆盖率能达到 90%，大刀盘由 6 根刀梁组成，开口率达到 70%。盾体设计为马蹄形，上部为圆拱，下部稍扁，左右两翼下侧的弧度较小，上下两半组合结构，方便吊装和运输，整机结构如图 2.3-2 所示。沿切口环周向布置切刀，以增加切土能力及耐磨性。每个刀盘配置一组驱动，每个驱动配置有 6 台电机和 6 台减速机，为刀盘提供可靠、足够的扭矩，刀盘结构如图 2.3-3 所示。顶推装置配置 44 根等推力油缸，总推力达到 14 080 t。由于断面尺寸过大，设备配置 2 台轴式螺旋输送机，螺旋轴输出的额定扭矩为 125 kN·m，额定转速为 25 r/min，出渣能力为 335 m³/h，满足相应推进速度下的出渣要求。

超大断面马蹄形盾构机依靠刀盘及刀具切削完成对地层的开挖，被开挖的渣土在压力平衡控制下通过螺旋输送机输送到皮带机中被转运到地面。管片安装机具有 6 个自由度，其伸缩、旋转和移动等功能都是通过遥控比例控制的，可以实现对管片的精确定位。

图 2.3-1　超大断面马蹄形盾构机

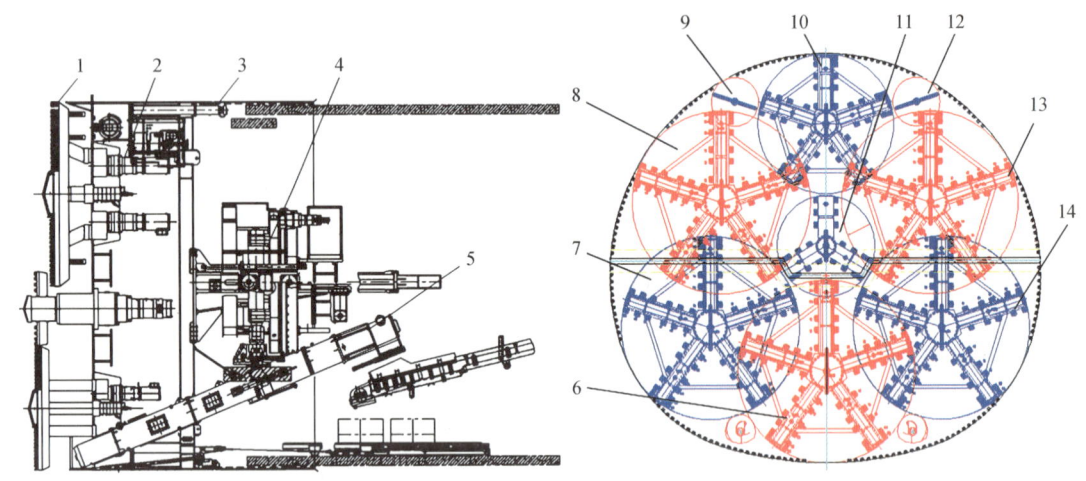

1—开挖装置；2—主驱动；3—盾体；4—管片安装机；5—螺旋输送机；6—后置五刃梁大刀盘；
7—后置五刃梁中刀盘；8—前置五刃梁大刃盘；9—后置三刃梁小刀盘；
10—后置五刃梁小刀盘；11—后置三刃梁大刀盘；12—后置三刃梁小刀盘；
13—前置五刃梁大刀盘；14—后置六刃梁中刀盘。

图 2.3-2　整机结构　　　　　　　　　图 2.3-3　刀盘结构

2.4　超大断面马蹄形盾构机多刀盘联合开挖设计

与偏心多轴刀盘相比，组合式旋转刀盘受力情况更好、更均匀，有利于增强设备的平衡性，减小对周围土体的扰动，降低盾体的跳动，也有利于设备姿态控制及减小地表沉降。

2.4.1　刀盘总体布置

刀盘装置是由两种 7 个辐条式小刀盘组成的组合式刀盘，如图 2.4-1 所示，7 个辐条式小刀盘的驱动轴之间相互平行，且分布于前后两个平面上。两种辐条式小刀盘包括 6 个 6 刃梁式刀盘和 1 个 3 刃梁式刀盘，两种刀盘在中心均设置有中心鱼尾刀；所述 6 刃梁式刀盘又分为 3 种型号，包括 3 个大号，2 个中号，1 个小号。组合式刀盘的正面和护盾盾体前端的切口周边方向上设置有切刀或超挖刀。刀盘与主轴通过渐开线花键连接，电机提供的扭矩通过减速机和小、大齿轮传递给刀盘，刀盘速度变频双向无级调节。

图 2.4-1　刀盘布置

　　刀盘结构是根据工程的地质条件进行针对性设计的，具体结构如图 2.4-2 和图 2.4-3 所示。大刀盘、中刀盘、小刀盘和微型刀盘均为辐条式刀盘，大刀盘、中刀盘均包括 5 个刃梁，刃梁之间采用圆形钢管进行连接，刃梁为倒梯形结构，刃梁中心筒体处布置有中心鱼尾刀，刃梁上对称布置切刀，切刀边缘对称设置有边刮刀，切刀与边刮刀均采用螺栓连接，中心鱼尾刀与刃梁上布置有改良喷口。刃梁的周边堆焊接耐磨层，刀盘面板焊接格栅状耐磨材料，充分保证刀盘在不良地质掘进时的耐磨性能。大刀盘、中刀盘、小刀盘和微型刀盘中心均布置改良剂（泡沫或水）注入口，保证改良剂均匀注入开挖面，提升开挖土体的流塑性。刃梁截面均为倒梯形结构，便于渣土顺畅流入土舱，所述刃梁均对称布置可拆卸切刀与边刮刀，以适应长距离掘削时换刀与保径需求。

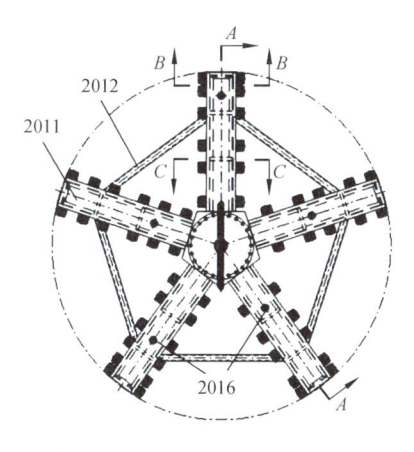

图 2.4-2　刀盘结构正视图　　　　图 2.4-3　刀盘结构侧视图

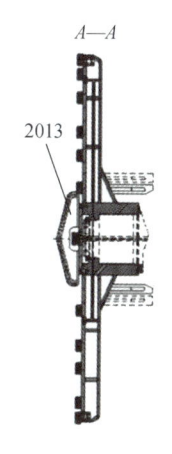

2.4.2 刀盘辅助结构设计

1. 盲区处理

组合式旋转多刀盘的开挖特性不可避免地存在着开挖盲区，通过在开挖盲区的位置和搅拌作用较弱的位置布置高压水冲刷以及改良孔对盲区渣土进行处理，同时通过在盾体周边布置盾体切刀，保证开挖断面尺寸，如图 2.4-4 所示。

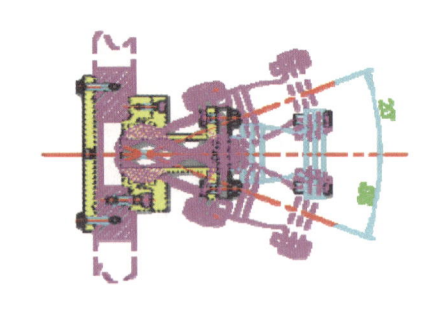

图 2.4-4 盾体切刀、万向球头设计

2. 搅拌器的设计

搅拌器机构位于底部中心大刀盘后侧左右区域，以增强螺旋输送机出渣口区域土体的搅拌性能。搅拌器采用液压驱动方式，与驱动主轴以平键连接，保证搅拌扭矩充分，避免电驱驱动时隧道底部积水损坏电机，导致设备失效，如图 2.4-5 所示。

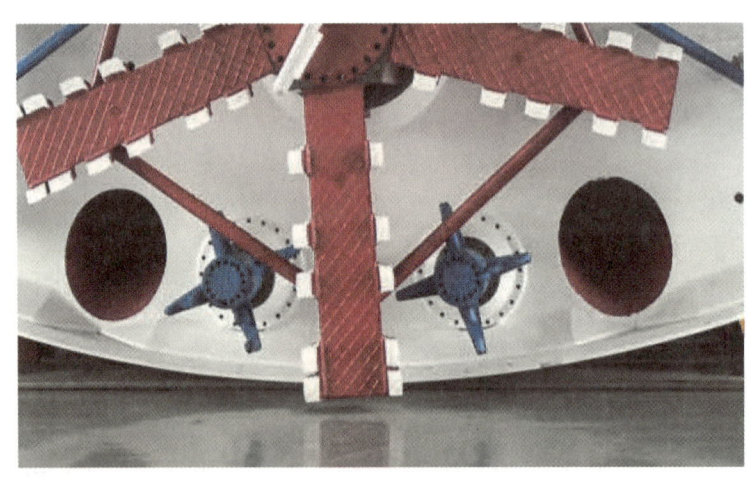

图 2.4-5 液压驱动搅拌器

3. 添加剂注入口及其防堵、清洗设计

刀盘中心设置了 1 个添加剂注入口，每根辐条上设置了 1 个添加剂注入口，如图 2.4-6 所示。添加剂注入口设计时考虑了防堵和清理管路的需求，在刃梁背部设计了专门的疏通和清洗管路机构。盲区铰接处理接头可绕垂直于土压舱隔板轴线方向的 20°内活动，通过连接风钻万向接头或高压水，对开挖盲区进行钻削或改良处理。

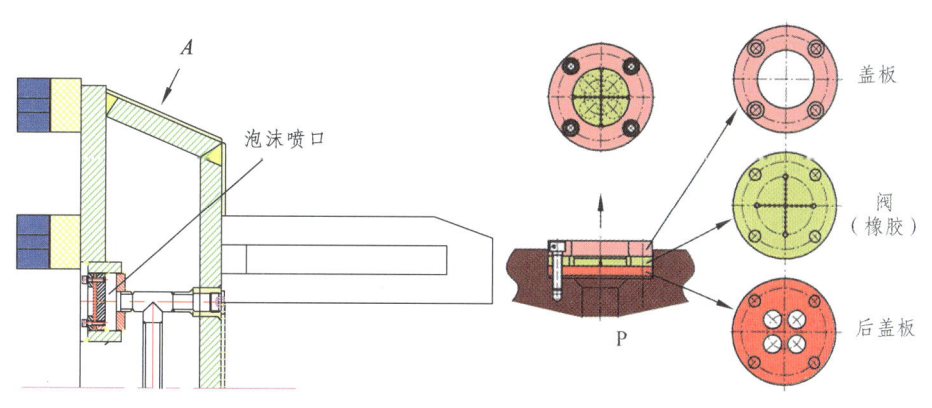

图 2.4-6　刀盘喷口

2.5　超大断面马蹄形盾构机紧凑型刀盘驱动设计与联合控制

2.5.1　主驱动研究设计重难点

对超大断面马蹄形盾构机紧凑型刀盘驱动设计的重难点主要在于：
（1）布置空间受限，对驱动尺寸要求严格；
（2）高扭矩设计；
（3）不同直径多刀盘变频控制技术。

2.5.2　刀盘驱动主要结构设计

图 2.5-1 为多电机驱动示意图，再由多个多电机驱动组成了多驱动组合马蹄形盾构机（图 2.5-2）。它的中心支撑式主驱动采用滑动轴承加滚动轴承或滚动轴承组合等形式，主轴承组合由 2 个或 1 个双列圆柱滚子轴承、1 个推力调心滚子轴承、1 个圆锥滚子轴承组成。其主要结构尺寸参数包括：轴承的外径、轴承的内径、轴承的额定动荷载、额定静荷载等。

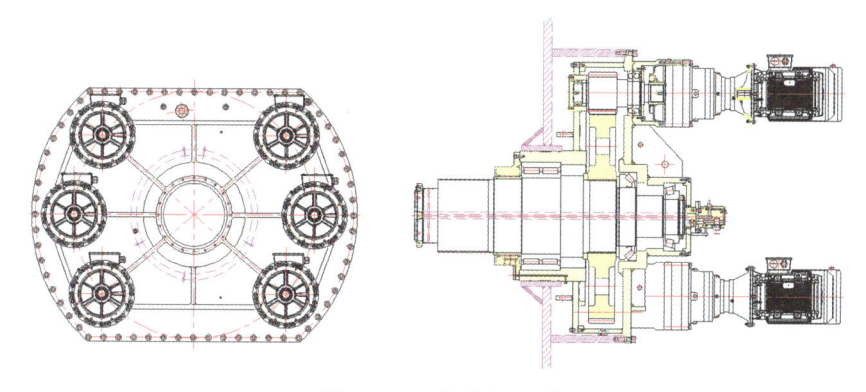

图 2.5-1　多电机驱动

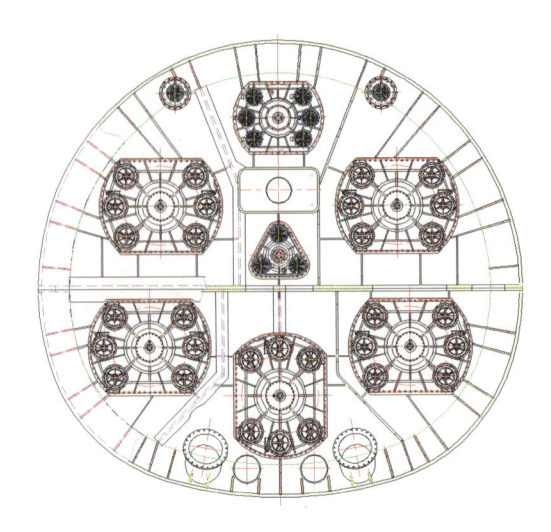

图 2.5-2　多驱动组合马蹄形盾构机

马蹄形土压平衡盾构机的回转接头结构设计形式如图 2.5-3 所示，主要分为回转部分、转子及固定部分、定子等三部分。定子通过法兰连接在主驱动的驱动箱上固定，或者通过限位卡块限制其转动，转子则通过螺钉连接与主轴一起转动。

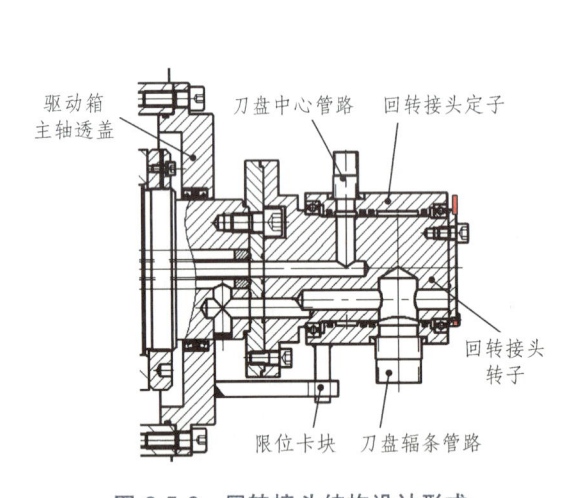

图 2.5-3　回转接头结构设计形式 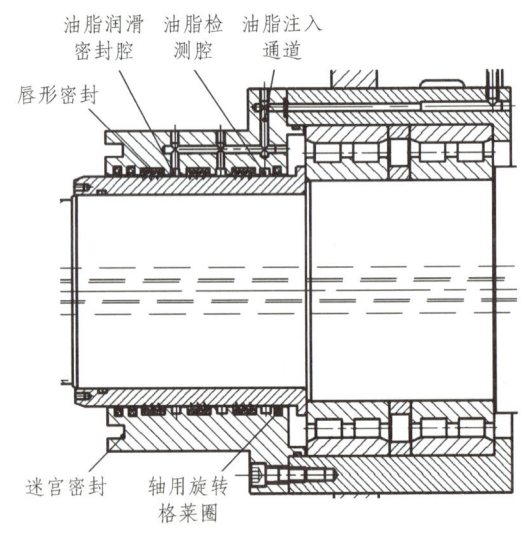　　图 2.5-4　主轴承密封系统结构

如图 2.5-4 所示，主轴承密封系统结构包括 3 道多唇形密封、3 道格莱圈密封、O 形圈密封及前部的迷宫密封。其中第一道与第二道、第二道与第三道唇形密封之间的空腔为油脂腔，注入 0-1#极压锂基脂，对密封唇口进行润滑的同时起到一定的密封作用。第三道唇形密封与最后一道格莱圈之间的空腔为检测腔，外部连接有透明管，可通过观察透明管中是否存在油脂或者齿轮油来判断前后密封是否完好。

2.5.3 刀盘驱动的模块化设计

驱动的设计依据主要为刀盘直径、扭矩系数等参数，因此在软土相似地质紧凑型驱动设计过程中，可以对不同系列的开挖刀盘尺寸进行驱动模块化设计，即刀盘驱动的模块系列化，根据不同的开挖断面，设计不同的刀盘直径及刀盘组合方式，对相同或相近尺寸的刀盘驱动进行模块化调用，使设计过程更加简单、规范。

2.5.4 刀盘驱动联合控制

首先，采用物理仿真方法，结合现有的盾构控制系统检测试验台，建立小型变频驱动控制系统模拟试验平台，在掌握盾构控制原理与控制流程的基础上，开发出自己的变频控制系统，并在模拟试验平台上进行实验。然后，制订合理的变频器控制参数，设计出满足功能要求并且安全可靠的 PLC 程序，根据功能要求开发相应的人机交互界面与软、硬件系统，设计满足各项功能要求的配电柜等硬件设备。在此基础上，研究了"一拖多"控制方式下各台电机在速度同步条件下的扭矩平衡问题，"一拖多"驱动同一负载时单台电机的状态监测和可靠保护问题，大功率、多负载环境下总线网络的通信干扰、可靠性问题等，开发出了多刀盘联合控制的"一拖多"变频驱动系统，如图 2.5-5 所示。

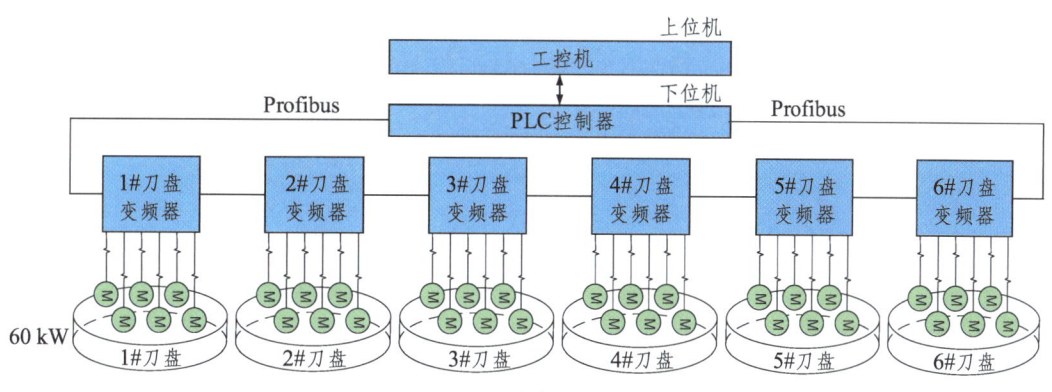

图 2.5-5 电气控制原理

2.6 超大断面马蹄形盾构管片设计

2.6.1 超大断面马蹄形盾构管片分块设计

从管片衬砌、管片宽度和管片分块三个方面来考虑管片的设计。

（1）管片衬砌：综合考虑地层条件以及大直径盾构法施工经验，盾构管片采用单层衬砌、钢筋混凝土类型。

（2）管片宽度：管片宽度的选择综合考虑结构受力、防水、盾构机机械能力、线路曲线以及掘进速度等要求。管片宽度过大不利于施工运输和拼装；管片宽度过小增加接缝长度和拼装次数，降低施工速度，增加接缝处渗漏水的风险。由于管片内轮廓非圆形，无法采取真空吸盘吊装，只能采取机械抓取吊装，对吊装能力有一定的限制，结合目前国内机械抓举吊装经验，研究将管片吊装质量控制在 10 t 左右。综合考虑上述因素，本次设计管片宽度取环宽 1600 mm。

（3）管片分块：衬砌环的分块在满足施工机械能力的前提下，应尽量减少纵向、环向接缝。管片分块需考虑管片的拼装形式、盾构的拼装能力、纵向螺栓的位置分布等因素。管片的分块方案主要有：封顶块等分方案、1/2 封顶块方案、1/3 封顶块方案等三种方案。考虑目前国内大直径盾构法隧道管片多采用 1/3 封顶块方案，因此本次设计也采用 1/3 封顶块方案。

经综合分析比较，考虑施工的便利性、管片的力学特征、对盾构机拼装设备的要求等方面，本次设计研究了"7+1""8+1"两种管片分块方案。每块管片的圆心角是根据衬砌不同曲线拟定的，"7+1"方案最大块质量为 9.23 t，最小块为 3.08 t。"8+1"方案最大块质量为 8.12 t，最小块为 2.71 t。"7+1"方案的块结构刚度大，对结构变形控制有利，拼装能力相对略难，但在盾构机拼装能力允许的前提下，分块数越少，对结构越有利，安装节奏快。因为盾构机拼装能力按照 10 t 进行设计，满足"7+1"方案的拼装能力，所以确定采用"7+1"分块方案，如图 2.6-1 所示。

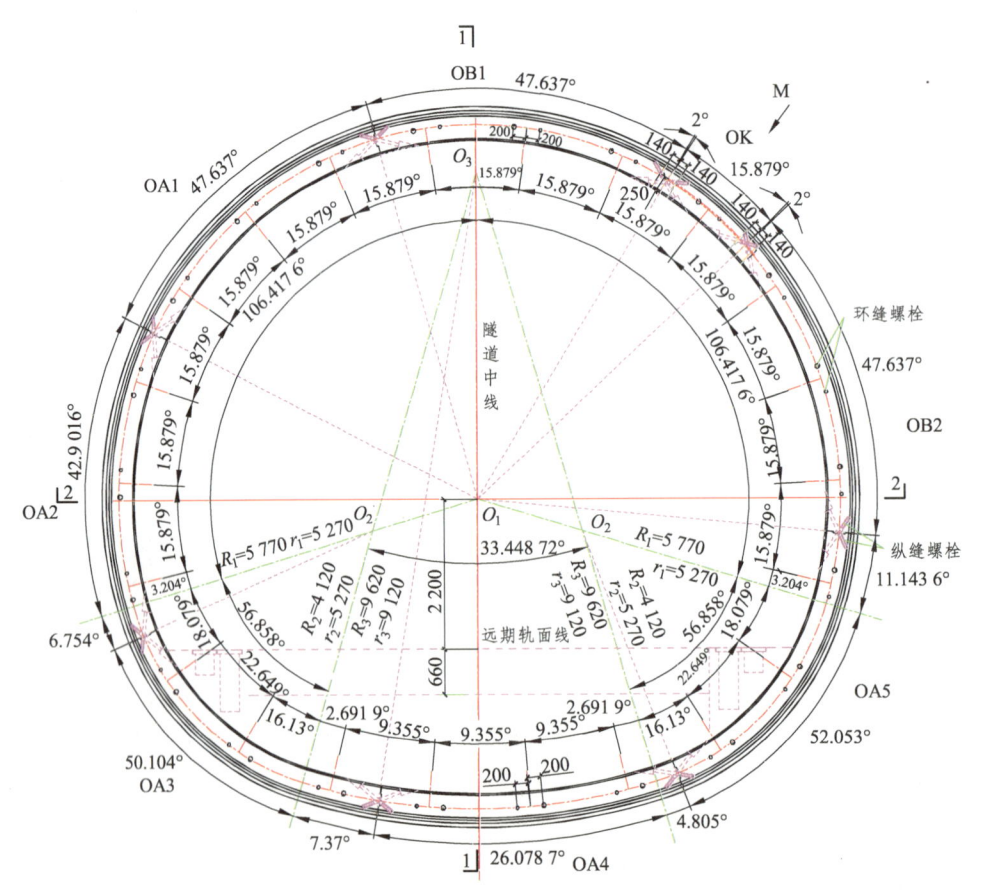

图 2.6-1 马蹄形管片构造

2.6.2　超大断面马蹄形盾构管片结构计算及配筋计算

本节采用匀质圆环法和梁-弹簧模型法两种计算方法，分别建立二维、三维有限元模型进行内力计算，根据对比结果，分析计算的合理性和准确性，取最不利情况进行管片结构设计。

1. 计算工况

各计算工况划分见表 2.6-1。

表 2.6-1　计算工况

工况	工况描述	备注
1	浅埋标准组合	匀质圆环模型
2	浅埋基本组合	
3	浅埋标准组合	梁-弹簧模型
4	浅埋基本组合	
5	中埋标准组合	匀质圆环模型
6	中埋基本组合	
7	中埋标准组合	梁-弹簧模型
8	中埋基本组合	
9	深埋标准组合	匀质圆环模型
10	深埋基本组合	
11	深埋标准组合	梁-弹簧模型
12	深埋基本组合	

2. 荷载计算

荷载主要为上覆土的土压力、水压力、结构自重和地震荷载（不考虑）。衬砌的自重通过有限元自重形式实现，土压力、水压力则以荷载方式施加在衬砌结构上来实现。根据白城隧道纵断面确定的盾构段隧道埋深情况，管片结构计算分别以有效覆土厚度 $h_{有效}$≤$1.0B$（进洞处隧道最小覆土厚度为 $0.7B$）、$1.0B<h_{有效}$≤$1.5B$、$1.5B<h_{有效}$≤$2.5B$、$2.5B<h_{有效}$（B 为盾构开挖跨度，11.54 m）进行分类，按超浅埋、浅埋、中埋、深埋进行管片结构计算。荷载计算采用水土合算的方法，又分基本组合、标准组合两种情况考虑，见表 2.6-2。

表 2.6-2　荷载组合

荷载组合	永久荷载/ kN·m	可变荷载/ kN·m	偶然荷载	
			地震荷载	人防荷载
承载力极限状态（基本组合）	1.35	1.40	—	—
正常使用极限状态（标准组合）	1.00	1.00	—	—

3. 匀质圆环法计算结果

（1）浅埋断面。

① 标准组合内力计算结果见图 2.6-2。

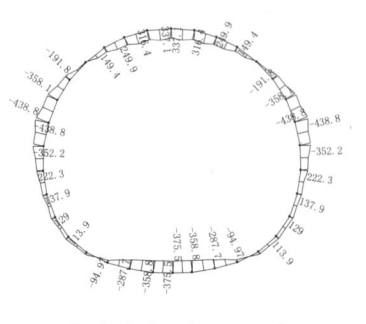

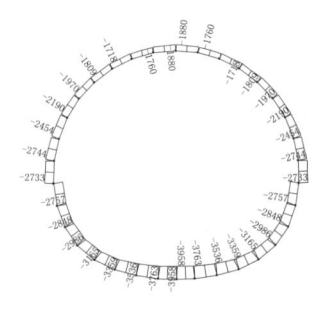

（a）弯矩/(kN·m)　　（b）轴力/kN

图 2.6-2　浅埋断面标准组合内力

② 基本组合内力计算结果见图 2.6-3。

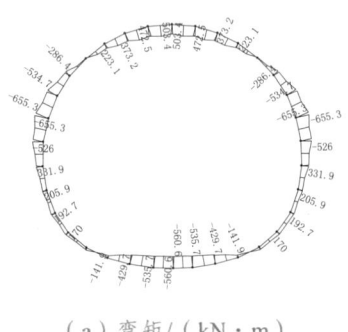

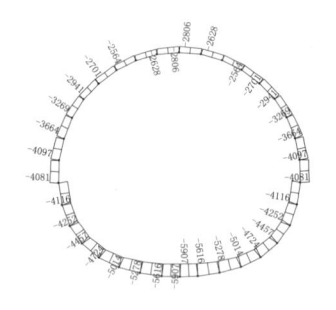

（a）弯矩/(kN·m)　　（b）轴力/kN

图 2.6-3　浅埋断面基本组合内力

（2）中埋断面。

① 标准组合内力计算结果见图 2.6-4。

（a）弯矩/(kN·m)　　（b）轴力/kN

图 2.6-4　中埋断面标准组合内力

② 基本组合内力计算结果见图 2.6-5。

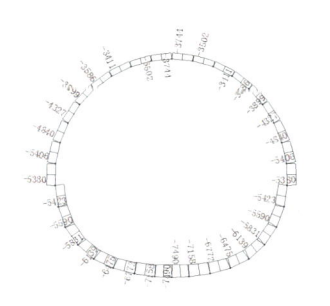

（a）弯矩/(kN·m)　　　　　　　（b）轴力/kN

图 2.6-5　中埋断面基本组合内力

（3）深埋断面。

① 标准组合内力计算结果见图 2.6-6。

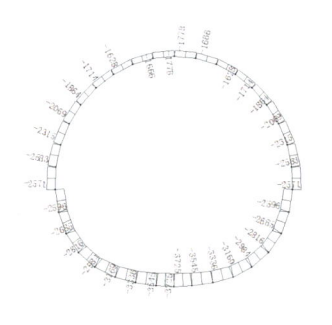

（a）弯矩/(kN·m)　　　　　　　（b）轴力/kN

图 2.6-6　深埋断面标准组合内力

② 基本组合内力计算结果见图 2.6-7。

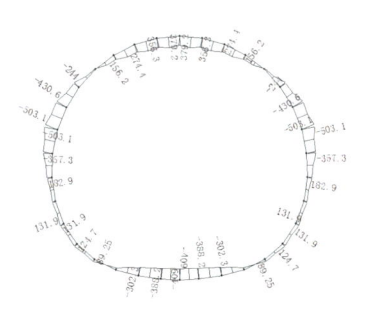

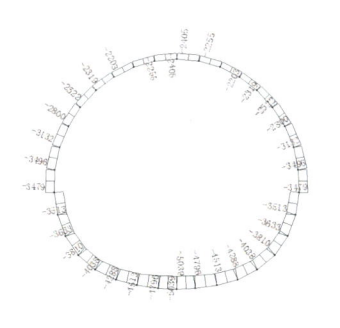

（a）弯矩/(kN·m)　　　　　　　（b）轴力/kN

图 2.6-7　深埋断面基本组合内力

4. 梁-弹簧模型计算结果

（1）浅埋断面。

① 标准组合内力计算结果见图 2.6-8。

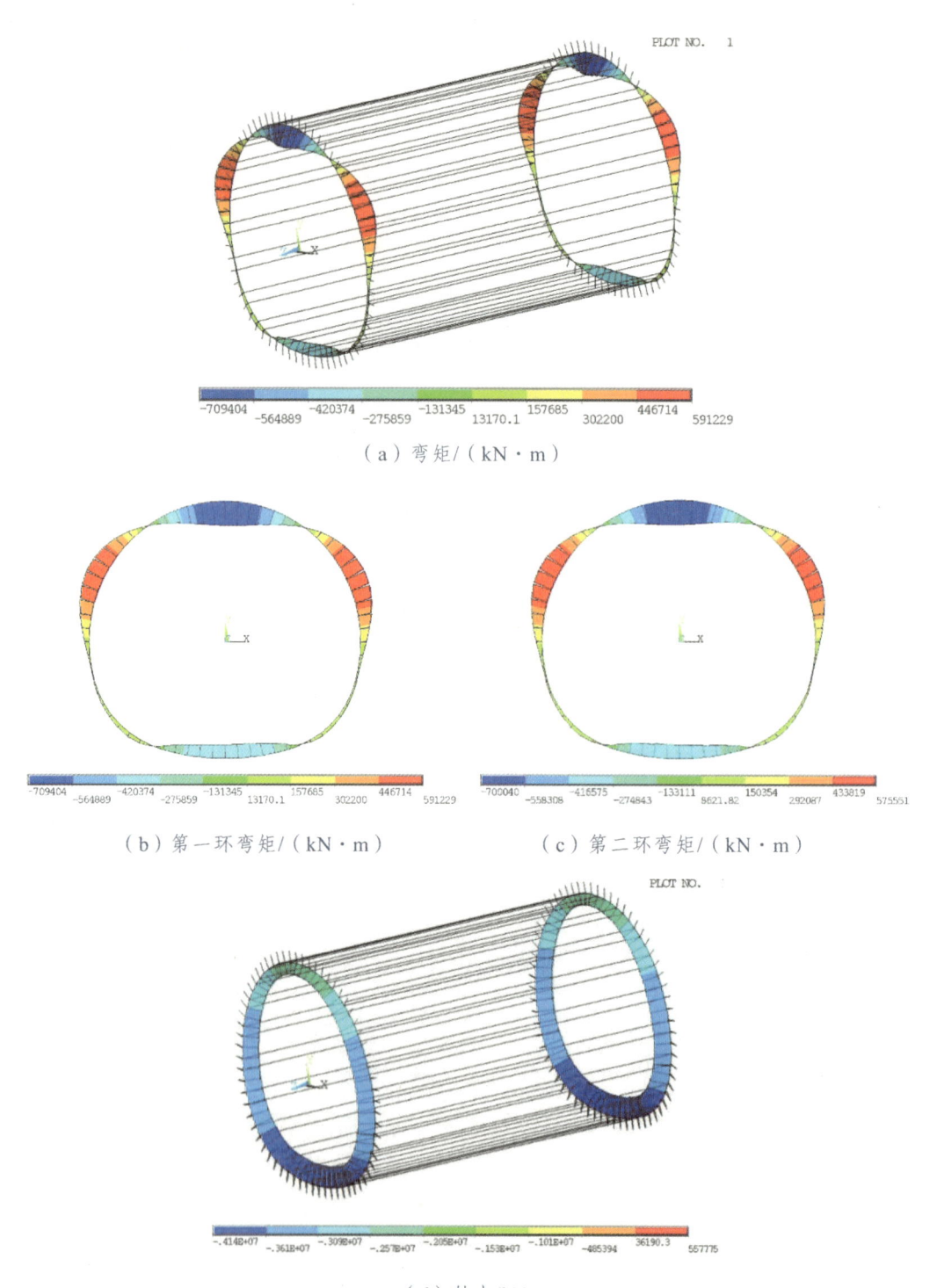

（a）弯矩/(kN·m)

（b）第一环弯矩/(kN·m)　　　　　（c）第二环弯矩/(kN·m)

（d）轴力/kN

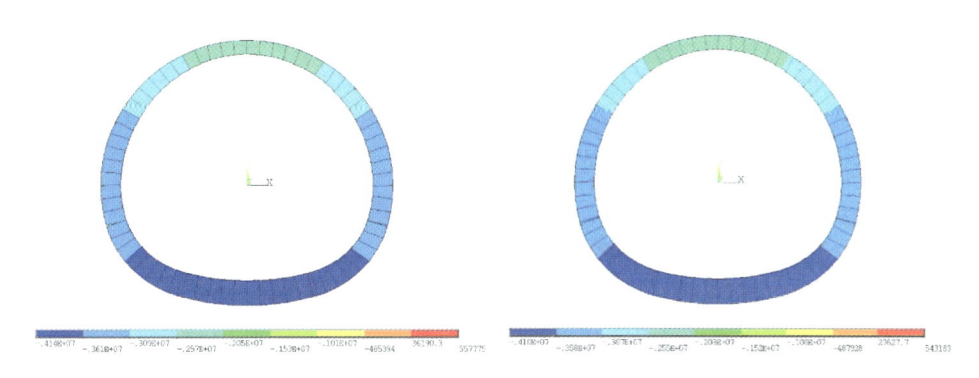

(e) 第一环轴力/kN　　　　　　　　(f) 第二环轴力/kN

图 2.6-8　浅埋断面标准组合内力

其衬砌内力值见表 2.6-3。

表 2.6-3　浅埋断面标准组合内力统计

内力位置	最大正弯矩/(kN·m)	对应轴力/kN	最大负弯矩/(kN·m)	对应轴力/kN
第一环	709.40	-2 274.80	-591.23	-3 130.90
第二环	700.04	-2 248.50	-543.180	-3 098.20

② 基本组合内力计算结果见图 2.6-9。

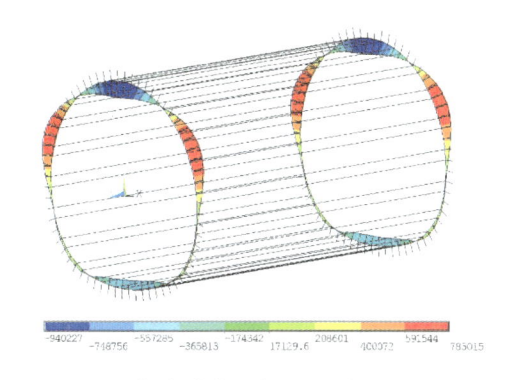

(a) 弯矩/(kN·m)

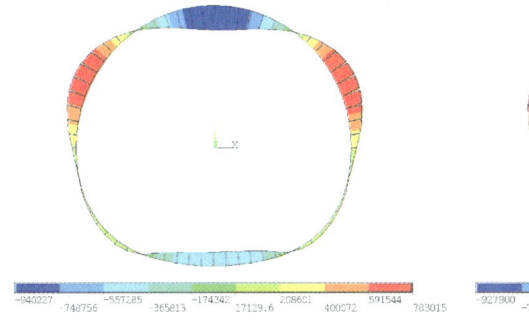

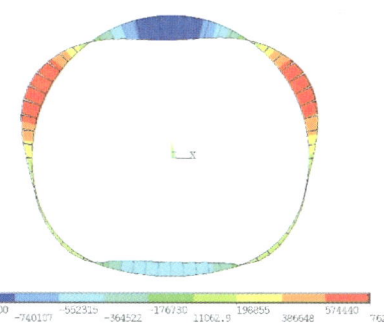

(b) 第一环弯矩/(kN·m)　　　　　　　(c) 第二环弯矩/(kN·m)

(d) 轴力/kN

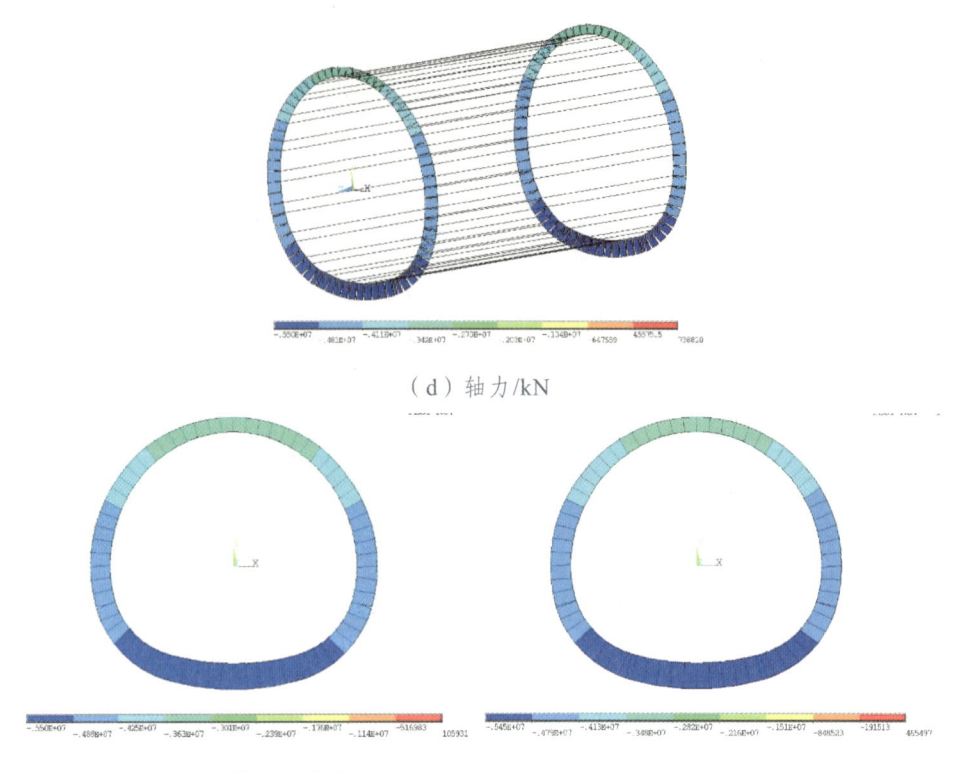

(e) 第一环轴力/kN　　　　　　　　(f) 第二环轴力/kN

图 2.6-9　浅埋断面基本组合内力

其衬砌内力值见表 2.6-4。

表 2.6-4　浅埋断面基本组合内力统计

内力位置	最大正弯矩/(kN·m)	对应轴力/kN	最大负弯矩/(kN·m)	对应轴力/kN
第一环	940.23	-3 057.20	-783.02	-4 186.70
第二环	927.90	-3 022.20	-762.23	-4 200.90

（2）中埋断面。

① 标准组合内力计算结果见图 2.6-10。

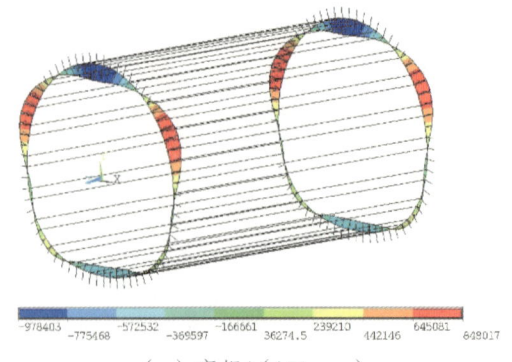

(a) 弯矩/(kN·m)

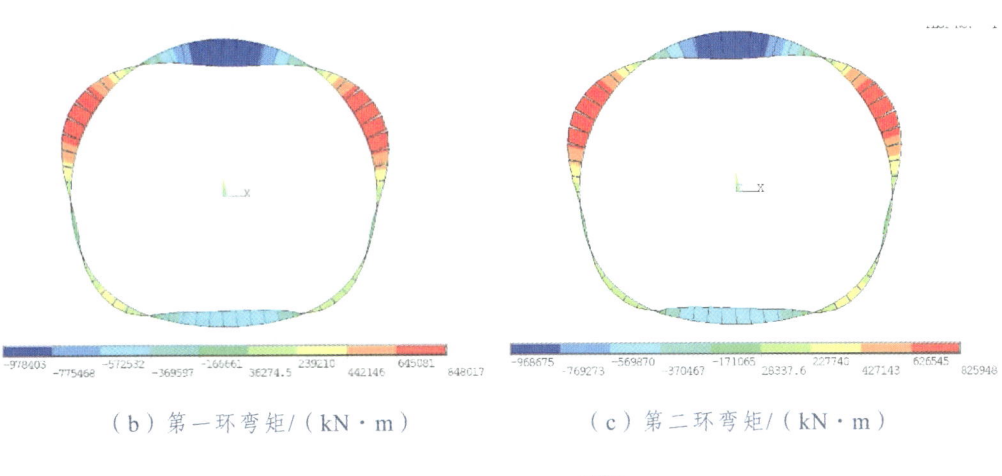

(b）第一环弯矩/（kN·m）　　　　　　（c）第二环弯矩/（kN·m）

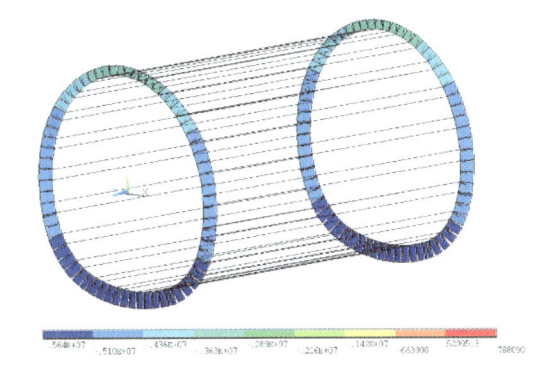

(d）轴力/kN

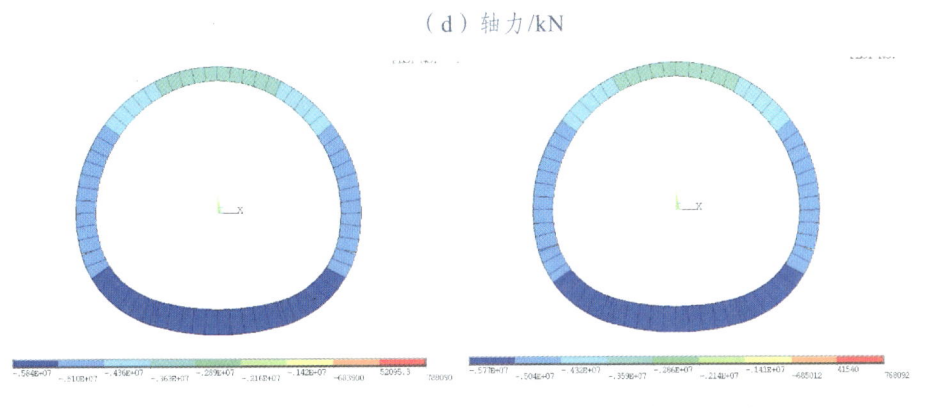

(e）第一环轴力/kN　　　　　　　　（f）第二环轴力/kN

图 2.6-10　中埋断面标准组合内力

其衬砌内力值见表 2.6-5。

表 2.6-5　中埋断面标准组合内力统计

内力位置	最大正弯矩/(kN·m)	对应轴力/kN	最大负弯矩/(kN·m)	对应轴力/kN
第一环	978.40	-3 311.80	-848.02	-4 535.70
第二环	968.68	-3 269.10	-825.95	-4 547.90

② 基本组合内力计算结果见图 2.6-11。

(a) 弯矩/(kN·m)

(b) 第一环弯矩/(kN·m)

(c) 第二环弯矩/(kN·m)

(d) 轴力/kN

(e) 第一环轴力/kN

(f) 第二环轴力/kN

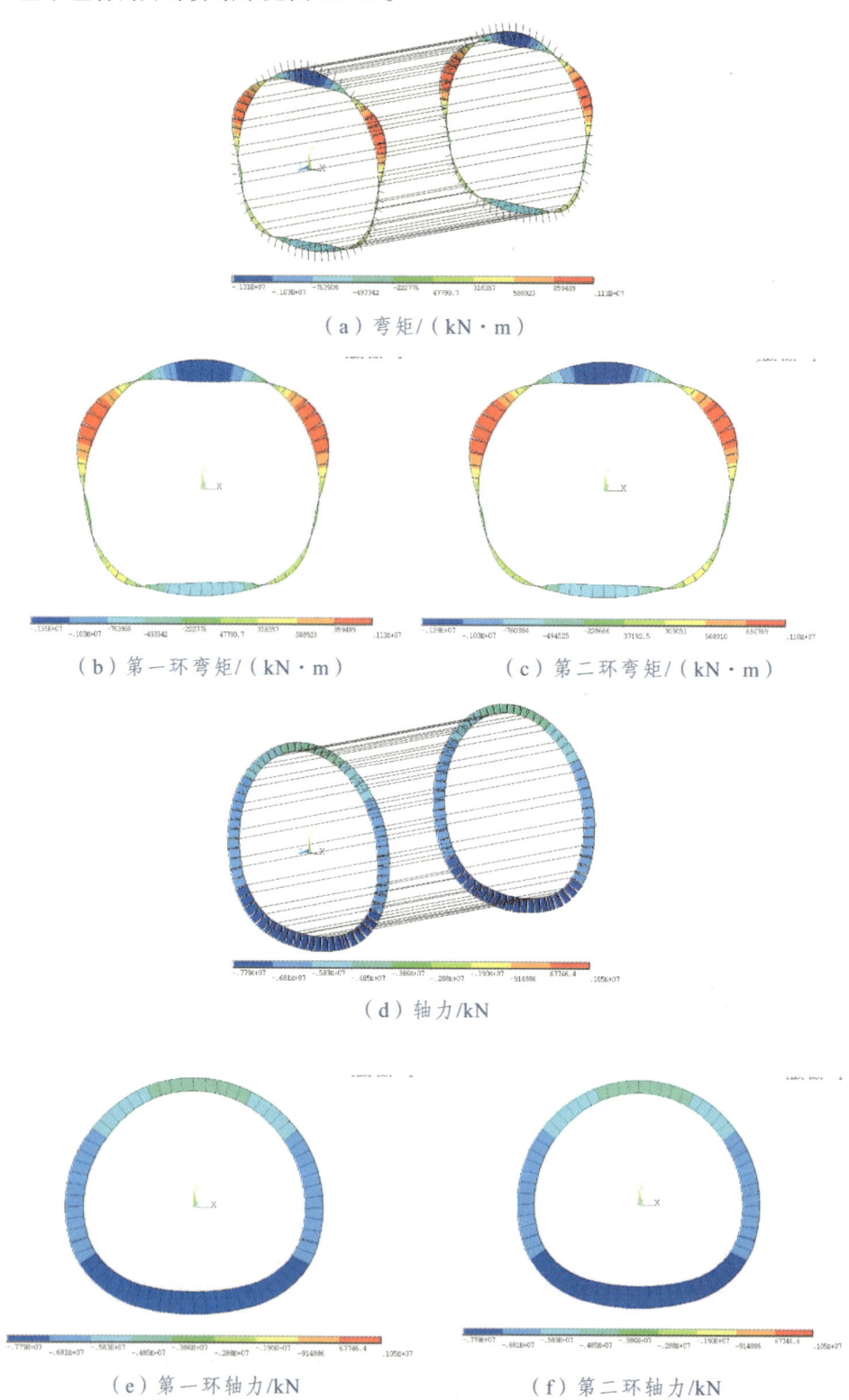

图 2.6-11　中埋断面基本组合内力

其衬砌内力值见表 2.6-6。

表 2.6-6　中埋断面基本组合内力统计

内力 位置	最大正弯矩/(kN·m)	对应轴力/ kN	最大负弯矩/(kN·m)	对应轴力/ kN
第一环	1 305.00	-4 456.50	1 130.10	-6 082.90
第二环	1 292.10	-4 399.50	1 100.60	-6 100.30

（3）深埋断面。

① 标准组合内力计算结果见图 2.6-12。

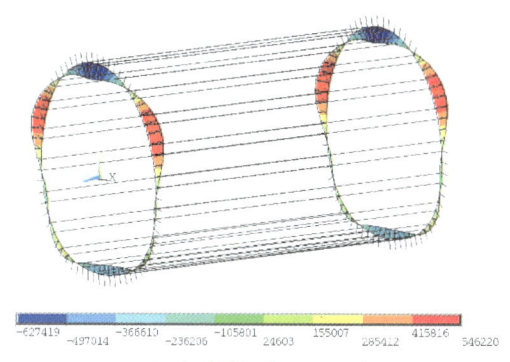

（a）弯矩/(kN·m)

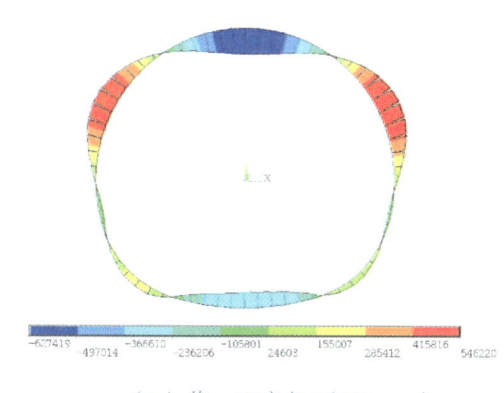

（b）第一环弯矩/(kN·m) 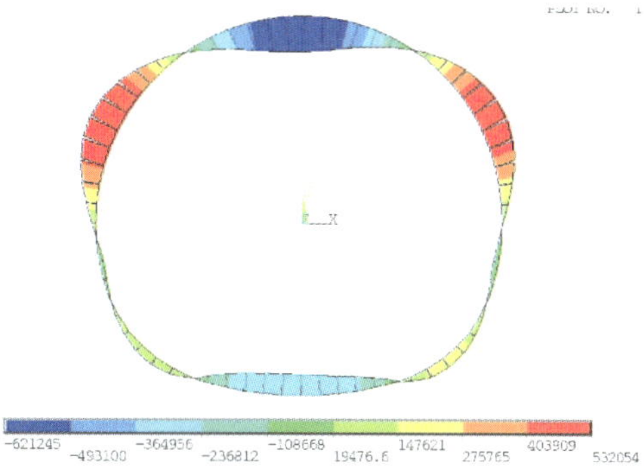　　　　（c）第二环弯矩/(kN·m)

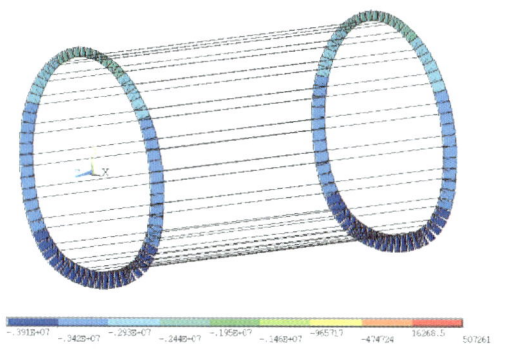

（d）轴力/kN

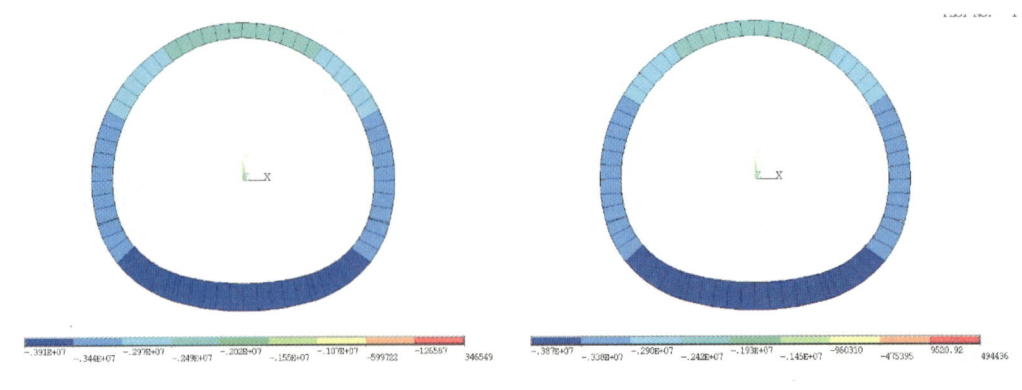

(e）第一环轴力/kN　　　　　　　　　（f）第二环轴力/kN

图 2.6-12　深埋断面标准组合内力

其衬砌内力值见表 2.6-7。

表 2.6-7　深埋断面标准组合内力统计

内力位置	最大正弯矩/(kN·m)	对应轴力/kN	最大负弯矩/(kN·m)	对应轴力/kN
第一环	627.42	-2 149.80	-546.22	-2 951.00
第二环	621.24	-2 122.30	-532.05	-2 956.40

② 基本组合内力计算结果见图 2.6-13。

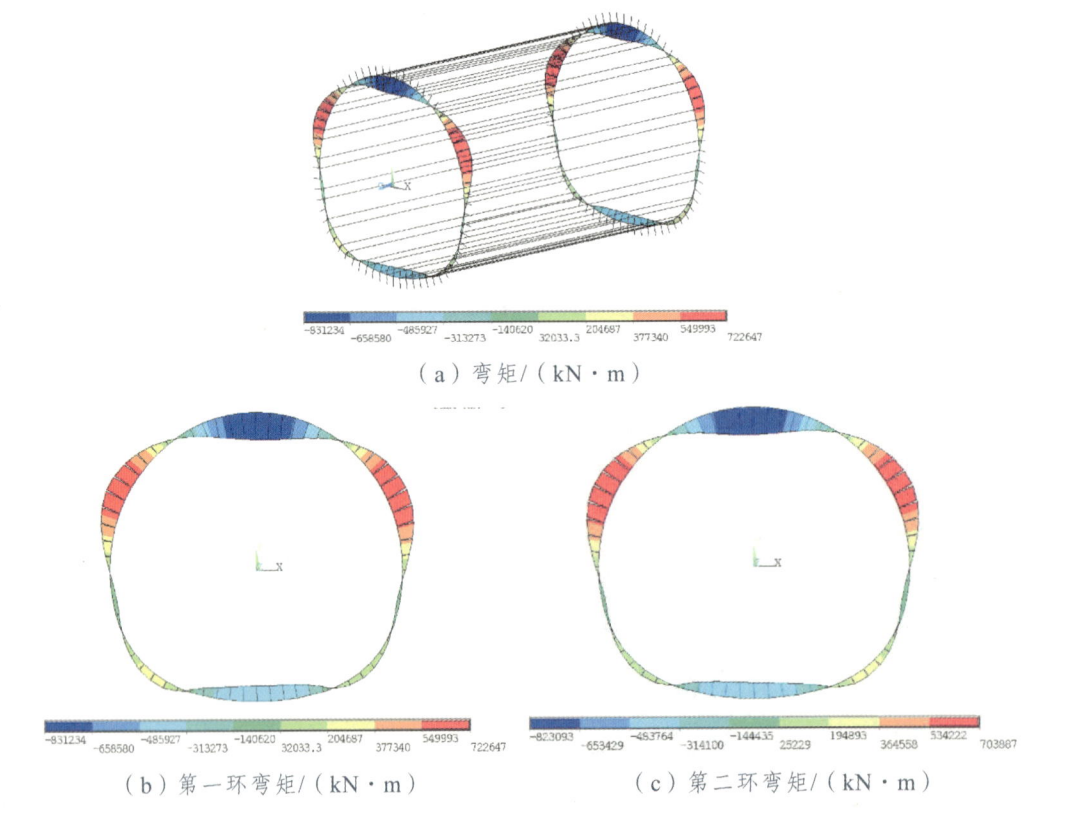

(a）弯矩/(kN·m)

(b）第一环弯矩/(kN·m)　　　　　　　　　（c）第二环弯矩/(kN·m)

（d）轴力/kN

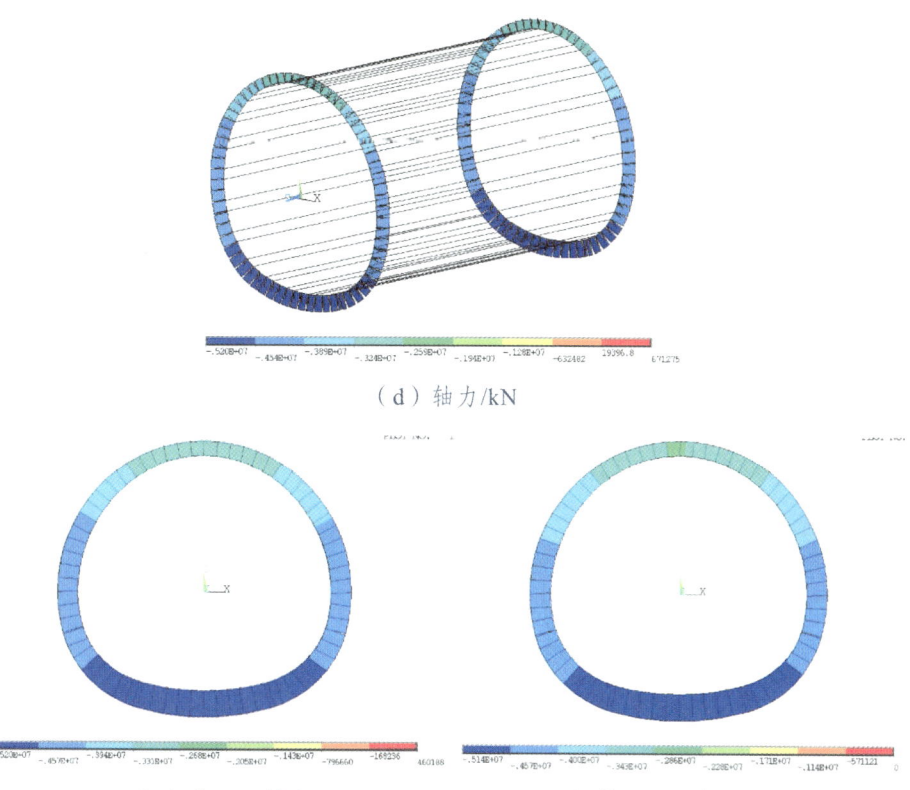

（e）第一环轴力/kN　　　　　　　　（f）第二环轴力/kN

图 2.6-13　深埋断面基本组合内力

其衬砌内力值见表 2.6-8。

表 2.6-8　深埋断面基本组合内力统计

内力位置	最大正弯矩/ (kN·m)	对应轴力/kN	最大负弯矩/ (kN·m)	对应轴力/kN
第一环	831.23	−2 887.70	−722.65	−3 943.50
第二环	823.90	−2 851.30	−703.89	−3 951.90

5. 管片使用阶段内力计算结果

不同埋深和特殊段管片使用阶段内力统计结果见表 2.6-9。

表 2.6-9　每延米管片计算内力统计

断面	管片分块	位置	标准组合 最大弯矩/(kN·m)	标准组合 最大弯矩处轴力/(kN)	基本组合 最大弯矩/(kN·m)	基本组合 最大弯矩处轴力/(kN)
浅埋	EK（偶）/OK（奇）	内侧	149.4	1 741	223.1	2 564
		外侧	191.8	1 970	286.4	2 941

续表 2.6-9

断面	管片分块	位置	标准组合 最大弯矩/(kN·m)	标准组合 最大弯矩处轴力/(kN)	基本组合 最大弯矩/(kN·m)	基本组合 最大弯矩处轴力/(kN)
浅埋	EB1（偶）/OB2（奇）	内侧	—	—	—	—
		外侧	438.8	2 454	655.3	3 664
	EB2（偶）/OB1（奇）	内侧	337.1	1 818	503.4	2 714
		外侧	—	—	—	—
	EA1（偶）/OA5（奇）	内侧	95	3 359	141.9	4 927
		外侧	222.3	2 713.8	331.9	4 052
	EA2（偶）/OA4（奇）	内侧	375.5	3 958	560.6	5 907
		外侧	—	—	—	—
	EA3（偶）/OA3（奇）	内侧	326.01	3 642	486.8	5 437
		外侧	129	2 847	192.7	4 250
	EA4（偶）/OA2（奇）	内侧	—	—	—	—
		外侧	438.8	2 456	655.3	3 664
	EA5（偶）/OA1（奇）	内侧	316.4	1 730	472.5	2 584
		外侧	361.2	2 334	539.4	3 485
中埋	EK（偶）/OK（奇）	内侧	175.7	2 523	237.5	3 411
		外侧	265.1	2 883	358.5	3 899
	EB1（偶）/OB2（奇）	内侧	—	—	—	—
		外侧	529.3	3 200	715.6	4 840
	EB2（偶）/OB1（奇）	内侧	417.5	2 678	564.5	3 621
		外侧	—	—	—	—
	EA1（偶）/OA5（奇）	内侧	92.14	4 771	124.6	6 370
		外侧	227.5	3 979	307.6	5 380
	EA2（偶）/OA4（奇）	内侧	483	5 541	653.1	7 490
		外侧	—	—	—	—
	EA3（偶）/OA3（奇）	内侧	410.8	5 142	555.4	6 952
		外侧	174.7	4 137	236.2	5 593
	EA5（偶）/OA1（奇）	内侧	395.1	2 546	534.3	3 443
		外侧	465.8	3 200	629.9	4 327
深埋	EK（偶）/OK（奇）	内侧	115.4	1 628	156.2	2 231
		外侧	180.3	1 864	244	2 561

续表 2.6-9

断面	管片分块	位置	标准组合 最大弯矩/(kN·m)	标准组合 最大弯矩处轴力/(kN)	基本组合 最大弯矩/(kN·m)	基本组合 最大弯矩处轴力/(kN)
深埋	EB1（偶）/OB2（奇）	内侧	—	—	—	—
		外侧	371.7	2 312	503.1	3 128
	EB2（偶）/OB1（奇）	内侧	280.2	1 721	379.2	2 328
		外侧	—	—	—	—
	EA1（偶）/OA5（奇）	内侧	55	3 120	74.4	4 288
		外侧	135.1	2 571	182.9	3 479
	EA2（偶）/OA4（奇）	内侧	302.2	3725	409	5 039
		外侧	—	—	—	—
	EA3（偶）/OA3（奇）	内侧	257.5	3 435	348.5	4 646.6
		外侧	97.48	2 685	131.9	3 633
	EA4（偶）/OA2（奇）	内侧	—	—	—	—
		外侧	371.7	2 311	503.1	3 128
	EA5（偶）/OA1（奇）	内侧	263.3	1 639	356.3	2 218
		外侧	318.2	2 069	430.6	2 800

计算结果显示，拱顶处产生的弯矩比仰拱处要小，同时拱顶处轴力比仰拱处要小，若按压弯构件配筋，拱顶处受力条件比仰拱处更加不利，因此取拱顶处弯矩与轴力值进行管片内侧配筋。

6. 管片使用阶段配筋

管片使用阶段结构主筋配筋按压弯构件计算，配筋结果见表 2.6-10。

表 2.6-10　使用阶段管片主筋配筋统计（每环，环宽 1.6 m）

断面	管片分块	位置	最大弯矩(每延米)/(kN·m)	最大弯矩处轴力(每延米)/(kN/m)	配筋	裂缝/mm
浅埋	EK（偶）/OK（奇）	内侧	286.848	2 785.6	14ϕ20	
		外侧	368.256	3 152	14ϕ18	
	EB1（偶）/OB2（奇）	内侧			14ϕ18	
		外侧	842.496	3 926.4	14ϕ25	0.170
	EB2（偶）/OB1（奇）	内侧	647.232	2 908.8	14ϕ22	0.144
		外侧			14ϕ18	
	EA1（偶）/OA5（奇）	内侧	182.4	5 374.4	14ϕ20	
		外侧	426.816	4 342.08	14ϕ18	
	EA2（偶）/OA4（奇）	内侧	720.96	6 332.8	7ϕ22+7ϕ20	
		外侧			14ϕ18	

续表 2.6-10

断面	管片分块	位置	最大弯矩/(kN·m/m)	最大弯矩处轴力/(kN/m)	配筋	裂缝/mm
浅埋	EA3（偶）/OA3（奇）	内侧	625.939 2	5 827.2	14ϕ20	
		外侧	247.68	4 555.2	14ϕ18	
	EA4（偶）/OA2（奇）	内侧			14ϕ18	0.193
		外侧	842.496	3 929.6	14ϕ25	0.170
	EA5（偶）/OA1（奇）	内侧	607.488	2 768	14ϕ20	0.157
		外侧	693.504	3 734.4	14ϕ22	
中埋	EK（偶）/OK（奇）	内侧	337.344	4 036.8	14ϕ20	
		外侧	508.992	4 612.8	14ϕ18	
	EB1（偶）/OB2（奇）	内侧			14ϕ18	
		外侧	1 016.256	5 120	8ϕ28+6ϕ25	0.180
	EB2（偶）/OB1（奇）	内侧	801.6	4 284	14ϕ28	
		外侧			14ϕ18	
	EA1（偶）/OA5（奇）	内侧	176.908 8	7 633.6	14ϕ20	
		外侧	436.8	6 366.4	14ϕ18	
	EA2（偶）/OA4（奇）	内侧	927.36	8 865.6	14ϕ25	
		外侧			14ϕ20	
	EA3（偶）/OA3（奇）	内侧	788.736	8 227.2	7ϕ22+7ϕ20	
		外侧	335.424	6 619.2	14ϕ18	
	EA4（偶）/OA2（奇）	内侧			14ϕ18	
		外侧	1 016.256	5 723	8ϕ28+6ϕ25	
	EA5（偶）/OA1（奇）	内侧	758.592	4 073.6	14ϕ20	
		外侧	894.336	5 120	14ϕ25	
深埋	EK（偶）/OK（奇）	内侧	221.568	2 604.8	14ϕ20	
		外侧	346.176	2 982.4	14ϕ18	
	EB1（偶）/OB2（奇）	内侧			14ϕ18	
		外侧	713.664	3 699.2	8ϕ25+6ϕ22	
	EB2（偶）/OB1（奇）	内侧	537.984	2 753.6	14ϕ22	0.088
		外侧			14ϕ18	
	EA1（偶）/OA5（奇）	内侧	105.6	4 992	14ϕ20	
		外侧	259.392	4 113.6	14ϕ18	
	EA2（偶）/OA4（奇）	内侧	580.224	5 960	7ϕ22+7ϕ20	
		外侧			14ϕ18	

续表 2.6-10

断面	管片分块	位置	最大弯矩/(kN·m/m)	最大弯矩处轴力/(kN/m)	配筋	裂缝/mm
深埋	EA3（偶）/OA3（奇）	内侧	494.4	5 496	14ϕ20	
		外侧	187.161 6	4 296	14ϕ18	
	EA4（偶）/OA2（奇）	内侧			14ϕ18	
		外侧	713.664	3 697.6	14ϕ22	
	EA5（偶）/OA1（奇）	内侧	505.536	2 622.4	14ϕ20	
		外侧	610.944	3 310.4	7ϕ22+7ϕ20	

表 2.6-10 配筋计算时，主筋保护层厚度按《铁路混凝土结构耐久性设计规范》（TB 10005—2010）要求取 30 mm。考虑到管片计算轴力较实际轴力大，管片配筋时轴力值取计算值的 80%；经计算对比，管片配筋在满足正常使用极限状态配筋要求时（按照最大裂缝 0.2 mm 控制配筋量），承载力极限状态配筋也满足要求，本计算表中未列出承载力极限状态配筋量。

2.6.3 超大断面马蹄形盾构管片接头设计

管片接头是隧道结构的重要部分，最终确定使用环向 44 颗 RD30 螺栓，纵向 16 颗 RD36 螺栓的方案。环向接头连接（以 OK/EK 块与 OB2/EB2 块接头为例）如图 2.6-14 所示，纵向接头连接如图 2.6-15 所示，环纵向接缝构造如图 2.6-16 所示。

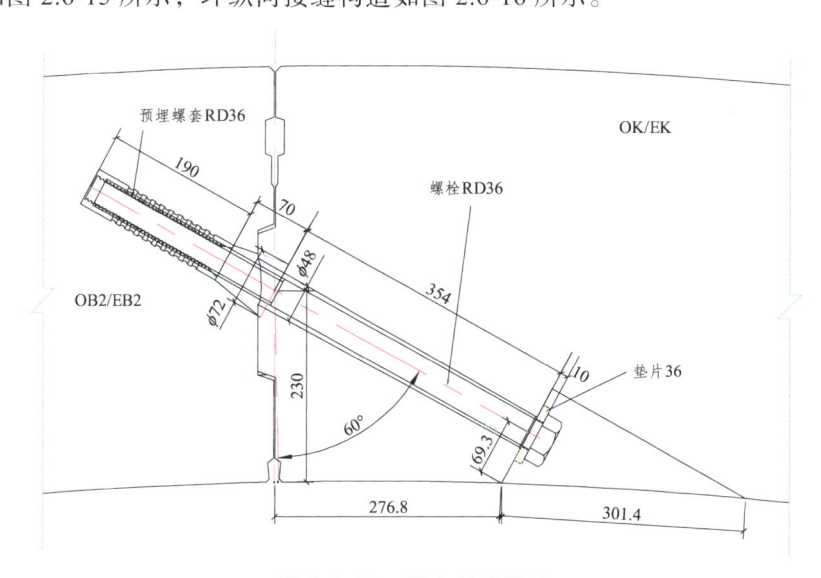

图 2.6-14 环向接头连接

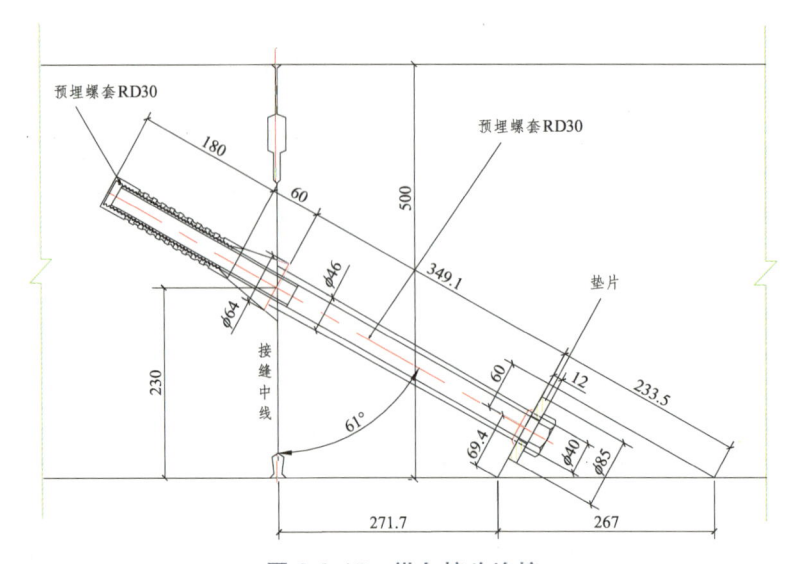

图 2.6-15 纵向接头连接

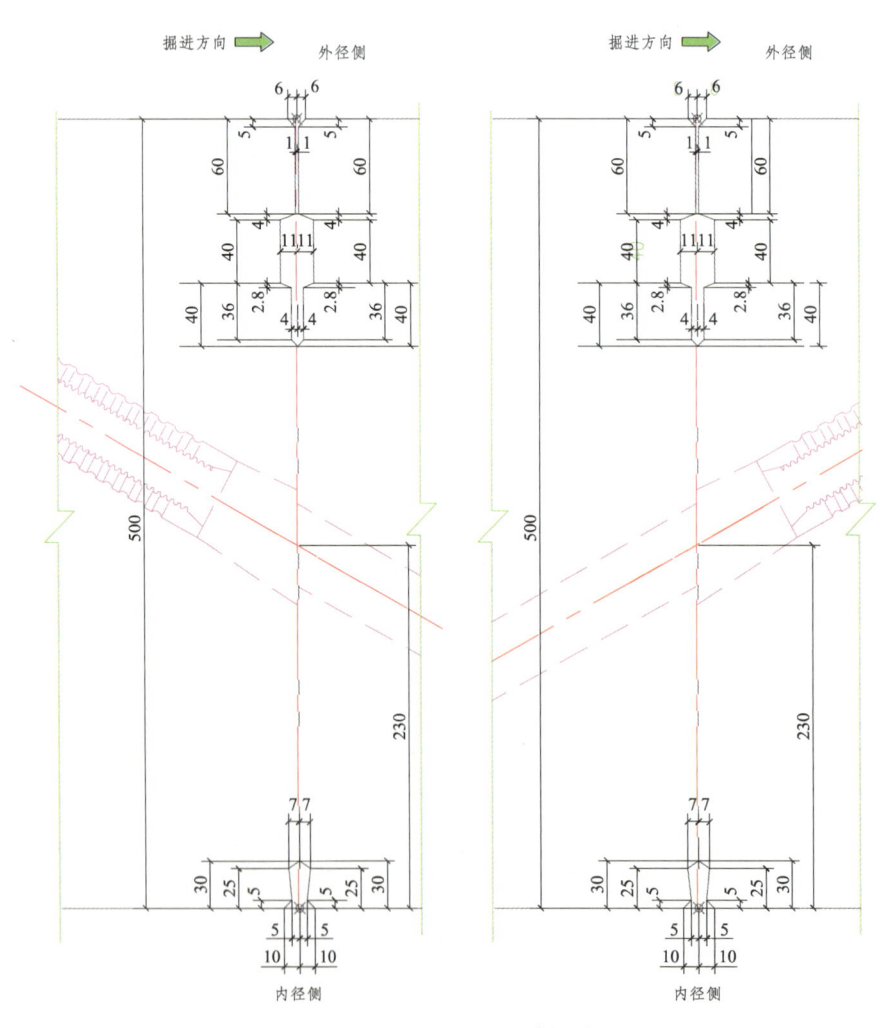

图 2.6-16 环纵向接缝构造

2.7 小结

针对白城隧道基本为新黄土地层的地质条件,提出了马蹄形盾构工法的构想,进而对矿山法与盾构法的工法进行比选,通过安全、质量、进度、经济、环保等方面的综合比选,选定了马蹄形盾构工法。结合工程条件,研究人员开展了马蹄形盾构机的总体设计,以及多刀盘布置、紧凑型刀盘驱动和联合控制的设计,设计人员进行了大断面马蹄形管片的构造设计、结构内力分析和配筋设计,从而完成了马蹄形盾构隧道的盾构机和管片结构设计。

第3章 马蹄形盾构掘进施工技术

从施工流程上看，马蹄形盾构掘进与常规大断面圆形盾构基本相同，即包括盾构始发、渣土改良及出渣、管片拼装、同步注浆、盾构接收、监控量测等工序和工艺。但由于断面形状的变化和多刀盘组合形式的复杂，使马蹄形盾构的施工存在着诸多难题，如管片拼装、盲区处理、姿态和线型控制等。

3.1 始发技术

3.1.1 始发基座安设

盾构始发基座（图 3.1-1）采用 C30 钢筋混凝土结构。在始发基座上设置 3 根 120 kg/m 钢轨作为盾构机导向轨道，底部导轨居中，上部两根钢轨距中心 4.8 m，并在轨道上涂硬质润滑剂以减小阻力（图 3.1-2）。在盾尾与中盾连接处，预留宽 800 mm、高 700 mm 的盾尾焊接槽，焊接槽处不设置导向钢轨，且在焊接槽前方的导轨打斜坡口处理。始发基座全长 24 m、宽 16 m，始发基座两侧高 3 m。始发基座的结构如图 3.1-3 ~ 图 3.1-5 所示。

图 3.1-1 始发基座正视图　　　　图 3.1-2 在接收槽钢涂抹润滑剂

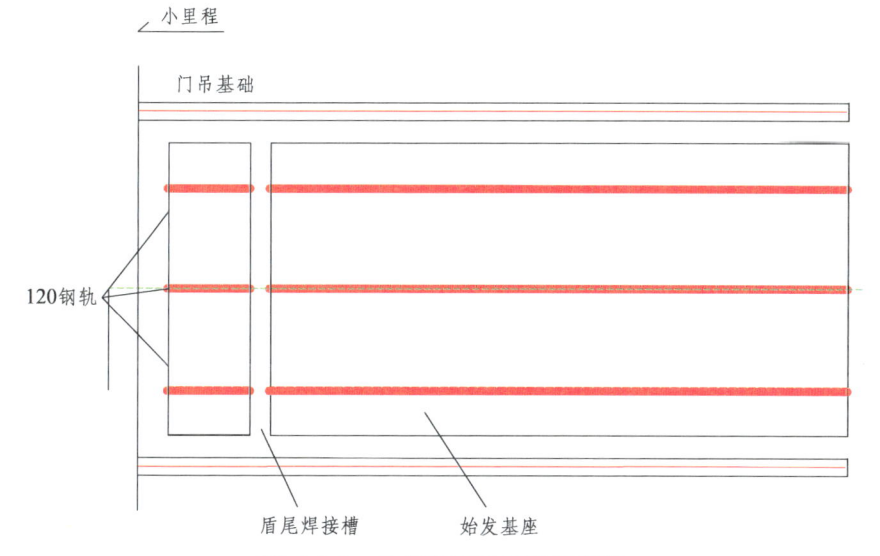

图 3.1-3　始发基座平面结构示意

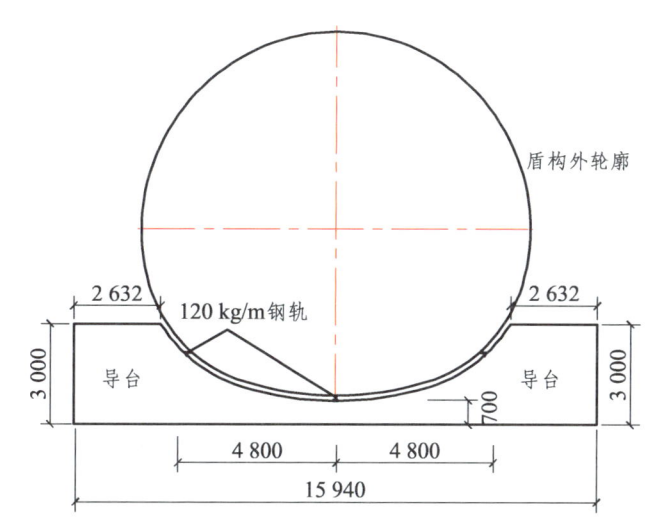

图 3.1-4　始发基座断面结构示意（单位：mm）

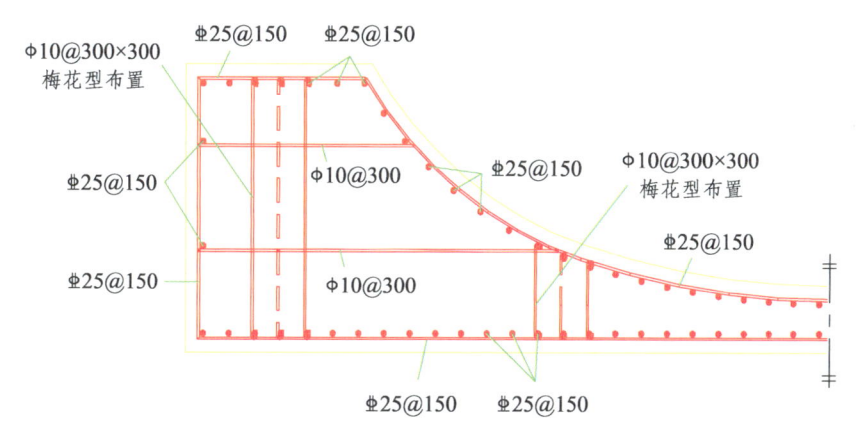

图 3.1-5　始发基座配筋（单位：mm）

3.1.2 反力架支撑系统安设

盾构始发时,推力主要集中在下半部,明洞加强段提供盾构机推进时所需的反力。明洞加强段与盾构主机位置如图3.1-6、图3.1-7所示。

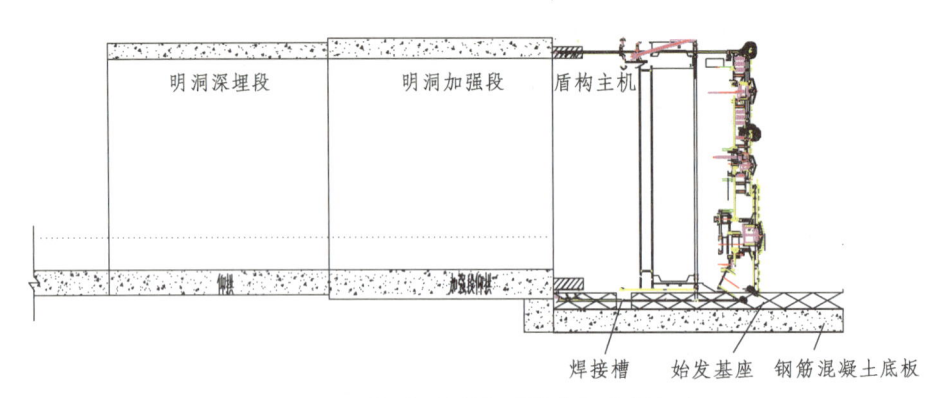

图 3.1-6　明洞加强段与盾构主机位置示意

图 3.1-7　管片与反力明洞合龙

3.1.3 洞门密封装置安装

在套拱向小里程方向施作 13.5 m 长始发导洞,拱架内径为 6.195 m(即在开挖轮廓线外 15.5 cm)。始发导洞大里程与套拱连接,小里程进洞端焊接预埋钢环,保证盾构机在通过拱架区时呈密封状态,如图 3.1-8 所示。

图 3.1-8　洞门预埋钢环

3.1.4　盾构的组装与调试

盾构机组装与调试程序详见图 3.1-9。

本次进行整体始发。此次整体始发下拖车由前向后下，即先下盾体，再下螺旋输送机→1#拖车→…→6#拖车。

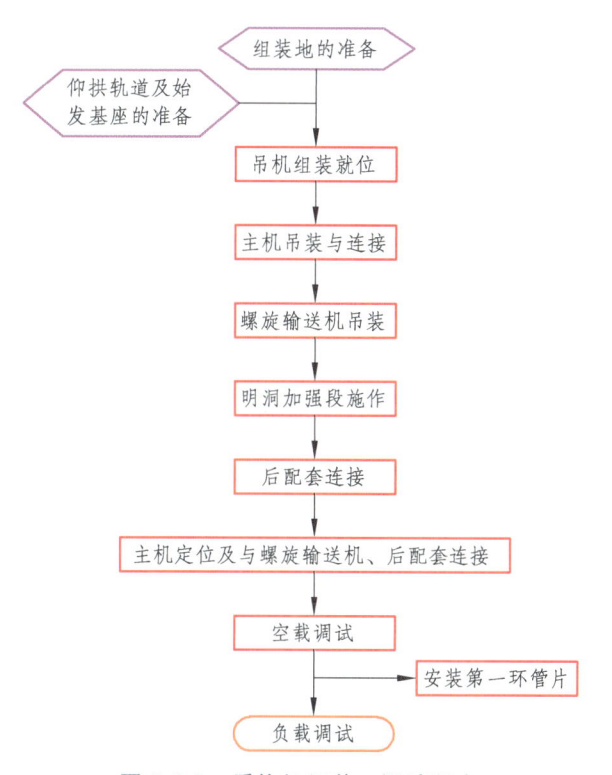

图 3.1-9　盾构机组装、调试程序

043

3.1.5 盾构始发掘进参数控制

本工程使用的马蹄形盾构，实际盾尾间隙为 45 mm，盾尾刷保护板厚 20 mm，盾尾总间隙为 65 mm，采用 2 m 长［8#槽钢（高度 80 mm）双拼后点焊至盾尾内弧面，基本与盾尾间隙相吻合。待盾尾完全进入原状土后取出，进入正常安装模式。

整个盾构掘进过程中，纠偏实行"勤纠、量小"的原则，每环姿态调整量控制在 6 mm 以内；盾构轴线偏离设计轴线不大于 ±50 mm，地面隆陷控制在 −30 mm ~ +10 mm。在始发掘进时，严格控制盾构机的各组油缸压力，盾构机总推力小于 5 000 t，刀盘扭矩（总）小于 3 500 kN·m。始发时在始发基座上的推进速度控制在 20 ~ 30 mm/min，盾构进入原状土的前 12 m 推进速度控制在 20 ~ 30 mm/min，在盾构机盾尾完全进入原状土后可逐步提高到 30 ~ 40 mm/min。

3.2 马蹄形盾构掘进参数选取及优化

3.2.1 马蹄形盾构机刀盘转速及扭矩

为了防止土压平衡盾构机掘进砂质新黄土地层时扰动过大，保持土体的强度及自稳性，在掘进时刀盘转速不宜过高。刀盘转速如果过高，会加大刀盘、刀具的磨损；刀盘转速如果过低，切削下来的渣土和泥浆（或泡沫）未搅拌充分，会导致刀盘扭矩增高，推进速度变慢，渣土在土舱底部堆积，造成出渣困难。刀盘的设计和组装分别如图 3.2-1 与 3.2-2 所示。

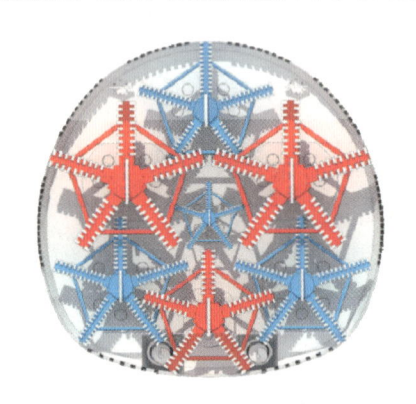

图 3.2-1 刀盘设计　　　　图 3.2-2 刀盘组装

在砂质新黄土地层中，刀盘转速过高对周围地层的扰动较大，容易造成地层失稳，出渣量过大，地表沉降量超限。为此在不同掘进地段合理选择刀盘参数就显得特别重要，为方便对比，选取底部正中前刀盘的 5 号刀盘为例，5 号刀盘在砂质新黄土地层中的参数见表 3.2-1。

表 3.2-1　5 号刀盘掘进参数

掘进地段参数	始发段（1～100 环）	正常段（101～1000 环）
刀盘转速/(r/min)	0.8～1.0	0.8～1.0
扭矩/(kN·m)	600～1 000	700～1 200

3.2.2　推进油缸总推力、推进速度及各组油缸行程差

推进液压系统为盾构机提供向前掘进的推力，采用 44 根推进油缸，如图 3.2-3 所示，最大推进力 13982 t。推进油缸圆周方向分成 6 个分区，油缸采用单、双缸布置，共 18 个小组。每个分组中均有一根油缸有内置式位移传感器，位移行程可显示于上位机。装有位移传感器的推进缸控制阀组上还装有压力传感器，通过调整每区油缸的推进压力来进行盾构的纠偏和调向。

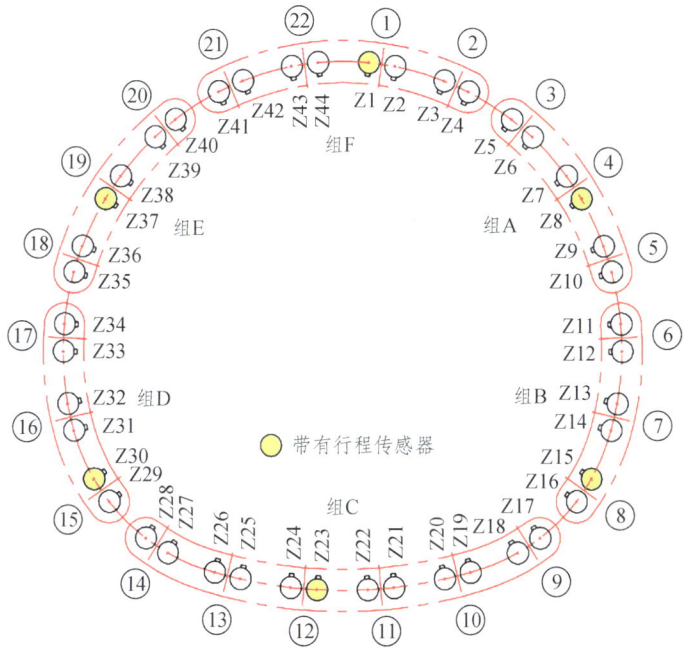

图 3.2-3　推进油缸布置

盾构机的总推力必须大于各种阻力的总和，否则盾构机就无法向前推进。盾构机推进各种阻力和的理论计算比较复杂，在实际施工过程中盾构机的总推力一般按经验公式求得：

$$F_j = P_j \times \frac{\pi D^2}{4}$$

式中　F_j——盾构机总推力（kN）；

P_j——开挖面单位截面积的推力（kPa），盾构机 P_j 的取值范围是 1000～1300 kPa。

土压平衡盾构机在砂质新黄土地层中的掘进速度一般控制在 20~30 mm/min。推进油缸各组的行程差一般应控制在 60 mm 以内。隧道设计曲线最小半径为 500 m，如果不考虑推力不均引起的油缸行程差，推进油缸具体参数详见表 3.2-2。

表 3.2-2　推进油缸参数

掘进地段参数	始发段（1~100 环）	正常段（101~1 000 环）
推进速度/(mm/min)	15~25	15~25
总推力/t	4 500~5 000	5 000~7 500
行程差/mm	≤60	≤40

3.2.3　马蹄形断面土压平衡稳定性技术

土舱内土压力值 P 应略大于静水压力和地层土压力之和 P_0，即 $P = KP_0$（K 值为 1.0~3.0）。土舱压力通过采取"设定掘进速度—调整排土量"或"设定排土量—调整掘进速度"两种方法建立，并应维持切削土量与排土量的平衡，以使土舱内的压力稳定平衡。采用 2 台螺旋输送机出渣，能够有效地匹配推进速度，防止超欠挖，如图 3.2-4 所示；螺旋机可无级调速，控制土舱左、右压力实现土压平衡，有效控制地表沉降，如图 3.2-5 所示。

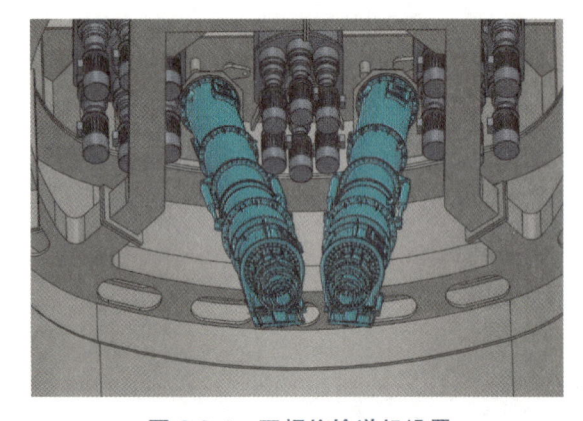

图 3.2-4　双螺旋输送机设置　　　　图 3.2-5　土压平衡示意

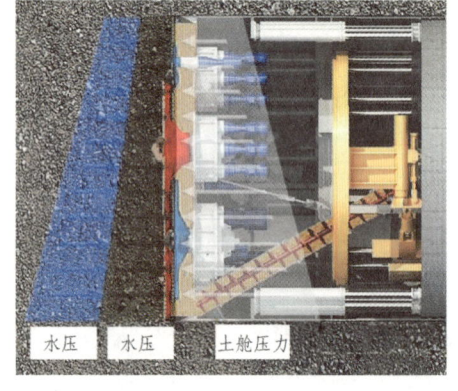

在过砂质老黄土地层段掘进时，需要添加泡沫剂、膨润土等改善渣土的止水性，以使土舱内的压力稳定平衡。盾构机的土舱压力主要通过调整盾构掘进速度和出土量的平衡来控制，排土量则主要通过调整螺旋输送机的转速来调节。具体参数设置见表 3.2-3。

表 3.2-3　螺旋输送机参数

掘进地段参数	始发段	正常掘进段	到达段
扭矩/MPa	2~4	2.5~4.5	—
土压/MPa	0~0.4	0.2~0.6	—

3.3 马蹄形盾构管片拼装技术

3.3.1 马蹄形管片拼装机

管片安装机拼装在盾尾,由主梁、回转架、移动架、连接梁、抓举头等机构组成,如图 3.3-1 所示。管片拼装机通过遥控器进行控制,可对每个动作进行单独灵活的操作控制。它的伸缩、旋转和移动等功能都是比例控制的,可对管片实现精确定位。管片拼装机由单独的液压系统供应动力。它的组装与调试如图 3.3-2～图 3.3-4 所示。

管片拼装机总共有 7 个自由度:管片拼装机的旋转功能;管片拼装机半径油缸的伸缩功能;抓举头的前后移动功能;抓举头的三方向微调旋转功能;抓举头的自动锁紧管片功能。

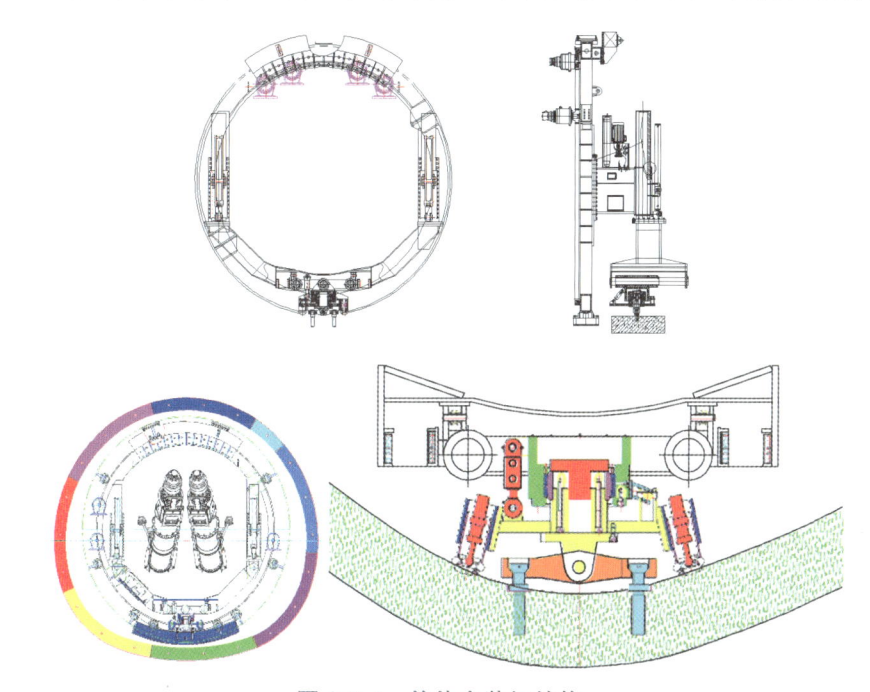

图 3.3-1 管片安装机结构

图 3.3-2 安装机工厂组装

图 3.3-3 安装机现场组装

图 3.3-4　拼装机厂内调试

3.3.2　管片拼装工艺流程

管片拼装工艺流程如图 3.3-5 所示，管片拼装时，首先安装最下方一块管片，先连接纵向螺栓；由下到上左右对称安装剩余管片，随每块管片的拼装将纵向螺栓及环向螺栓连接好并进行紧固；封顶块拼装时，先搭接 1/3，再径向插入，边调整位置边缓慢纵向顶推。整环管片全部拼装完成后，用风动扳手紧固所有螺栓；盾构掘进时，在上一个循环管片脱出盾尾后，及时以风动扳手对所有管片环纵向螺栓进行复紧。拼装机现场施工如图 3.3-6 所示。

图 3.3-5　管片拼装工艺流程

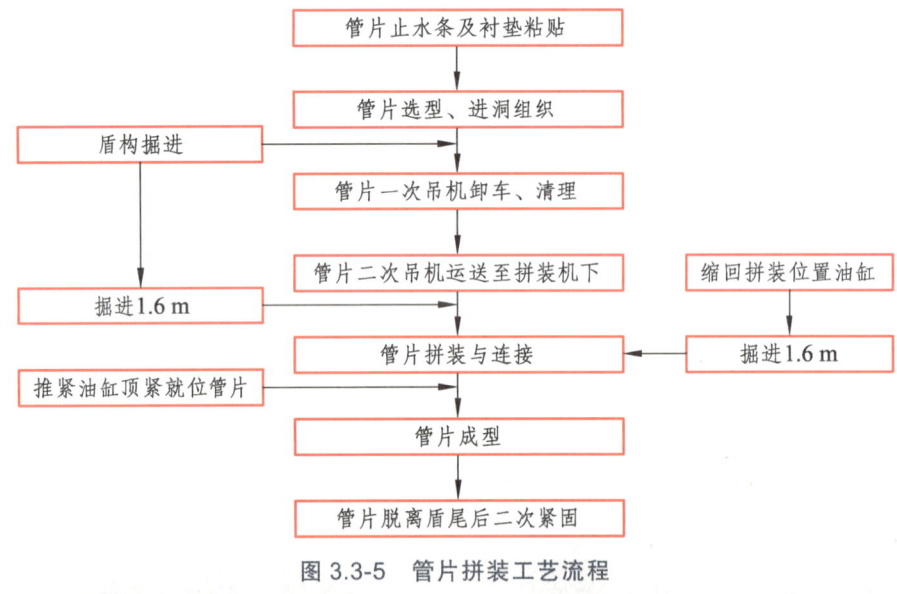

图 3.3-6　拼装机现场施工

本盾构机为世界首台马蹄形盾构机，拼装和常规盾构机有很大区别，通过 1 个月的操作磨合，每环的拼装时间为 75 min 左右，隧道内成型管片如图 3.3-7 所示。

图 3.3-7　隧道内成型管片

3.4　马蹄形盾构机姿态控制技术

3.4.1　技术难点

由于隧道非中心对称，在马蹄形盾构机推进的过程中，土压的不均匀变化及地质的变化，很容易导致盾构机发生水平轴线偏转或滚转，且无法通过简单的刀盘反转来校正，需要多种手段共同作用，如图 3.4-1 和图 3.4-2 所示。发生滚转会导致隧道形状改变，故管片拼装精度要求高、姿态控制严格，要求盾构的姿态控制做到"微偏离，小纠正"。

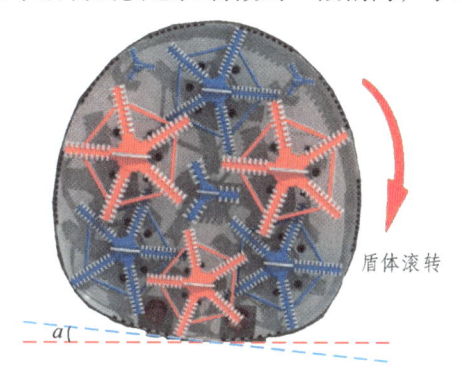

图 3.4-1　盾体偏转示意

图 3.4-2　隧道滚转示意

3.4.2 滚转纠偏措施

1. 刀盘翻转纠偏

盾壳上设计有水平倾角传感器，实时监测滚转姿态，并设有预报警系统，每个刀盘的旋转速度及方向都可调，从而实现盾体滚转纠偏，如图 3.4-3 所示。螺旋机转速可实现无级调速，控制土舱左、右压力实现辅助纠偏。

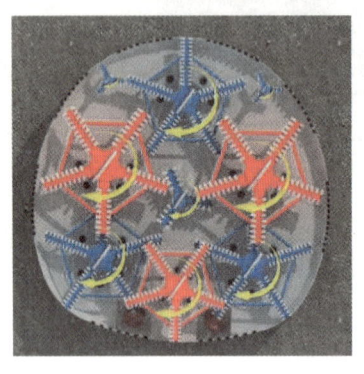

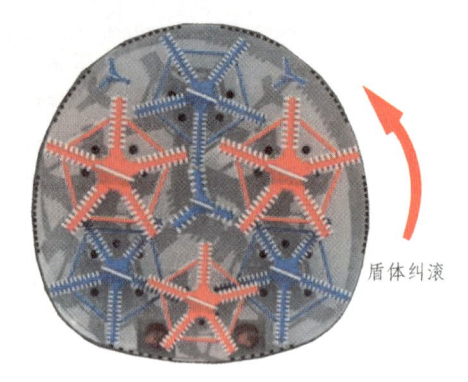

图 3.4-3 刀盘正反转纠偏示意

2. 压浆纠偏

在前盾周圈预留有压浆口，进行压浆纠偏，如图 3.4-4 所示。

3. 配重块纠偏

通过盾壳内加装配重块的形式进行滚转纠偏，如图 3.4-5 所示。

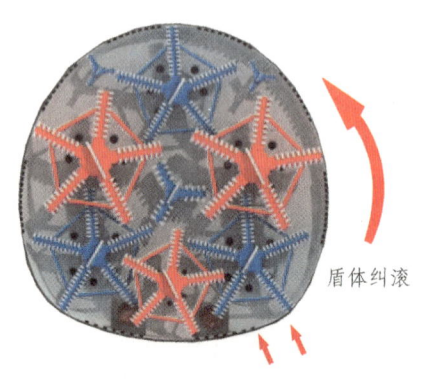

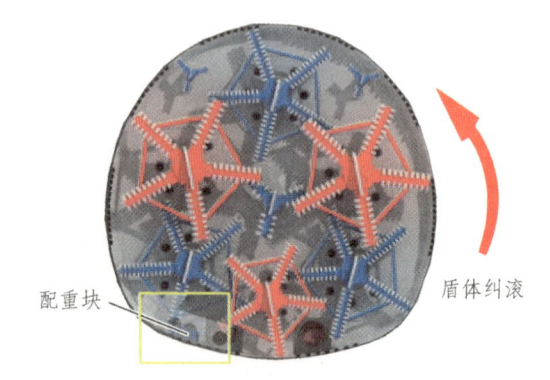

图 3.4-4 压浆纠偏示意　　图 3.4-5 配重块纠偏示意

3.5 马蹄形盾构渣土改良技术

3.5.1 技术路线

盾构渣土改良技术路线如图 3.5-1 所示。

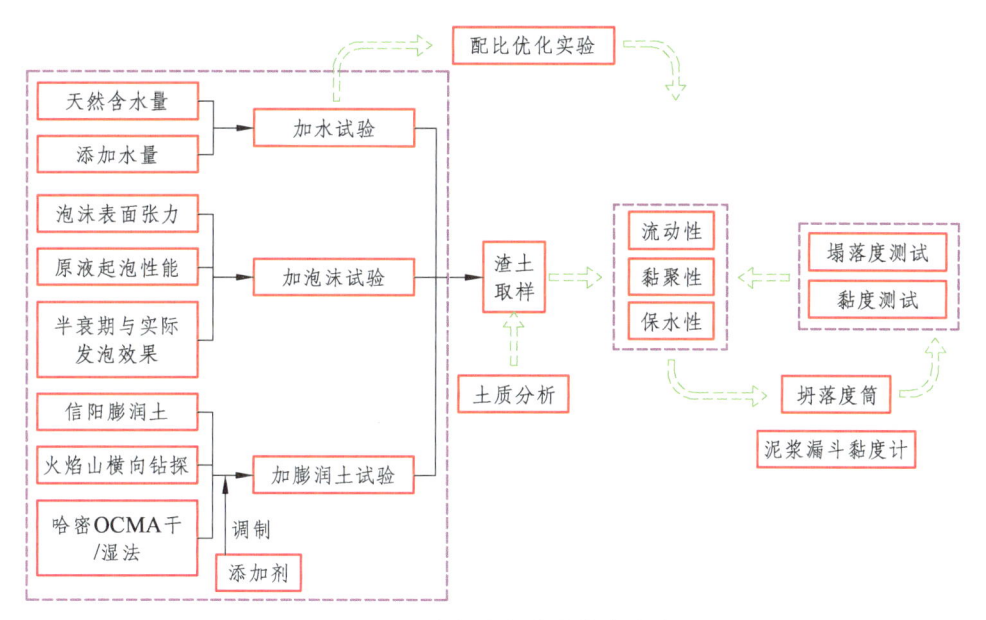

图 3.5-1　渣土改良试验技术路线

3.5.2　泡沫性能试验研究

1. 泡沫混合液表面张力

研究人员通过 JYW-200B 自动界面张力仪检测了不同浓度下的泡沫混合液的表面张力。

经过多组试验数据分析发现，泡沫原液比例与表面张力关系为：泡沫混合液的表面张力随着原液浓度增加而减小，泡沫原液浓度达到 3%时，泡沫混合液表面张力最小，继续增加浓度，表面张力基本不变，如图 3.5-2 所示。

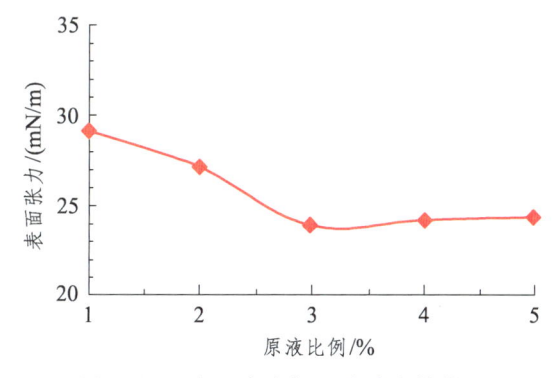

图 3.5-2　表面张力与原液浓度的关系

2. 泡沫半衰期和实际发泡效果

研究人员通过流体多功能流体试验台（图 3.5-3）和半衰期试验装置，测试了不同浓度的泡沫液的发泡倍率、半衰期和泡沫附着厚度。

图 3.5-3　流体多功能试验台

经过多组试验数据分析发现当泡沫原液浓度达到 2%时，随着浓度增加半衰期变化较小；发泡倍率和附着厚度随着原液浓度的增加而增大，但增大的趋势变小，如图 3.5-4～图 3.5-6 所示。

图 3.5-4　半衰期与原液浓度的关系　　　图 3.5-5　发泡倍率与原液浓度的关系

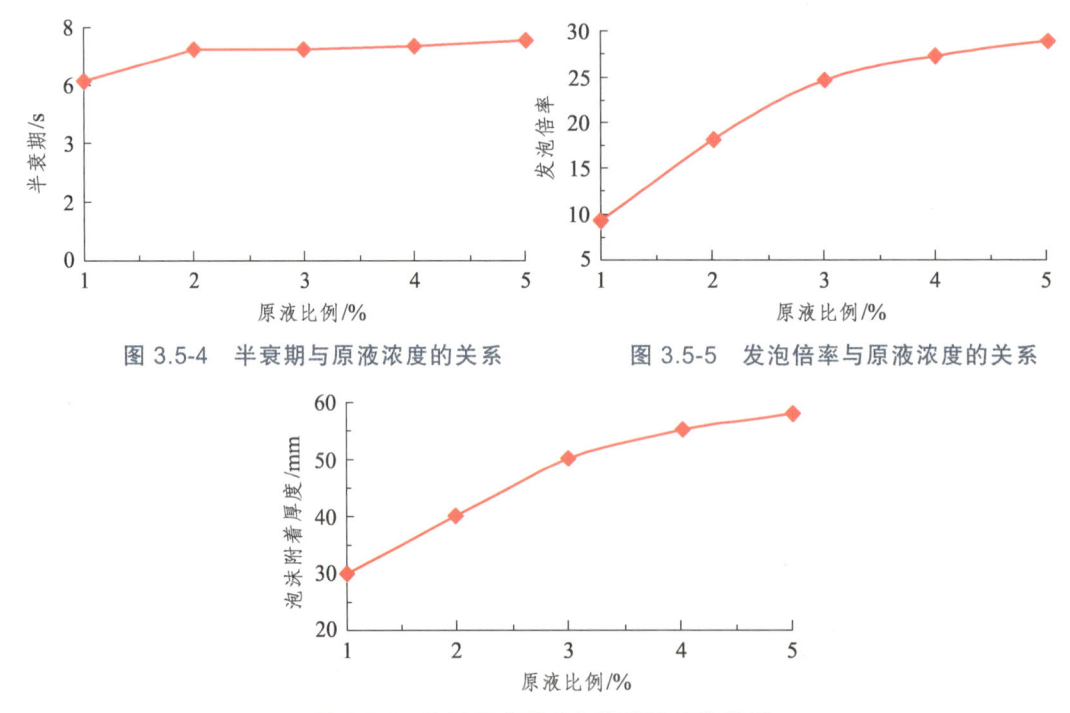

图 3.5-6　泡沫附着厚度与原液浓度的关系

3. 泡沫改良渣土坍落度试验

坍落度是指渣土的和易性，具体来说就是保证施工的正常进行，其中包括渣土的保水性、流动性和黏聚性，即渣土是否易于施工操作和均匀密实的性能。渣土坍落度主要与渣土的塑化性能和出渣性能有关，影响渣土坍落度的因素主要有级配变化、含水量、衡器的称量偏差、外加剂的用量等。

研究人员通过热重分析仪、搅拌机、坍落度筒等试验仪器测试了多组泡沫改良后的渣土坍落度。

实验组测试照片如图 3.5-7 所示。

图 3.5-7　渣土改良效果分析

根据试验数据分析发现：泡沫对改良渣土的坍落度有很明显的影响，添加 15%泡沫后坍落度由 31 mm 变为 132 mm；添加 20%泡沫后，坍落度达到 212 mm。坍落度达到 120～200 mm 时，可认为渣土满足流塑性要求，所以泡沫注入率为 15%时，其渣土改良效果、经济性最佳。

泡沫注入率与渣土坍落度关系曲线如图 3.5-8 所示。

当含水量为 15%时，加入不同比例的泡沫，对比坍落度，通过数据分析得出坍落度 H_t 与添加泡沫比例 n% 的关系为：

$$H_t = -0.003\,2n^4 + 0.106\,3n^3 - 0.278\,1n^2 - 0.846\,6n + 0.813\,5$$

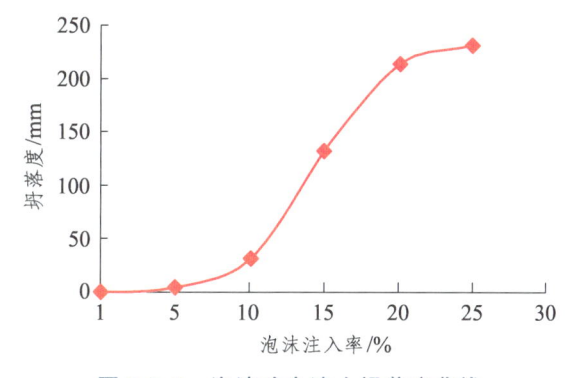

图 3.5-8　泡沫改良渣土坍落度曲线

综合以上泡沫性能试验及泡沫渣土改良试验数据分析可知：考虑到工程应用的成本，在粉土、黏质粉土地层中施工，选用该泡沫原液浓度为3%，泡沫注入率为15%，其性能、经济性最佳。

3.5.3 膨润土性能研究

研究人员通过泥浆漏斗黏度计、泥浆比重计（图3.5-9）、坍落度筒等试验仪器测量了多组S1-钠基膨润土的比重及漏斗黏度。S1-钠基膨润土的试验结果见表3.5-1，S1-钠基膨润土不同配比的黏度与养护时间变化规律见图3.5-10。随着养护时间的增长，泥浆的黏度不断上升。由黏度随不同配比的变化规律（图3.5-11）可知：配比在1∶5以下时，黏度增长缓慢；大于1∶5时，黏度急剧增大；在1∶5时出现突变值。综上可知：配比低于1∶6时，泥浆比重缓慢线性增长，当配比大于1∶6时泥浆比重呈急剧线性增长。总体上，S1-钠基膨润土水化程度较好，能够形成稳定的泥浆，未形成较大的析层现象。综合钠基膨润土表现出的性质，采用1∶6的配比进行膨润土改性。

图3.5-9 泥浆比重计

表3.5-1 S1-钠基膨润土试验结果

膨润土配比	pH	密度/(g/cm³)	0 h/s	4 h/s	8 h/s	20 h/s	24 h/s
1∶4	9	1.138	25.06	33.60	40.00	49.17	54.91
1∶5	9	1.190	20.02	21.96	23.23	24.55	25.78
1∶6	8.5	1.100	19.20	20.08	20.89	21.59	22.74
1∶6.5	8.5	1.090	18.22	18.75	19.58	19.94	20.47
1∶7	8	1.085	18.26	18.38	19.21	19.45	19.81
1∶7.5	8	1.075	17.03	17.77	18.14	18.55	17.52
1∶8	8	1.069	17.09	17.33	18.02	18.18	18.74

注：水黏度=（13.38+14.32+14.09）/3=13.93

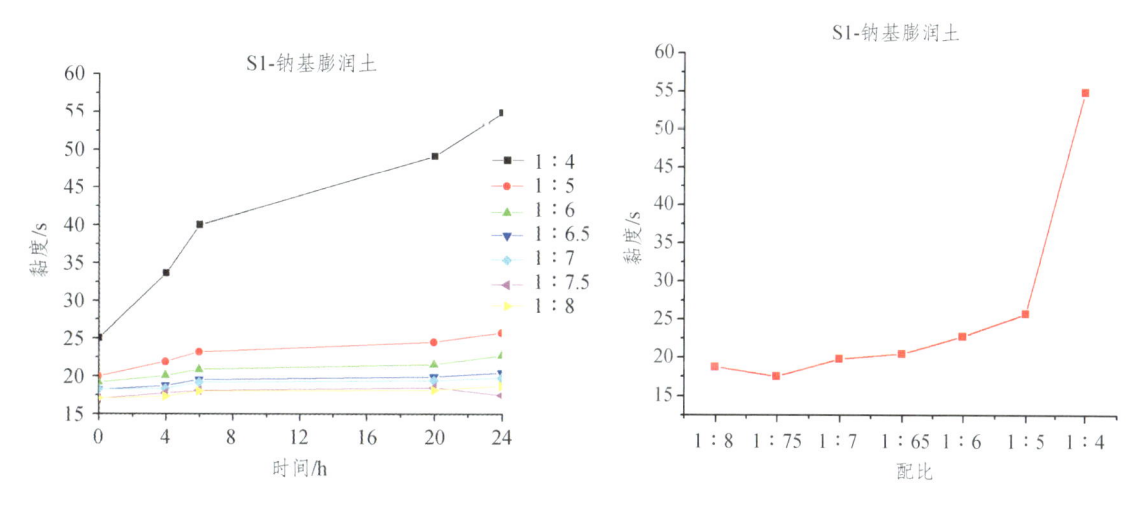

图 3.5-10　不同配比的黏度随养护时间变化规律　　图 3.5-11　黏度随不同配比的变化规律

纯碱（碳酸钠 Na_2CO_3），在水中容易电离和水解，在配置时加入能有效地改善黏土的水化分散能力，因此加入适量的纯碱可使泥浆失水下降，黏度、切力增大。通过对不同比例纯碱含量的泥浆进行测试，对多组数据分析对比，得出黏度 S 与纯碱含量 m_1% 之间的函数关系为

$$S = 21.851\,8 + 5.978\,1\,m_1 + 33.740\,2\,m_1^2 - 70.321\,9\,m_1^3 + 44.992\,m_1^4 - 9.072\,1\,m_1^5$$

黏度与纯碱含量的规律如图 3.5-12，可知纯碱使泥浆黏度先升高后下降继而急剧升高。根据泥浆黏度变化规律，优先采用 0.6% 含量的纯碱进行泥浆失水性能的改性。

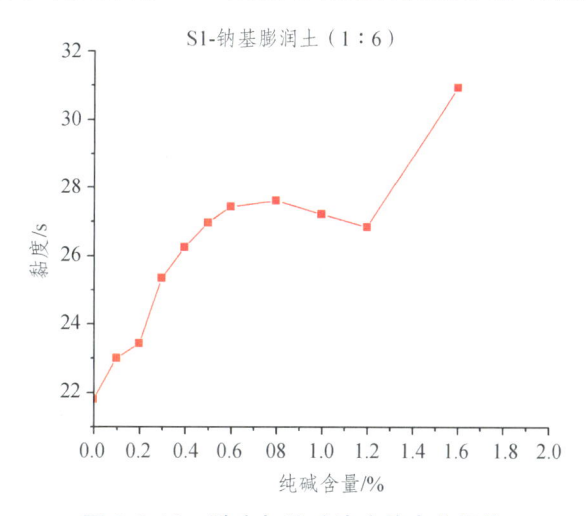

图 3.5-12　黏度与纯碱浓度的变化规律

羧甲基纤维素（CMC），可增加泥浆黏性，使土层表面形成薄膜而防护孔壁剥落并有降低失水的作用。通过试验发现，随着 CMC 含量的增大，泥浆黏度几乎呈线性增长，如图 3.5-13 所示，黏度 S 与 CMC 含量 m_2% 之间函数关系为

$$S = 17.9 + 64\,m_2$$

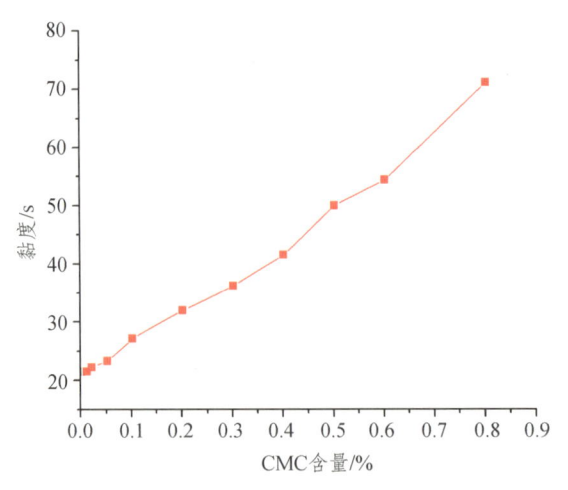

图 3.5-13　黏度与 CMC 浓度的变化规律

由图 3.5-13 可知，随着 CMC 含量的增大，泥浆黏度几乎呈线性增长。CMC 的含量虽然相对较低，但其变化对泥浆漏斗黏度的影响却非常明显。

综上，优先采用膨润土配比 1∶6，纯碱含量 0.6% 的浆液，在泥浆随 CMC 含量浓度变化规律的基础上配置含量 0.6% 和 0.8% 的 CMC 泥浆，测得漏斗黏度分别为 52.80 s 和 63.00 s，所以推荐 S1-钠基膨润土配比为水∶膨润土∶Na_2CO_3∶CMC = 6∶1∶0.042∶0.056，物料的投放顺序建议水和纯碱先溶解后再放入 CMC 进入机械搅拌，搅拌至少 1 h 后，放入气吹搅拌桶内，打开气吹阀门，缓慢加入 S1-钠基膨润土，气吹搅拌时间 30 min 即可，最后养护 24 h 之后方可投入使用。

3.5.4　膨润土渣土改良坍落度试验

研究人员在含水量为 15% 的渣土试样中添加不同量的膨润土改良剂进行坍落度试验，如图 3.5-14 所示。通过试验数据可知：膨润土注入率达到 15% 时，坍落度只有 87 mm；而膨润土注入率达到 20% 时，坍落度达到 151 mm，如图 3.5-15 所示。为使渣土达到良好的流塑性状态，膨润土注入率较大，需达到 20% 左右。

图 3.5-14　膨润土渣土改良试验效果分析

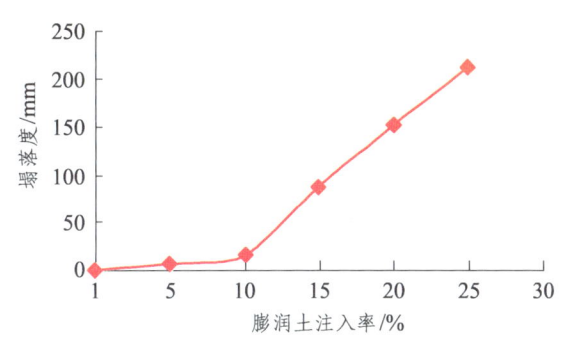

图 3.5-15　S1-钠基膨润土渣土改良坍落度曲线

经过对多组试验数据的分析发现：膨润土改良后坍落度 H_t 与添加膨润土的比例 m%之间的关系为

$$H_t = -0.0018\,m^4 + 0.0706\,m^3 - 0.3419\,m^2 + 0.4267\,m + 0.7817$$

综上，经过对加泡沫与加膨润土后的坍落度测试对比分析，综合考虑施工经济效益，对于该地质，加泡沫后的改良效果优于加 S1-钠基膨润土。通过综合分析比对研究，本项目泡沫原液浓度为 3%，泡沫注入率为 15%，性能、经济性为最佳。

3.5.5　马蹄形盾构机渣土改良系统

通过渣土改良试验得出了渣土改良的最佳方案，主要改良介质是泡沫和水，泡沫的作用尤为明显。再结合马蹄形盾构多刀盘开挖形式，为使泡沫与土体充分混合并防止刀盘喷口堵塞，对每一个刀盘单独配置单管单泵泡沫系统，共配置六路泡沫，通过 PLC 可以实现泡沫自动、半自动及手动注入控制，开创了非圆盾构渣土改良系统新的设计理念。同时，土舱隔板上均匀布置加水口，针对盲区特别设置喷水口，实现土舱内均匀加水改良，并采用高压水冲刷盲区，有助于盲区渣土的切削和渣土改良。

3.5.6　试验分析

在浩吉铁路白城隧道工程中，通过渣土改良试验，确定合理改良介质注入比，并配置合适的渣土改良系统，马蹄形盾构的渣土改良取得良好了效果，使土体形成"塑性流变状态"，有利于地表沉降的控制，如图 3.5-16 所示。

图 3.5-16　渣土改良后土体

图 3.5-17 表明了优化后的渣土改良方案有效地稳定了掌子面，土舱压力均匀，并有利于提高成洞质量，使推进系统适应各种复杂工况要求；同时也表明渣土改良有效地降低了盾体及刀具的磨损，达到了经济、节能的要求。

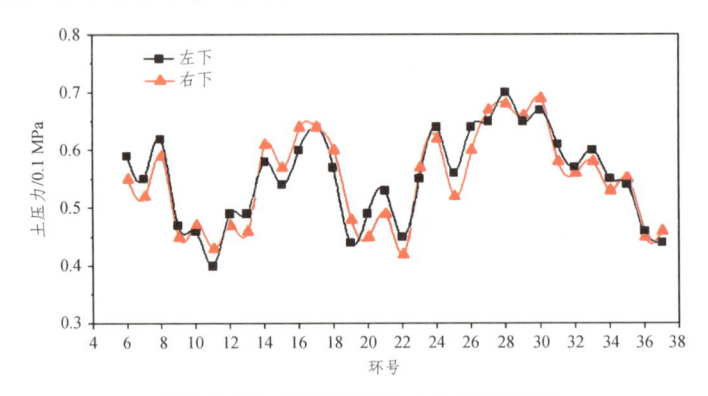

图 3.5-17　掘进过程中土舱压力变化

实际工程中可以通过试验掺水量和泡沫剂掺量对坍落度的影响，来确定泡沫剂和水的最佳掺量配比。

3.6　马蹄形盾构同步注浆材料及配合比研究

3.6.1　同步注浆量

注浆量的确定是以管片背部建筑空隙量为基础，并结合地层、线路线形及掘进方式等考虑适当的饱满系数，以达到充填密实的目的。注浆量与盾构掘进时扰动地层范围有关，扰动范围是变量，一般情况下充填系数为 1.3~1.8。

同步注浆量经验计算公式为

$$V=KL\pi(D_1^2-D_2^2)/4$$

式中　V——充填体积（盾构施工引起的空隙）；
　　　K——充填系数（宜取 1.3 ~ 2.5）；
　　　D_1——盾构切削外径；
　　　D_2——预制管片外径；
　　　L——回填注浆段长度，即预制管片衬砌每环长度。

根据马蹄形盾构断面和马蹄形管片外径进行计算可得

$$V = 10.5 \text{ m}^3 \times 1.5 = 15.7 \text{ m}^3$$

3.6.2　同步注浆材料及浆液配比研究

1. 研究方案

管片壁后同步注浆材料均匀试验设计时，根据文献中各材料比常用的取值范围，以及结合前期试验，本试验材料比-影响因素的取值范围见表 3.6-1，试验影响因素及每一因素中划分的水平见表 3.6-2。

表 3.6-1　试验影响因素取值范围

影响因素	水固比(x_1)	粉灰比(x_2)	土灰比(x_3)	减胶比(x_4)
取值范围	0.36 ~ 0.48	1.0 ~ 3.0	2.0 ~ 4.0	0 ~ 0.010

表 3.6-2　试验影响因素及水平

水平	水固比(x_1)	粉灰比(x_2)	土灰比(x_3)	减胶比(x_4)
1	0.36	1.0	2.0	0.000
2	0.39	1.5	2.5	0.003
3	0.42	2.0	3.0	0.006
4	0.45	2.5	3.5	0.008
5	0.48	3.0	4.0	0.010

本次试验包含 4 因素 5 水平，经对比分析试验方案选用 $U_{15}(15^7)$ 均匀设计表，根据其使用表选出 1、2、4、6 列进行拟水平设计，得出同步注浆材料优化配比均匀试验设计工况及参数（表 3.6-3），其配比见表 3.6-4。

表 3.6-3　同步注浆材料优化配比均匀试验设计工况及参数

工况	水固比(x_1)	粉灰比(x_2)	土灰比(x_3)	减胶比(x_4)
1	0.36	1.50	3.0	0.010
2	0.36	2.50	2.0	0.008
3	0.36	3.00	3.5	0.006
4	0.39	1.50	2.5	0.003

续表 3.6-3

工况	水固比(x_1)	粉灰比(x_2)	土灰比(x_3)	减胶比(x_4)
5	0.39	2.00	4.0	0.000
6	0.39	3.00	2.5	0.010
7	0.42	1.00	4.0	0.008
8	0.42	2.00	3.0	0.006
9	0.42	3.00	2.0	0.003
10	0.45	1.00	3.5	0.000
11	0.45	2.00	2.0	0.010
12	0.45	2.50	3.5	0.008
13	0.48	1.00	2.5	0.006
14	0.48	1.50	4.0	0.003
15	0.48	2.50	3.0	0.000

表 3.6-4 同步注浆材料均匀试验设计配比　　　　单位：kg/m³

工况	水泥	粉煤灰	黄土	水	减水剂
1	226.20	339.30	678.61	447.88	5.66
2	226.05	565.12	452.10	447.58	6.33
3	165.32	495.96	578.62	446.36	3.97
4	241.19	361.79	602.98	470.33	1.81
5	171.60	343.19	686.38	468.46	0.00
6	183.64	550.93	459.11	465.53	7.35
7	193.08	193.08	772.34	486.57	3.09
8	193.01	386.02	579.03	486.38	3.47
9	193.23	579.70	386.47	486.95	2.32
10	204.46	204.46	715.63	506.05	0.00
11	223.79	447.57	447.57	503.52	6.71
12	159.35	398.37	557.71	501.94	4.46
13	241.94	241.94	604.85	522.59	2.90
14	166.73	250.09	666.90	520.18	1.25
15	166.93	417.34	500.80	520.84	0.00

2. 试验结果及分析

（1）同步注浆材料均匀试验结果。

根据前面阐述的均匀设计试验方法，试验结果如表3.6-5所示。

表3.6-5 注浆材料均匀设计试验结果

工况	流动度/mm 初始	2 h	4 h	6 h	凝结时间/h	泌水率/%	抗压强度/MPa 7 d	28 d
1	209	191	182	172	6.6	6.32	3.55	7.69
2	225	216	207	194	6.7	8.52	4.03	10.11
3	214	202	189	187	7.1	5.67	2.65	6.74
4	229	217	206	197	6.8	6.96	3.25	7.21
5	229	217	201	193	6.7	6.78	2.05	5.04
6	259	246	232	221	9.4	13.22	2.29	7.20
7	242	223	210	210	8.2	10.30	1.55	3.95
8	256	242	228	228	9.3	11.42	1.78	5.42
9	276	259	249	240	9.1	16.50	1.98	5.57
10	267	241	230	230	8.9	13.38	1.68	4.18
11	300	300	290	275	10.3	19.37	2.18	6.01
12	287	274	261	261	10.9	15.90	1.19	3.70
13	294	283	277	267	9.3	17.69	1.95	4.53
14	287	274	264	264	10.8	15.15	1.01	2.97
15	299	290	283	278	10.0	19.83	1.26	3.53

注：工况11中初始流动度在跳桌跳至第21下时，浆液流动度已经达到最大量程300 mm。

用回归分析的方法对表3.6-5中的试验结果进行分析，探求试验指标随每个水平变化的规律。

（2）同步注浆材料性能的回归分析。

考虑到因素间的交互效应及二次效应，选用四元二阶多项式作为回归模型，回归方程的具体形式为

$$Y = \beta_0 + \beta_1 x_1 + \beta_2 x_2 + \beta_3 x_3 + \beta_4 x_4 + \beta_{11} x_1^2 + \beta_{22} x_2^2 + \beta_{33} x_3^2 + \beta_{44} x_4^2 + \beta_{12} x_1 x_2 + \beta_{13} x_1 x_3 + \beta_{14} x_1 x_4 + \beta_{23} x_2 x_3 + \beta_{24} x_2 x_4 + \beta_{34} x_3 x_4 \tag{3.6-1}$$

式中，x_1为水固比；x_2为粉灰比；x_3为土灰比；x_4为减胶比；x_1^2、x_2^2、x_3^2、x_4^2为对应的二次项，$x_1 x_2$、$x_1 x_3$、$x_1 x_4$、$x_2 x_3$、$x_2 x_4$、$x_3 x_4$为对应的交互项；β_0为常数项；β_1、β_2、…、β_{34}为对应的偏回归系数。

由式（3.6-1）可知，对因变量Y可能产生影响的自变量共有14个（x_1、x_2、x_3、x_4、x_1^2、x_2^2、x_3^2、x_4^2、$x_1 x_2$、$x_1 x_3$、$x_1 x_4$、$x_2 x_3$、$x_2 x_4$、$x_3 x_4$），然而并不是所有自变量都对因变量Y有显

著的影响。这就存在如何挑选出对因变量有显著影响的自变量的问题。解决这种问题的方法目前最受推崇的是逐步回归法。

根据试验结果，利用 SPSS 软件进行计算机处理，得出如下回归关系：

（1）初始流动度的回归方程：

$$Y_{0h} = -95.258+776.772x_1+21.668x_2-3.584x_2x_3+114\,413.920x_4^2 \quad (3.6\text{-}2)$$

（2）2 h 流动度的回归方程：

$$Y_{2h} = -130.531+886.880x_1-23.472x_1x_3+13.254x_2+148\,356.987x_4^2 \quad (3.6\text{-}3)$$

（3）4 h 流动度的回归方程：

$$Y_{4h} = -148.474+926.133x_1-29.041x_1x_3+12.101x_2+142\,002.156x_4^2 \quad (3.6\text{-}4)$$

（4）6 h 流动度的回归方程：

$$Y_{6h} = -146.215+807.649x_1+13.506x_2+10\,905.036x_1x_4-1\,067.069x_3x_4 \quad (3.6\text{-}5)$$

（5）凝结时间的回归方程：

$$Y_{time} = -33.743+157.078x_1+80.137x_2x_4+0.131x_2x_3-141.481x_1^2 \quad (3.6\text{-}6)$$

（6）泌水率的回归方程：

$$Y_{bleed} = -29.552+88.564x_1+10.187x_1x_2+18\,178.901x_4^2-0.809x_2x_3 \quad (3.6\text{-}7)$$

（7）7 d 抗压强度的回归方程：

$$Y_{7\,d} = 35.641-136.869x_1-0.100x_3^2-0.101x_2^2+142.584x_1^2 \quad (3.6\text{-}8)$$

（8）28 d 抗压强度的回归方程：

$$Y_{28\,d} = 66.836-212.608x_1-4.806x_3+182.843x_1^2+8.089x_1x_3-0.076x_2^2 \quad (3.6\text{-}9)$$

注：对 28 d 抗压强度进行回归分析时，设置引入自变量显著性水平 α_{entry} 值为 0.10，剔除自变量的显著水平 $\alpha_{removal}$ 值为 0.15。

在求出回归方程后，还需对回归方程进行显著性检验。本章分别从回归方程显著性的 F 检验、回归系数显著性的 t 检验及衡量回归拟合程度的拟合优度检验等 3 个方面对已求得的 8 个回归方程进行检验。

① 回归方程显著性的 F 检验。

回归方程的显著性检验就是要看自变量从整体上对因变量 Y 是否有明显的影响。

8 个方差分析表中，Sig.即显著性 P 值均约为 0.000（SPSS 输出只保留了 3 位有效数字，P 值并非等于 0），可知，求出的 8 个回归方程均高度显著。

② 回归系数显著性的 t 检验。

在多元线性回归中，回归方程显著并不意味着每个自变量对 Y 的影响都显著，需要从回归方程中剔除那些次要的、可有可无的变量，重新建立更为简单的回归方程，所以需要对每个自变量进行显著性检验。由各自变量对应的 Sig.可知，各回归方程中所包含的自变量对其因变量的影响均具有很高的显著性。

③ 拟合优度检验。

拟合优度用于检验回归方程对样本观测值的拟合程度，样本决定系数 R^2 的取值范围在[0，1]区间内，R^2 越接近 1，表明回归拟合的效果越好；R^2 越接近 0，表明回归拟合的效果越差。R 为复相关系数，用来表示回归方程对原有数据的拟合程度，它衡量作为一个整体的 $x_1, x_2, \cdots,x_p$ 与 Y 的线性关系。各方程的 R 及 R^2 可知，其对应的值均比较接近 1，说明所求得的 8 个回归方程拟合效果很好。

通过以上 3 个方面对所求得的回归方程式（3.6-2）～式（3.6-9）的检验可知，用这 8 个方程来表述相应自变量与因变量间的统计关系是可信的、可靠的，并且是可以用这些回归方程来进行预测和控制的。

3. 同步注浆材料性能的单因素影响分析

（1）同步注浆材料流动度与各因素的关系。

通过回归分析得到同步注浆材料流动度与各因素的关系，如图 3.6-1～图 3.6-4 所示，可见，在设定试验范围内，浆液的流动性受水固比、粉灰比、土灰比和减胶比的影响，其中水固比的影响最为显著。

随着水固比的增大，浆液中的自由水分也逐步增多，进而浆液的流动性也随之显著增大，见图 3.6-1；随着粉灰比的增大，粉煤灰含量增加，通常粉煤灰活性较低，减少了水化反应所需要的水量，使得浆液中的自由水分相对增多，从而使浆液的流动性有所增加，见图 3.6-2；随着土灰比的增加，流动性逐渐减低，可知达到一定流动度时黄土的需水量略大于水泥，增加黄土的掺量会使流动性变差，见图 3.6-3；高效减水剂是高分子表面活性剂，有强的固-液界面活性作用，在水泥分散体系中，它们能吸附在水泥粒子表面上，并形成带负电的强电场，使水泥胶凝体产生分散，释放更多水分，因此，随着减胶比的增大，浆液的流动性也有所提高，见图 3.6-4。

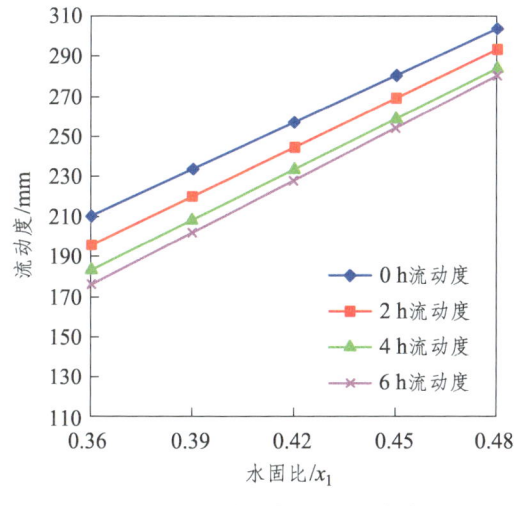

图 3.6-1 流动度与水固比的关系

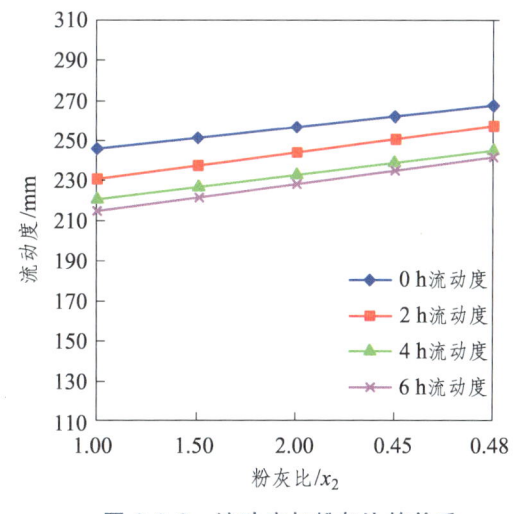

图 3.6-2 流动度与粉灰比的关系

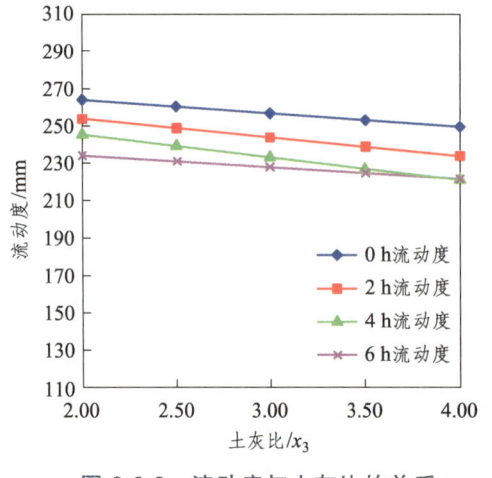

图 3.6-3　流动度与土灰比的关系

图 3.6-4　流动度与减胶比的关系

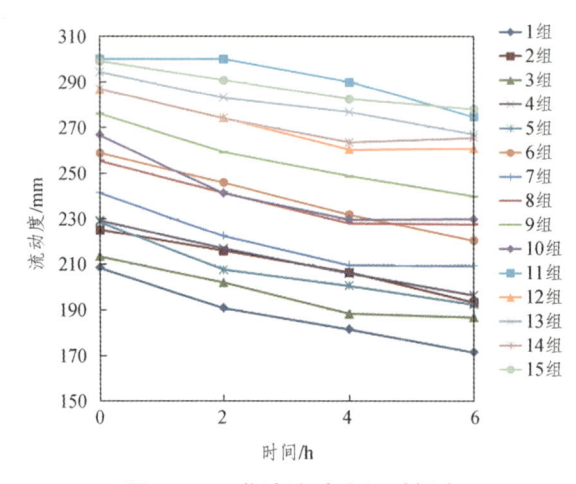

图 3.6-5　浆液流动度经时损失

从图 3.6-5 可以看出，15 组浆液的流动度整体上随时间的增长呈下降趋势，但各组的具体变化趋势不同。浆液拌和后初期，胶凝材料发生水化反应，致使流动度降低，在前 4 个小时内 15 组浆液流动度均呈下降趋势，而在 4~6 h 内，部分组（如 3、7、8、10、12、14 组）流动度减小微弱，甚至不变。主要由于黄土颗粒的粒径要远小于砂子，无法像水泥砂浆中的砂子被胶凝材料黏结在一起，黄土拌和的浆液特别润滑，摩擦力小。当浆液中的水分散失量很小时，经过一定的搅拌，浆液流动性经时损失很小。浆液经过初期的水化反应后，其后期的流动性与浆液中含水量及搅拌程度有很大的关系。这是水泥黄土浆液与水泥砂浆的不同之处。

（2）同步注浆材料凝结时间与各因素的关系。

水泥黄土浆液的凝结过程与水泥等胶凝材料水化反应及浆液的水分散失过程是紧密相关的，通过回归分析得到同步注浆材料的凝结时间与各影响因素的关系如图 3.6-6~图 3.6-9 所示，可见，在设定试验范围内，浆液的凝结时间受水固比、粉灰比、土灰比和减胶比的影响，其中水固比的影响最为显著，凝结时间随着水固比的增大而显著增长，且呈非线性变化；粉灰比、减胶比的增加都会使凝结时间增长，且两者对凝结时间的影响程度相当；土灰比的增大也可使凝结时间增长，但变化幅度不大。

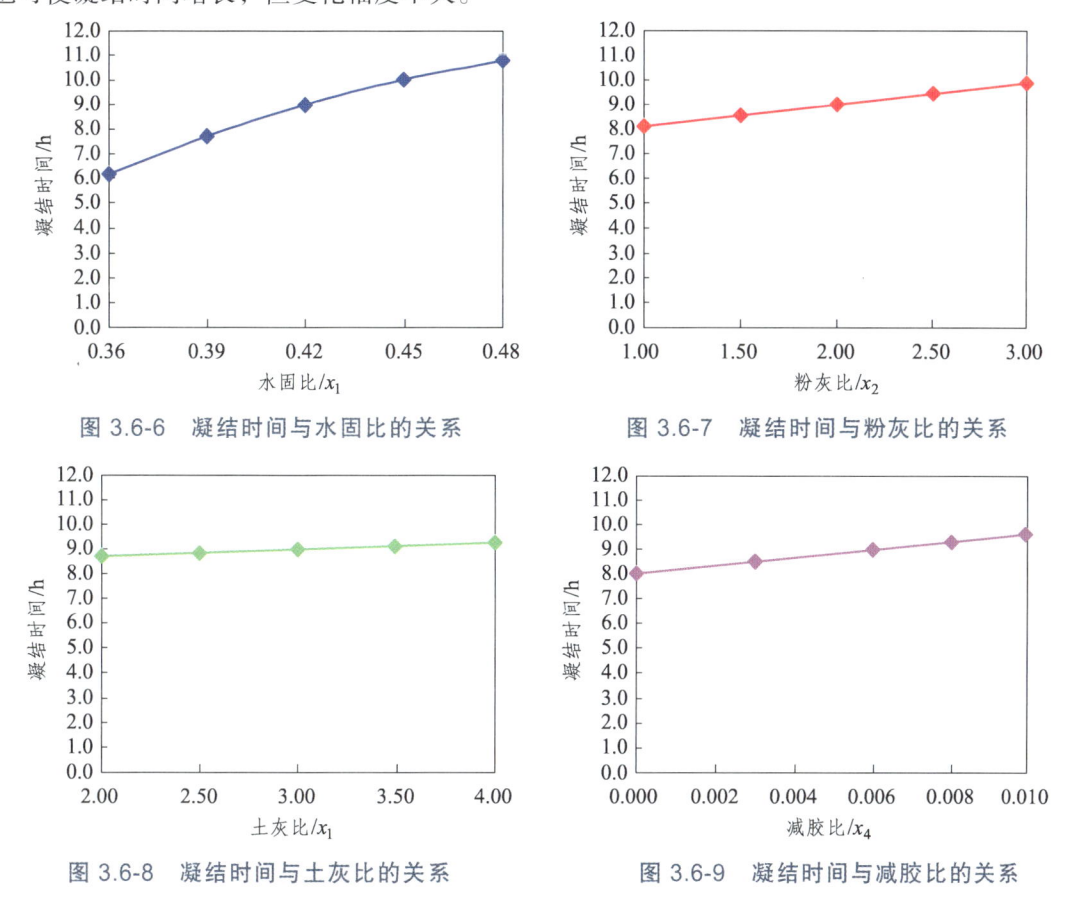

图 3.6-6　凝结时间与水固比的关系

图 3.6-7　凝结时间与粉灰比的关系

图 3.6-8　凝结时间与土灰比的关系

图 3.6-9　凝结时间与减胶比的关系

（3）同步注浆材料泌水率与各因素的关系。

通过回归分析得到同步注浆材料泌水率与各因素的关系，如图 3.6-10～图 3.6-13 所示，可见在设定试验范围内，泌水率受水固比、粉灰比、土灰比和减胶比的影响，其中水固比对泌水率的影响最为显著，粉灰比、土灰比、减胶比依次次之。泌水率随水固比、粉灰比、减胶比的增大而增大，但随土灰比的增大而减小。

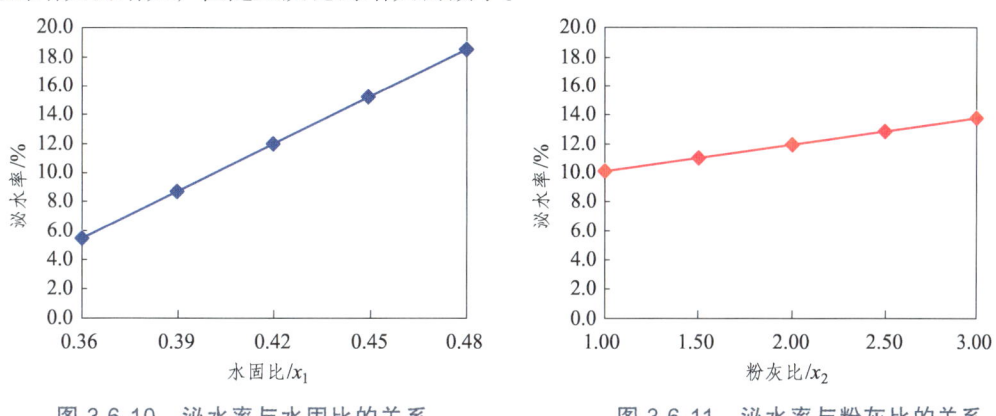

图 3.6-10　泌水率与水固比的关系

图 3.6-11　泌水率与粉灰比的关系

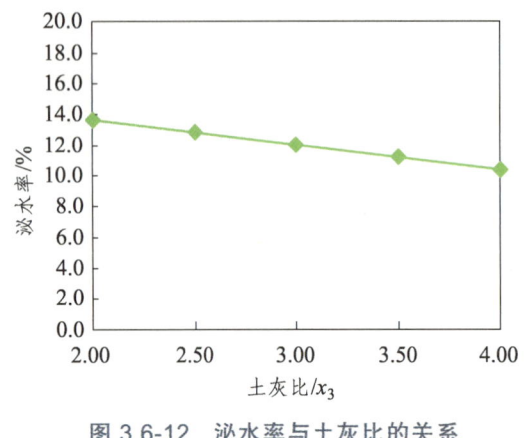

图 3.6-12　泌水率与土灰比的关系 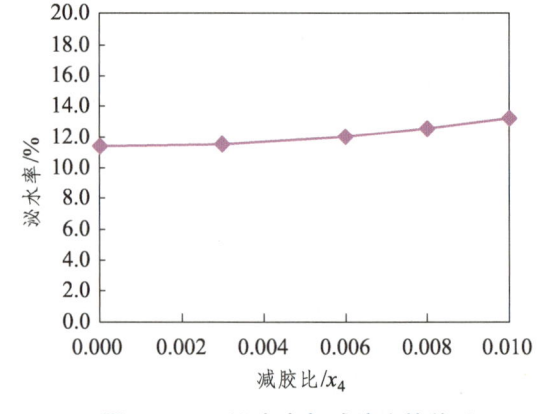　　　　图 3.6-13　泌水率与减胶比的关系

随着水固比的增大，泌水率显著增大；粉煤灰活性较低，掺加粉煤灰会使浆液中所需的结合水量减少，致使可泌水量增加，因此，随着粉灰比的增大，泌水率也逐步增大；随着土灰比的增大，泌水率逐渐减小，黄土所需的润湿水量较大，增大黄土的掺量可改善浆液的保水性；减水剂会使浆液中的可泌自由水量增加，使泌水率增大。

（4）同步注浆材料抗压强度与各因素的关系。

通过回归分析得到同步注浆材料抗压强度与各因素的关系，如图 3.6-14～图 3.6-19 所示，可见在设定试验范围内，浆液的抗压强度受水固比、粉灰比、土灰比的影响，水固比对抗压强度的影响最为显著，土灰比的影响较为显著，粉灰比相对较弱。

浆液的 7 d 抗压强度和 28 d 抗压强度随着水固比的增大而显著降低，均呈非线性变化趋势。抗压强度随粉灰比的增大而降低，粉灰比的增大导致水泥含量相对减少，而粉煤灰活性和强度较低，致使抗压强度降低。随着土灰比的增大，浆液抗压强度显著降低，黄土自身强度及活性很低，在浆液中主要起填充作用，又因为其粒径远小于砂子，不能被水泥等胶凝材料充分黏结在一起，致使浆液无法具有较高的整体强度。

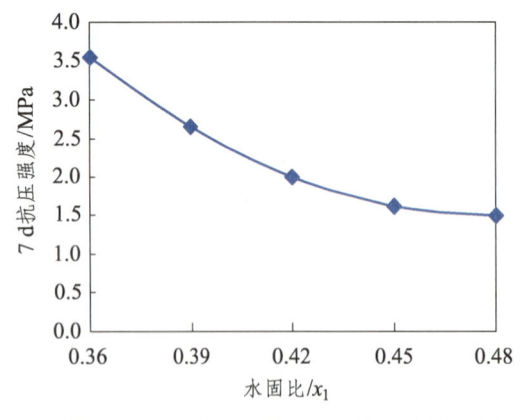

图 3.6-14　7 d 抗压强度与水固比的关系 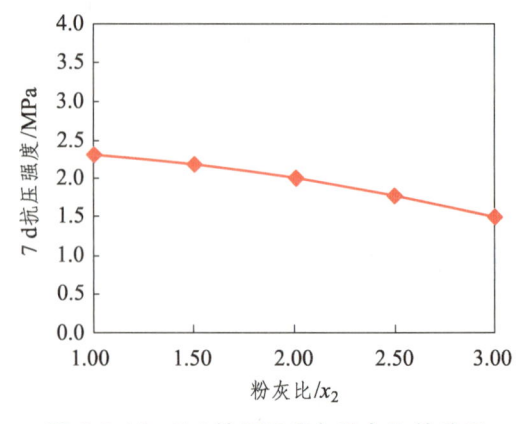　　　图 3.6-15　7 d 抗压强度与粉灰比的关系

图 3.6-16　7 d 抗压强度与土灰比的关系

图 3.6-17　28 d 抗压强度与水固比的关系

图 3.6-18　28 d 抗压强度与粉灰比的关系

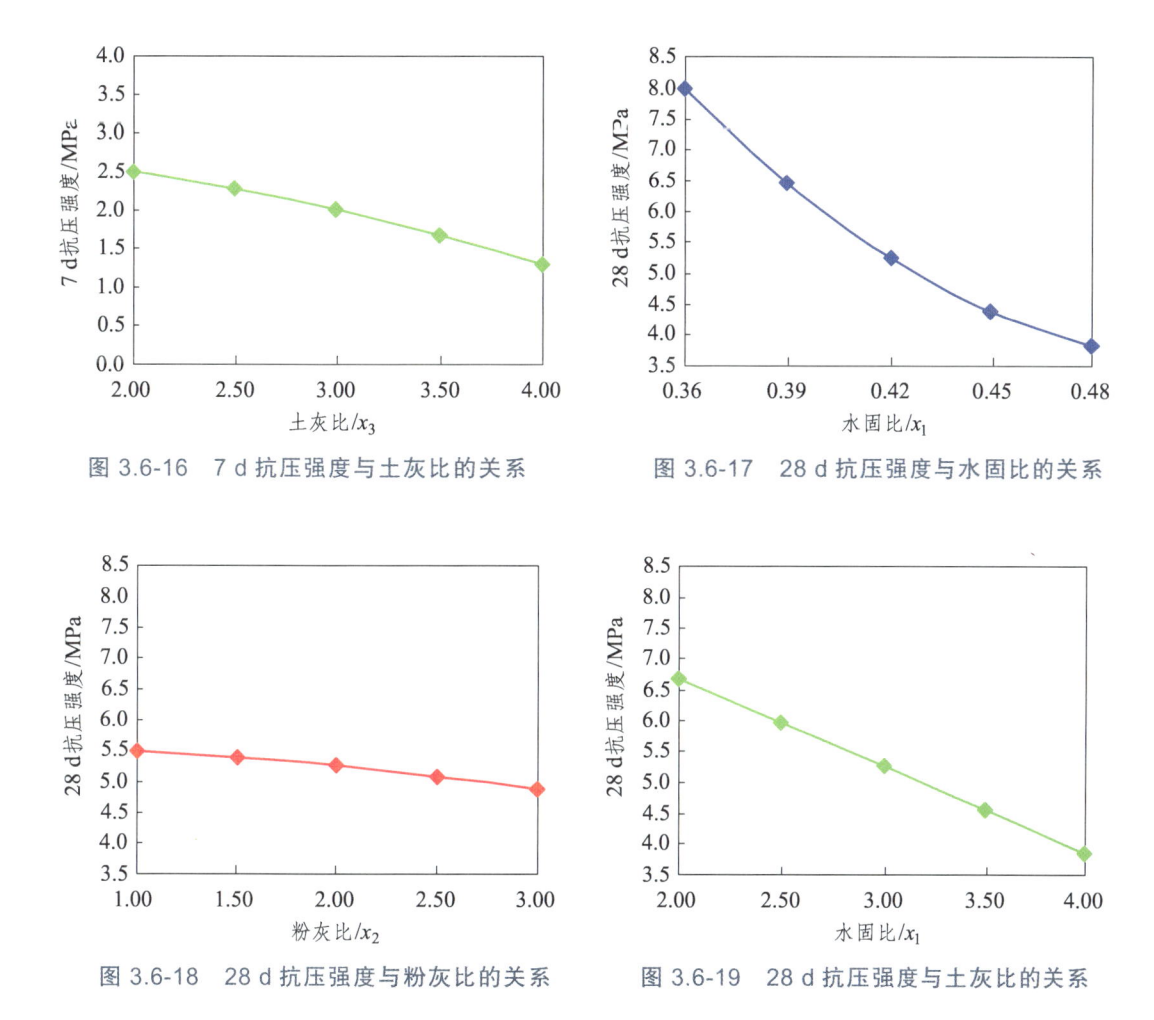

图 3.6-19　28 d 抗压强度与土灰比的关系

综上所述，水固比是对浆液各性能指标影响最为显著的因素，随着水固比的增大，流动度、凝结时间、泌水率显著增大，抗压强度显著降低。因此，在流动性满足施工要求的前提下，尽量降低水固比，可显著缩短凝结时间，改善浆液的保水性，大大提高浆液的强度。

粉灰比对浆液各性能指标影响相对较小，随着粉灰比的增大，浆液流动度、凝结时间、泌水率增大，抗压强度降低。掺加粉煤灰可对浆液各性能指标起到一定的调节作用，减少水泥用量，降低浆液成本。

土灰比对浆液的流动性、凝结时间、泌水率影响相对较弱，对抗压强度影响较为显著。随着土灰比的增大，浆液流动度、凝结时间增大，泌水率减小，抗压强度显著减小。掺加黄土可改善浆液的保水性，而且黄土拌和的浆液相对于水泥砂浆，其摩擦力要小，浆液润滑，且整体稳定性好，不发生沉积分层，不易堵管，经过一定程度的搅拌后，浆液的流动度经时损失相对较小。虽然掺加黄土后，体积收缩相对水泥砂浆较大，浆液抗压强度显著降低，但15 组浆液的 28 d 抗压强度一般在 3～10 MPa，均能满足技术要求。综合而言，黄土主要起填充作用，可在一定程度上改善浆液的稳定性，替代膨润土和砂子，降低造价，是一种较好的注浆材料。

减胶比对浆液的流动性、凝结时间、泌水率均有影响，但影响较弱，随着减胶比的增大，流动度、凝结时间、泌水率均增大。掺加减水剂可在水固比不变的情况下，提高浆液的流动度，而不使抗压强度降低。因此，可在相对较低的水固比条件下，通过减水剂来调节浆液各项指标，均衡浆液的整体性能。

4. 同步注浆材料配合比优化

（1）多目标规划和MATLAB优化应用。

同步注浆材料由于其施工的特殊性，浆液需满足短期时间内可泵性好，浆液注入后，又能较快地凝结，并具有一定的早期强度，面对这种具有两个以上目标的问题，可采用多目标规划来求解。可应用MATLAB优化工具箱来求解得到同步注浆材料配合比的优化。

根据浆液各性能指标对浆液进行评价，认为符合施工需要的浆液应达到以下约束条件：

① 浆液的初始流动度值应大于240 mm，见式（3.6-2）；
② 浆液6h后的流动度值应大于210 mm，见式（3.6-5）；
③ 浆液的凝结时间为8～10 h，见式（3.6-6）；
④ 浆液的泌水率应小于10%，见式（3.6-7）；
⑤ 浆液的7 d抗压强度应大于1.0 MPa，见式（3.6-8）；
⑥ 浆液的28 d抗压强度应大于2.5 MPa，见式（3.6-9）；
⑦ 影响因素x_1、x_2、x_3、x_4均在其对应的取值范围内，见表3.6-1。

根据浆液初始流动度和浆液凝结时间，得到目标函数：

$$\text{MIN}(Y_{0\text{ h}}\text{-}240) = -335.258+776.772x_1+21.668x_2-3.584x_2x_3+114\,413.920x_4^2$$

$$\text{MIN}(Y_{\text{time}}\text{-}9) = -42.743+157.078x_1+80.137x_2x_4+0.131x_2x_3-141.481x_1^2$$

在MATLAB的优化工具箱中，采用fgoalattain函数进行优化计算，得到浆液优化配合比，经换算取整后见表3.6-6。

表3.6-6 同步注浆浆液优化配合比

水泥	粉煤灰	黄土	水	减水剂
180	355	640	480	1.5

（2）同步注浆材料优化配合比试验验证。

根据试验结果进行回归分析得出回归方程，再对具体约束条件下的回归方程应用优化方法得出最优配合比，由此得出的优化配合比若不在进行的15组均匀试验中，则需进行一次验证性试验，并将试验结果同回归结果进行对比，进而判断二者的吻合程度。回归方程预测值与验证试验结果见表3.6-7。

表 3.6-7　同步注浆材料优化配合比验证试验结果

项目	流动度/mm				凝结时间/h	泌水率/%	7 d抗压强度/MPa
	初始	2h	4h	6h			
回归方程预测值	241	225	213	212	8.2	9.30	1.87
验证试验值	247	227	209	202	8.0	9.07	1.87

由表 3.6-7 可知，回归方程预测值和验证试验值基本吻合，说明本试验均匀设计安排的均匀性很好，同时也说明经回归分析而得的回归方程以及利用 MATLAB 优化处理所得的优化配合比的可信性、可靠性。均匀试验和回归优化方法相结合是计算机辅助试验的一种新途径，该方法得出的结论是可行的。

5. 结　论

用黄土替代膨润土和砂子作为浆液原材料，采用均匀设计试验方法进行试验设计，并对水泥黄土浆液的主要性能指标进行系统测试，结合回归分析及多目标规划进行数据处理分析。根据试验结果可知黄土可作为浆液原材料，浆液各性能指标能够满足现场的技术要求，且黄土浆液具有一些新的特性：浆液润滑，摩擦力小，整体稳定性好，不易沉积分层，易注浆且不易堵管，减少了浆液材料的种类，浆液造价低。水泥黄土浆液能够满足现场要求的各性能指标，用于盾构壁后同步注浆是可行的。

3.6.3　AB 料配合同步注浆

因传统的二次注浆采用水玻璃与水泥浆液的双液浆，每次施作最低配备 4 人方可进行，工序烦琐且费时费力，经常出现堵管和抱死盾壳的现象。经过多次试验，马蹄形盾构采用新型高分子材料 AB 料配合砂浆使用，代替传统的双液浆。A 料直接在搅拌站拌制时加入，同质量代替同步注浆砂浆中的水泥；B 料在洞内溶解后导入储存罐中。

故须对盾尾的同步注浆管路进行改造，才能在盾尾处使 B 液溶液与含 A 料的砂浆充分混合，达到控制管片背后砂浆凝固时间的目的，并通过计量泵使注入量及压力精确可控。计量泵及搅拌桶如图 3.6-20 所示，AB 液与盾尾注浆管路的连接如图 3.6-21 所示。

根据多次试验，在本工程中选用浆液效果最佳配合比（kg）为：

水泥：粉煤灰：膨润土：砂：水：A 料：B 料（与水 1：1 溶解）= 185：350：50：800：460：15：30。

初凝时间为 15 min 左右。其中，AB 料的比例根据砂浆配比中水泥的含量变化而随之改变，且初凝时间可通过调节 AB 料两者的比例来进行控制。故在使用前，需根据当地气候、砂浆特性等方面实地进行调整。

计量泵与同步注浆泵采用联动系统，冲洗管路开关设置在同步注浆操作面板上，此套系统同步注浆由司机一人操作即可满足施工需求。

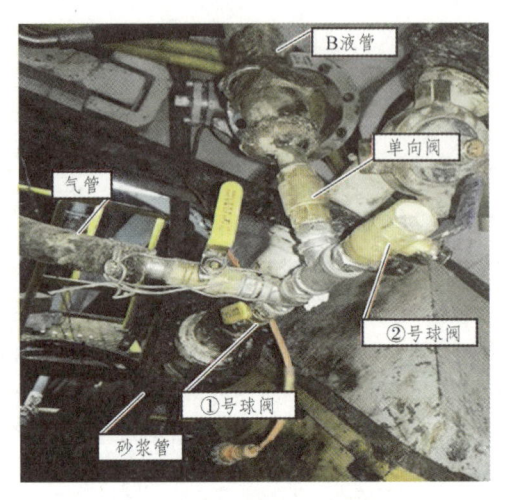

图 3.6-20　计量泵及搅拌桶　　　　图 3.6-21　AB 液与盾尾注浆管路连接

3.7　马蹄形盾构机盲区处理技术

3.7.1　刀盘改造原因

自 2017 年 6 月底，隧道中逐渐出现与地勘不符的砂质老黄土地层，导致掘进困难，刀盘与切口的阻力增大，盲区土柱难以破坏直接顶入土舱内隔板上，导致推力增大的同时无速度，且刀盘扭矩也随之增大。

1. 盲区问题

马蹄形盾构机在掘进中，3、5、7 号刀盘在前，1、4、6 号刀盘在后，之间会形成盲区。盲区位置渣土积累，导致推力逐渐加大。盾体中部位置，左右两侧切削盲区过大，渣土逐渐压实形成泥饼（积渣量达到 1~2 m³）；10、11 号搅拌器与螺旋输送机之间切削盲区呈扇形（上下两端厚，中部薄，中部厚度达 25 cm），均导致螺旋机出渣不顺。

2. 刀盘不足

因渣土堆积挤压形成泥饼，刀盘在掘进过程中与泥饼相互摩擦，造成刀盘辐条端部和刀盘后部搅拌棒磨损严重，磨损量约 20 cm（4、5、6 号刀盘磨损最明显）。刀盘鱼尾刀过长，当第一序列（3、5、7 号）刀盘掘进到位后，其余刀盘上的鱼尾刀会顶在渣土上，使上部盲区位置在掘进中掉大块状渣（直径达到 1 m），在刀盘下部形成堆积。第一序列（3、5、7 号）刀盘开口率过大，大块渣土进入前刀盘以后无法得到充分搅拌，导致渣土流动性差。10、11 号搅拌器泵站额定工作功率小，搅拌器和螺旋输送机之间积渣后，搅拌器经常会被卡死。

3.7.2 刀盘改造方案

1. 主要改造项目

主要改造项目有：1、2号螺旋输送机喂料口改造；土舱内增加高压水刀喷射装置；3点钟和9点钟方向排土板改造；10、11号搅拌器格栅磨损严重，对格栅进行修补；5号刀盘增加后置喷水装置，对五号刀盘背面积渣部位进行冲刷；4、5、6号刀盘辐条端部和刀盘背面搅拌棒磨损严重，对辐条端部进行补焊和更换搅拌棒；3、7号刀盘增加格栅板，减小刀盘开口率；1、2号刀盘中心撕裂刀更换；液压系统更换滤芯；螺旋输送机、皮带机减速机更换初装齿轮油。

2. 改造总体方案说明

改造方案如图3.7-1所示，将4、5、6号刀盘每个都单边扩挖300 mm，由于后刀盘的干涉问题，中间1号刀盘需要将刀梁进行割除，然后用封板将刀梁缺口封堵。

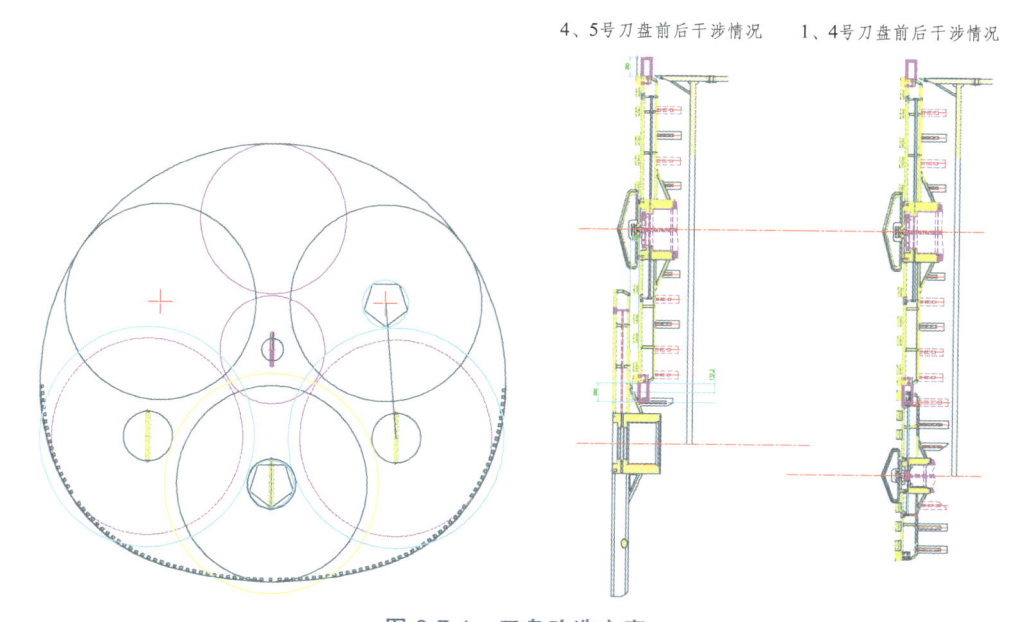

图 3.7-1 刀盘改造方案

（1）5号刀盘的改造。

5号刀盘为前刀盘，扩挖需考虑与3、7号前刀盘的间距，另外注意与后刀盘4、6的中心鱼尾刀的间距。5号刀盘详细改造主要由三部分组成：① 将刀梁加长；② 在刀梁上焊接刀具；③ 将中心五方的斜梁割除，并焊接新斜梁。

（2）1号刀盘的改造。

1号刀盘的改造主要由两部分组成：① 割除干涉的刀梁；② 将泡沫管封堵，将刀梁缺口封堵。

（3）4、6号刀盘改造。

4、6号刀盘的改造主要由两部分组成：① 将刀梁加长；② 在刀梁上焊接刮刀。

3.8 连续皮带机不间断出渣技术

掘进过程中使用连续皮带机出渣，出渣口设计参照常规土压平衡盾构机和 TBM 连续皮带机设计，但在现场应用过程中存在出渣系统隧道内掉渣比较严重的问题，即皮带机合金刮板刮下的渣土直接掉落到台车上，且隧道内清理的污水排出比较困难。

经现场统计：掘进一环需出土 220 m³ 左右，现场掉落渣土为 3~5 m³，需 4 人工日清理。

1. 原因分析

使用连续皮带机出渣，刮泥板挂下渣土未设计接渣槽，造成现场渣土直接落到盾构台车上使现场清渣任务较重，设计空间不足，现场清理的泥浆、砂浆车清洗污水不易排出，造成隧道内施工环境差、生产标准化困难。

2. 解决方案

改良皮带出渣挡泥、刮渣、冲洗装置能够大大地改善皮带掉渣现象，减少现场人员清渣的工作量，提供干净、整洁的工作环境，同时降低生产成本，节约材料和人工。根据出渣口位置及空间结构，确定现场主要漏渣位置（即需要改造的位置）和改造思路：增加一套溜渣槽、一道刮渣板，改造气清洗装置，同时在连续皮带机接渣处加做挡泥板，并在溜渣槽上留有管路接口，方便现场人员将隧道内污水直接抽到皮带上排出。改造后大大减少了现场人员的劳动强度和工作量。

3. 实施过程

（1）将现场设计在橡胶管板处的皮带喷水改到第一道合金刮板位置处，在喷水管处接一个三通使用加气后循环水冲洗，焊接的位置靠第一道合金刮板，使冲洗水有一个下落行程。

（2）将第二道合金刮板后移，中间补加一道自制橡胶刮板，刮除残留在皮带上的污水和渣土，减少皮带上的残留泥水以免落到隧道或人员工作区域，避免"下泥雨"。

（3）将二道合金刮板后移固定后，焊接溜渣槽，注意溜渣槽的宽度和角度问题（60°左右）。结合现场空间位置布置，注意考虑人员操作空间和预留皮带、托辊、刮板、喷水维保空间。

（4）在溜渣槽接渣位置因空间有限造成坡度较小，容易堆渣，无法滑到连续皮带上，现场焊接导水槽和 100 cm 的污水管，使用污水泵抽取隧道内污水进行冲洗，防止堆渣，实现污水的二次利用。

（5）在连续皮带机的溜渣槽和接渣口加设挡板并做好挡水处理（土压平衡盾构机在渣土改良不好时容易产生渣土较稀的情况）。

现场改造完成后皮带刮渣效果明显改善：隧道内污水及时排出，隧道施工更加干净、规范、标准化；劳动强度降低；人员、材料、物资的消耗减少；取得良好经济效益，可为将来针对连续皮带机出渣设计提供一些借鉴和参考。

3.9 马蹄形盾构接收技术

1. 施工准备

马蹄形盾构接收主要内容包括：接收场地准备、施作盾构机接收基座及接收端墙、接收端墙背后回填加固、接收区域场地及便道硬化、洞门处理、管片与洞门预埋钢环间隙处理、盾构机抵达接收基座等；盾构拆机过程中所涉及的盾构拆解、吊卸、装车倒运等。

2. 马蹄形盾构接收场地概述

马蹄形盾构机在白城隧道出口段以 3.112‰ 的下坡掘进至里程 DK209+621 处进行接收。考虑到盾构机接收时，推进至接收导轨前可能会发生一定程度的"叩头"现象，盾构机轴线比设计线路要高出 20 mm，同时接收基座导轨位置比设计高程要低 10 mm。

3. 接收基座及接收端墙

盾构机接收前，根据隧道设计轴线、既有仰坡位置、盾构机的尺寸及管片拼出接收挡墙的距离，反推出接收基座的空间位置，即从里程 DK209+621 处开始施作接收基座，向大里程方向施作 17 m，接收基座终点的里程为 DK209+638。

接收基座的位置按照测量放样的基线定位施工，基座上的轨道按实测洞门中心居中对称放置。盾构接收基座采用 C30 钢筋混凝土结构，主要承受盾构机的自重及推进时的摩擦力，结构设计还需考虑盾构推进时的便捷和结构受力。因为盾构主机质量达 985 t，所以接收基座必须具有足够的刚度、强度和稳定性。在盾构机主机即将抵达接收基座时，在接收基座的轨道上涂硬质润滑油，以减小盾构机在接收基座上向前推进时的阻力。

在接收基座上设置 3 根 80 kg/m 钢轨作为盾构机接收期间的导向轨道，底部导轨居中，上部两根钢轨距中心 4.8 m。基座施工时，通过与底板植筋进行加固，保证接收基座与底板结构成为整体。在盾构进入洞门钢环的过程中，防止盾构刀盘下沉，在洞门导洞中铺设 3 根导轨，导轨与接收基座导轨相连，并要焊接牢固，防止盾构掘进时将其破坏，而影响盾构的正常到达。导轨位置以接收基座滑轨延伸对应的位置为准。

由于盾构较重，盾体抵达接收基座上严格控制主机位置，盾尾与中盾通过焊接连接，拆机时需要切割处理，故在盾尾与中盾连接处，预留宽 1000 mm，高 700 mm 的盾尾切割槽，切割槽处不设导向钢轨，且在切割槽前方的导轨打斜坡口处理。

接收端墙及接收基座结构采用的混凝土等级为 C40，抗渗等级为 P10。环形洞门圈混凝土强度等级为 C35，抗渗等级为 P12。接收端墙及基座平面结构见图 3.9-1、纵断面结构见图 3.9-2。

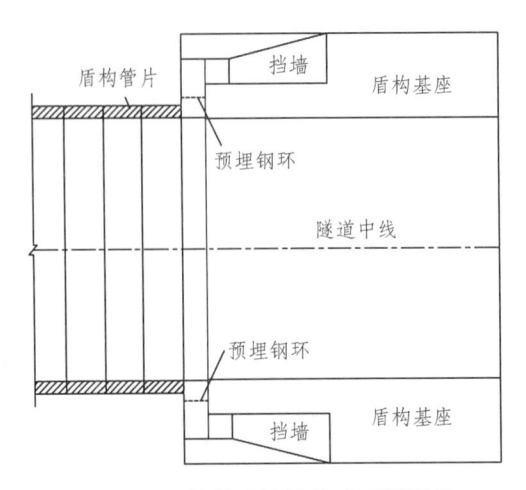

图 3.9-1　接收端墙及基座平面结构

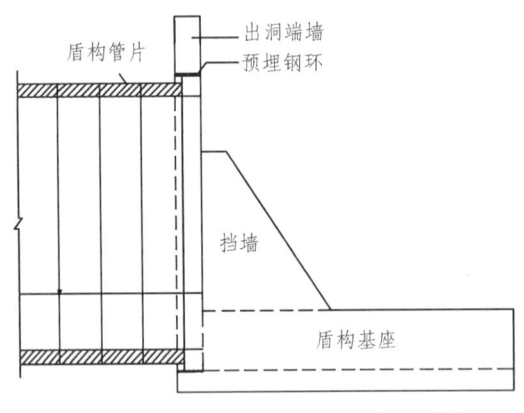

图 3.9-2　接收端墙及基座纵断面结构

4. 接收套拱

接收端墙施作完成后，其与背后仰坡间存在长度约为 11 m 的回填区域。为防止盾构接收期间因隧道埋深浅而造成顶面垮塌现象，故在端墙位置向小里程方向，即 DK209+610.00～DK209+621.00 段施作套拱并覆土回填以确保出洞安全，套拱采用 C35 钢筋混凝土，厚 70 cm，主筋 $\phi 25$ @150，套拱断面满足盾构机出洞空间要求。

5. 端头加固

隧道出口位置埋深较浅，为保证盾构接收期间顶层土体稳定不发生垮塌现象，须对接收端进行加固。加固长度为 13 m，里程为 DK209+597～DK209+610 段。加固方式采用 $\phi 600$@500 水泥土搅拌桩进行加固。加固后，加固区渗透系数不大于 1×10^{-7} cm/s，水泥土搅拌桩的水泥掺入量不小于 17%，水灰比宜为 0.7～1.0，加固后 28d 无侧限抗压强度不小于 1.0 MPa。接收端头加固平面图见图 3.9-3。

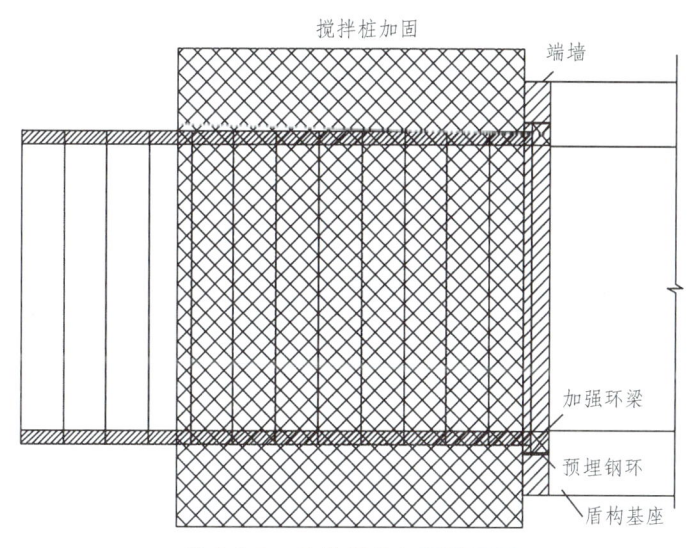

图 3.9-3 接收端头加固平面图

6. 洞门构造

（1）洞门密封。

洞门帘布的安装如图 3.9-4 所示，具体步骤为：

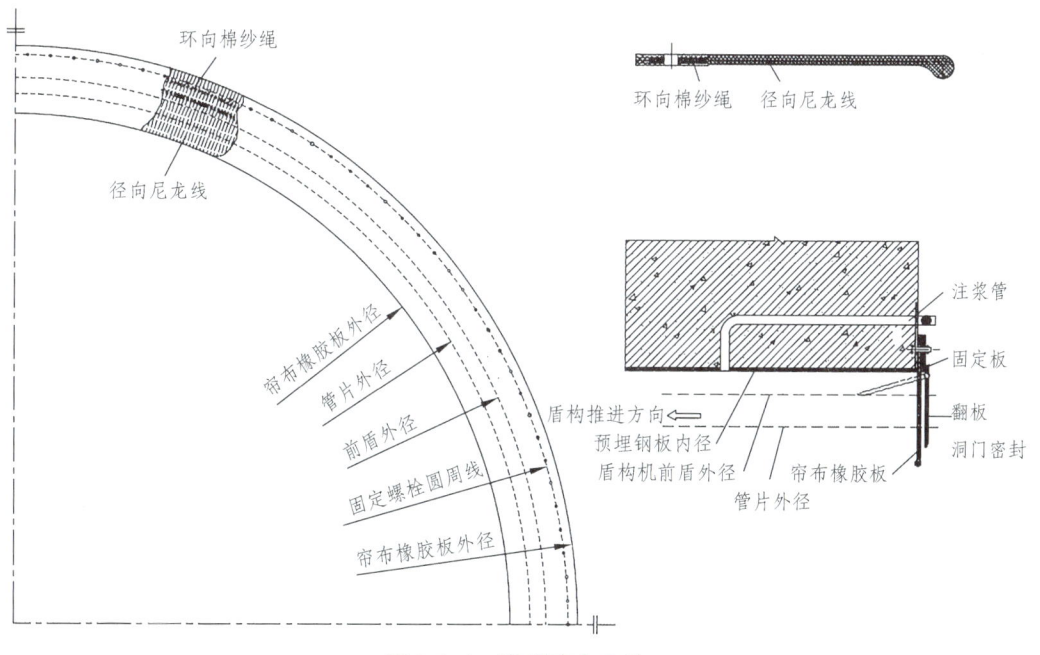

图 3.9-4 洞门帘布安装

① 洞门防水密封施工前，先检查材料的完好性，尤其是橡胶帘布是否完好，螺栓孔是否完好。径向尼龙线应密集排列，横向棉线应稀疏排列。

② 安装前清理完洞口的渣土和疏通盾构钢环预留孔并涂上"黄油"。螺孔及孔位允差 1.5 mm，钢板内外面毛刺全部磨平。

③ 将螺栓旋入预先埋设在钢环周边的螺母内。

④ 安装橡胶帘布及折页压板,并用薄螺母固定在钢环上。

⑤ 将扇形压板套在装有薄螺母等的螺栓上。

⑥ 盾构机头出洞时,要求机头与洞门同心。

⑦ 盾构机头外壳表面不得有尖锐突出物,以免撕裂帘布橡胶板,机头外壳表面宜涂"黄油",以利顶入。

洞门处帘布装置安装注意事项:

① 由于橡胶帘布和扇形压板通过与管片的密贴来防止管片背注浆时的浆液外流,安装时螺栓必须进行二次旋紧。

② 防止安装扇形压板时损坏橡胶帘布。

③ 检查盾构机盾壳表面是否有凸起物,若有凸起物须清理干净,以免撕裂橡胶帘布。

(2)近洞段管片连接及紧固。

盾构刀盘到达接收端墙后还要安装11环管片才能完成区间隧道。同时,随着隧道的贯通,盾构机前面没有了反推力,将造成管片之间的环缝连接不紧密,容易发生错台和漏水。所以在随后管片安装时,根据现场实际情况,应采取以下措施:

① 洞门凿除后,盾构机前面没有了反力,为了提供足够的反力以压紧管片环缝,在盾构机前方设置4个100 t的千斤顶,以给盾构机提供反力,提高管片环缝压紧程度。同时在靠近洞口段最后11环管片的每两环相邻的纵向螺栓上安装纵向槽钢进行连接,每环安装8块,将管片拉成一个整体,且螺栓紧固必须牢靠,保证止水条压缩到位。拉紧详细要求如下:

a. 拉紧条预埋件结构采用热轧无缝钢管,Q235钢,外径(70+0.7)mm,加工数量每环8只(每只均需配有管堵,确保不漏水)。

b. 内螺纹为M60×3.7-7H;焊条采用E43XX型,焊接时严格防止螺纹变形;束节内必须保证有不小于55 mm的有效拧合长度。

c. 拉紧条预埋件与注浆孔预埋件宜共用,不能共用的按设计要求在管片内设预埋件。

d. 出洞处在拆除后盾管片前,须按设计安装纵向拉紧联系装置,直至混凝土保护环梁达到设计强度后方可拆除。标识拉紧条大样(图3.9-5)及在衬砌环上的设置位置(图3.9-6),施工时应根据实际出洞衬砌环,设置相应的拉紧条,并保证出洞环上连接有8根拉紧条。

② 管片安装好后要反复拧紧管片螺栓,且在下一环掘进完成后再次拧紧螺栓,保证管片在脱出盾尾后,紧固次数不少于3次。连接槽钢施工时,先分两节(中间断开)套在螺栓两头,待推进油缸加力后拧紧螺栓并将断开的槽钢焊接起来,保证下一环拼装时收回油缸后管片接缝不会松动。

③ 提高管片拼装质量,特别注意K块的安装质量,尽量避免K块挤伤和错台等现象。

④ 管片安装前应保证止水条不损坏、不预膨胀,并及时清理管片上的混凝土残渣和泥土等。

⑤ 最后一环安装完毕后由于油缸行程的限制会使盾尾无法顺利脱出管片,现场通过增加顶铁做支撑将盾尾推出管片范围内。

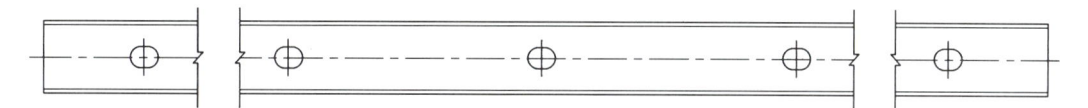

图 3.9-5 近洞段管片拉紧条大样

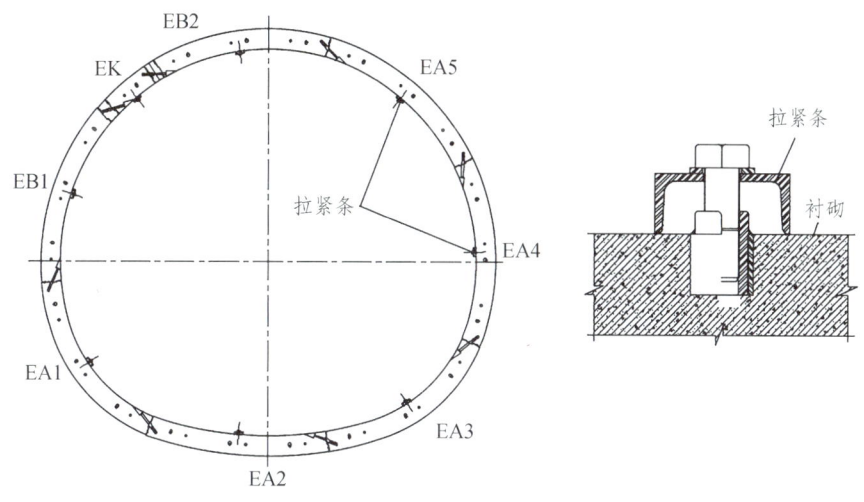

图 3.9-6 管片拉紧条位置分布

7. 盾构接收步骤及措施

（1）盾构接收掘进参数。

盾构进入接收段地层后，因地层埋深较浅，土体与正常掘进段大有不同，盾构在到达掘进过程中，要密切关注盾构掘进参数的变化，特别是注浆量、出渣量、推力、扭矩等参数，当发现参数异常要先分析原因，做出判断，不能盲目掘进。盾构机进接近洞门 5 m 时应减小推力，保持在 4000～5000 t，减小土舱压力，降低掘进速度，宜控制在 5～8 mm/min，及时饱满地回填注浆。在盾构机碰壁过程更需密切监视掘进参数的变化，一有异常，立即停机。接收段掘进参数见表 3.9-1。

表 3.9-1 接收段掘进参数

距端墙的距离/m	推力/t	速度/(mm/min)	注浆量/m³	注浆压力/MPa	姿态/mm	土压/MPa	出渣量/m³
100	<5 500	15～20	12～15	0.18～0.27	±20	0.05	250
50	<5 000	12～15	12～15	0.18～0.27	±15	0.05	250
20	<4 500	10～15	12～15	0.18～0.27	±12	0.02	250
10	<4 500	8～10	12～15	0.18～0.27	±10	0.02	250
5	<3 500	5～10	12～15	0.18～0.27	±5	0.01	250

（2）盾构接收注意事项。

盾构接收是盾构隧道工程的一个重点，为保证马蹄形盾构机精准出洞（图 3.9-7），从盾构进入接收端加固区到接收到位每一步都需要精心组织，在施工过程中要特别注意以下事项：

① 接收前检查端头地层的稳定情况，确保土体强度和渗透性符合要求。

② 接收基座导轨必须顺直，严格控制其标高及中心轴线。

③ 接收基座范围内土体如需挖除，要快速将杂物清理干净，避免掌子面长时间暴露。

④ 为保证盾构机在接收前不至于因刀盘过重而造成盾构机"叩头"，在接收洞口内安设一段型钢作为接收导轨，同时应注意，在导轨末端与洞口地层之间，应留出刀盘的位置，以保证接收时，刀盘可以旋转。

⑤ 接收过程中要加强地表监测，及时分析、反馈监测数据，以便及时调整应对措施。

图 3.9-7　马蹄形盾构机精准出洞

3.10　施工监控量测技术

3.10.1　监测的主要内容和测点布设

1. 地表变形监测

监测方法：主要监测盾构掘进过程中引起的地表变形情况，监测方法是在地表埋设测点，在隧道沿线，地表影响范围外布设监测基准点，用精密水准仪进行地面沉降的量测。根据监测结果进行分析，判断盾构掘进对地表沉降的影响。

地表变形监测点布置在地面上，监测断面垂直于线路方向，在隧道中线的两侧 30 m 范围内布置测点，每个监测断面布设 13 个测点，按照设计要求在隧道的上方沿隧道方向每间隔 50 m 布置一个监测断面，在隧道中线方向上每 10 m 布置一个纵向地表监测点。为了保证盾构施工时地面安全，加强地面沉降点监测。

隧道横向地表变形监测点布置如图 3.10-1 所示。

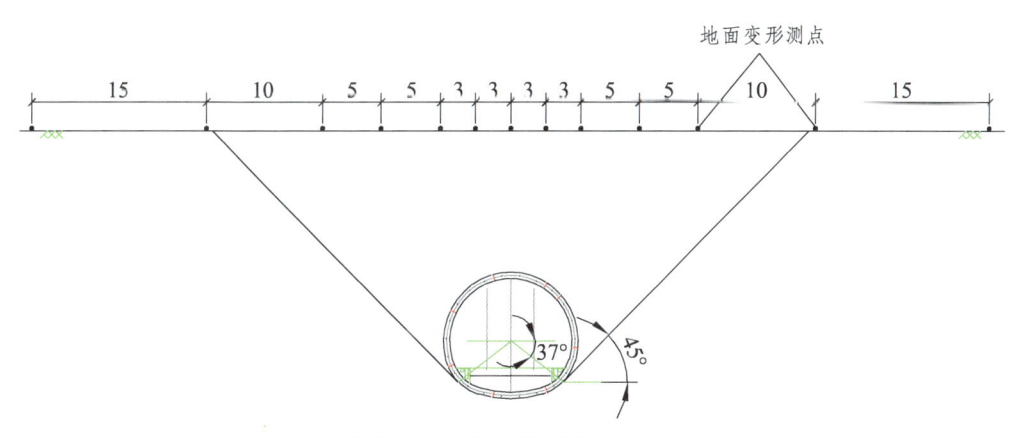

图 3.10-1　隧道横向地表变形监测点布置示意（单位：m）

2. 洞外观察

洞外观察的内容主要包括地表开裂，地表隆沉，建（构）筑物开裂、倾斜、隆沉等状况的观察和记录，根据周边环境状况确定观测频率，且每天不少于1次。

3. 周边建（构）筑物监测

周边建（构）筑物监测包括沉降监测、倾斜监测和位移监测。采用电子水准仪和全站仪及测缝计进行量测。

建（构）筑物监测点布置在其结构外墙四角和受力结构柱处。对于低于5层（含5层）的邻近建筑物，可只在底层布置测点；对于高于5层的建筑物，在建筑物的底部、中部及上部四角埋设位移测点。建筑物边长超过50 m时，在边长中部约按10 m布置1个测点。邻近建筑物必须按设计要求布设监测点，对距离隧道中线30 m以内的建筑物应布置测点纳入监测范围。

4. 管线位移监测

管线位移监测包括水平位移和垂直位移监测。在隧道施工前应对隧道穿越地区进行详细的管线调查，并对重要的地下管线进行监测。根据现有资料标出了隧道周边的地下管线分布及测点布设情况，原则上按照地表沉降的监测范围对隧道中线两侧各30 m范围内的既有管线进行监测，尤其将上水管、煤气管等有压管道作为重点监测管线，一般在管线接头部位应布设测点，其余段按管线长度方向每隔10 m布设一个监测点。采用水准仪或全站仪监测。

3.10.2　沉降原因

白城隧道工程主要为地表沉降，地面无建筑物，引起地层沉降的施工及其他因素主要有：
（1）开挖面土体移动。
（2）盾构后退。

（3）土体挤入盾尾空隙。

（4）改变推进方向，盾构在曲线推进、纠偏、抬头或叩头推进过程中，实际开挖断面不是圆形而是椭圆，因此易引起地层损失。

（5）在土压力作用下，隧道管片产生的变形也会引起少量的地层损失。

（6）受扰动土体的固结沉降。

3.10.3 监测情况

1. 地表监测情况

白城隧道首次采用马蹄形盾构施工，严格实施同步注浆和二次注浆管理，同步注浆量为 13 m³，填充率为 1.3，二次注浆量为 3 m³，注浆填充率达到了 1.5，经多次开孔检查，管片背后未出现建筑空隙填充不密实的现象。

按照每日两次对地表进行监测，根据测量数据，对地表沉降情况进行分析，并把数据上报项目领导、公司领导及监理，做到地表沉降的实时监控，指导盾构掘进施工。除洞口段，地表沉降均在 10 mm 以内，下穿包茂高速段最大沉降为 2 mm。

2. 隧道内管片沉降、收敛监测

在盾构始发时，盾构机进入始发导洞后，对管片背部进行同步注浆，在脱出盾尾后，跟踪监测至稳定状态，得出管片上浮量及收敛变形。在盾构机始发进洞后前 40 环，上浮量和收敛基本正常。本阶段为始发进洞，前 20 环为空推段，未注浆，两侧采用钢支撑和混凝土支撑，20～40 环同步注浆量较少，采用始发洞口灌浆较多。自第 50 环起，注浆量增加至设计注浆量，管片上浮及收敛大幅增加，管片 3 点、9 点、5 点、7 点位置相继出现破损。项目、指挥部和公司多次组织专题会议商讨解决办法，确定一系列措施之后，于 2016 年 12 月 14 日在 120 环位置进行二次补充注浆。经过二次补充注浆的配比调试与注浆点位试验，二次注浆工艺和质量稳定，在 140 环位置后，管片上浮量和收敛开始得到有效控制，并在 150 环处于稳定。截止到 1 000 环跟踪监测情况，盾尾管片脱出盾尾直至稳定状态，管片上浮量均在 20 mm 以内，收敛控制在 5 mm 以内。

管片上浮及收敛见图 3.10-2 和图 3.10-3。

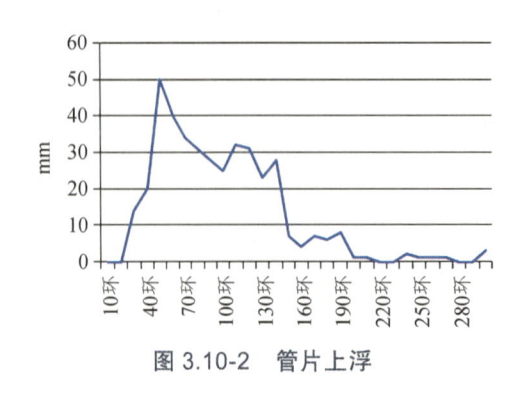

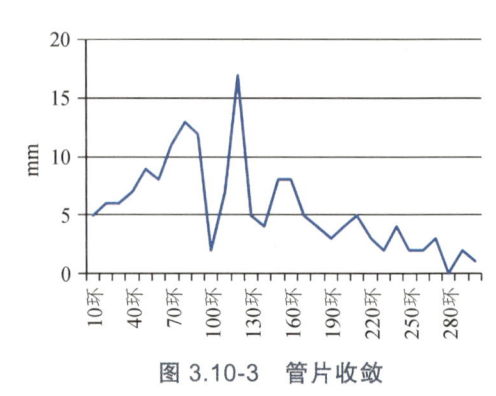

图 3.10-2 管片上浮

图 3.10-3 管片收敛

3.11 小结

本章介绍了大断面马蹄形盾构施工中一些创新技术和难题攻关的情况。盾构施工结合山岭隧道进出口特点，设计了以基坑内既有明洞提供反力的始发结构，以及出口段翼墙式加固挡护体系，解决了山岭路堑始发与接收技术难题；研发了超大断面马蹄形盾构施工相配套的管片拼装、姿态控制、渣土改良、同步注浆、刀盘盲区处置和施工监测等关键施工技术，有效控制了施工风险，创造了马蹄形盾构月成洞 308.8 m 的纪录。

第 4 章　马蹄形盾构管片结构现场力学测试

盾构隧道衬砌结构的现场测试是对施工及运营期间管片衬砌结构实际受力状况和围岩体稳定性进行原位跟踪测试，相比于理论分析、数值模拟、室内（外）试验等方法，现场测试是解决隧道结构力学问题的有效手段。盾构隧道的管片结构受力状态相对复杂，受施工荷载影响显著，不同施工阶段其受力状态变化相对较大。对管片结构内力进行监测又会受到现场施工的影响与限制，存在一些困难。

浩吉铁路白城隧道属首例超大断面马蹄形盾构隧道，马蹄形管片受力状态与圆形管片存在较大差别，在设计时尚无可供参考的相似的工程实例，因此，需进行原位跟踪测试，根据实测数据进行分析以了解其受力状态及变化规律。根据不同施工阶段管片的结构内力状态，反馈指导施工，对于白城隧道及今后其他马蹄形盾构隧道的设计与施工都具有重要的意义。

4.1　现场力学测试方案

在不同埋深处（浅埋、中埋、深埋）各布置 2~3 个测试断面，根据管片中预埋的混凝土应变计及钢筋计的量测结果计算出管片的实际内力，达到揭示马蹄形断面管片实际内力分布特征及验算管片混凝土结构安全性的目的。

白城隧道管片采取错缝拼装，管片分奇数环与偶数环。奇数环测点位置及编号如图 4.1-1 所示，偶数环测点位置及编号如图 4.1-2 所示。每个测试断面共 16 个测点，每个测点布置 4 个传感器，其中，混凝土应变计在管片内外层各布置 1 个，钢筋计在管片内外层主筋上各布置 1 个。

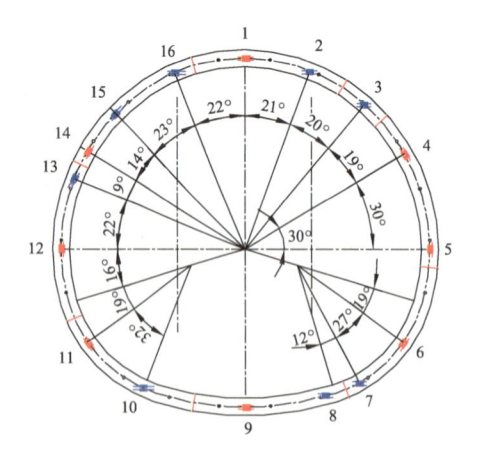

图 4.1-1　奇数环测点布置示意 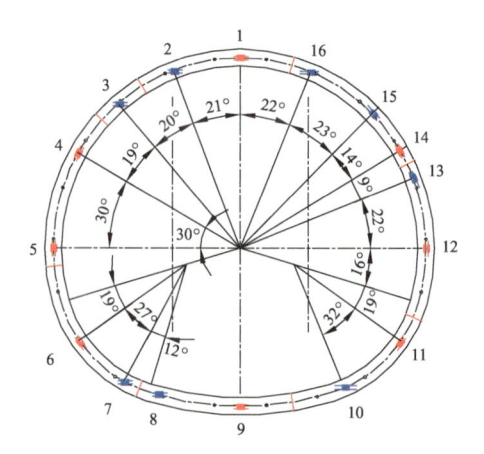　　　　图 4.1-2　偶数环测点布置示意

在预埋传感器的管片环拼装好后即开始现场测试。当 $L \leq 3D$ 时（L 为开挖面距监测断面的距离），监测频率为每天 1~2 次；当 $3D<L \leq 8D$ 时，监测频率为每 1~2 天 1 次；当 $L>8D$ 时，监测频率为每 3~7 天 1 次；监测数据趋于稳定后，监测频率宜为每 15~30 天 1 次。

4.2 现场力学测试监测结果分析

根据所得监测数据，选取较完整的断面数据进行分析，并绘出弯矩图、轴力图，得出管片结构内力分布规律。

4.2.1 浅埋断面

浅埋测试断面埋深约为 18 m，管片环为偶数环，断面里程约为 DK209+315（第 1844 环）。现场实测的管片环弯矩、轴力分布如图 4.2-1 和图 4.2-2 所示，测点弯矩、轴力随时间的变化曲线如图 4.2-3 和图 4.2-4 所示。

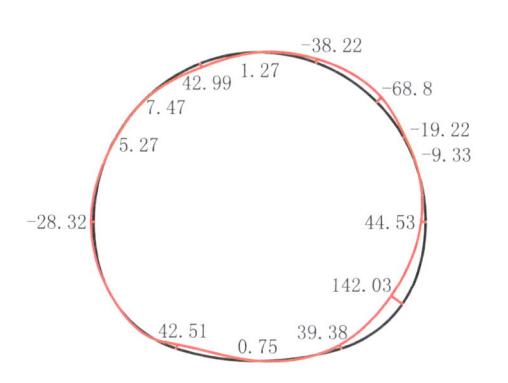

（a）拼装完成时隧道横向弯矩

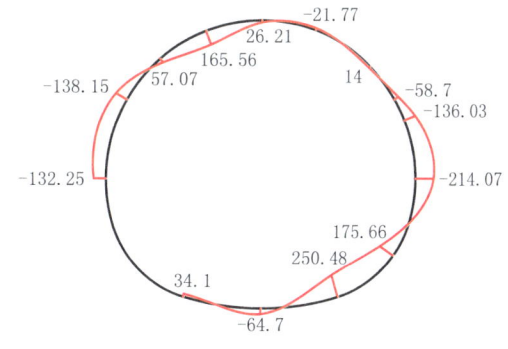

（b）前方 1 环管片时隧道横向弯矩

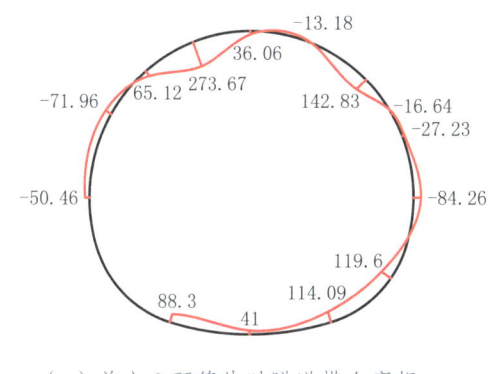

（c）前方 2 环管片时隧道横向弯矩

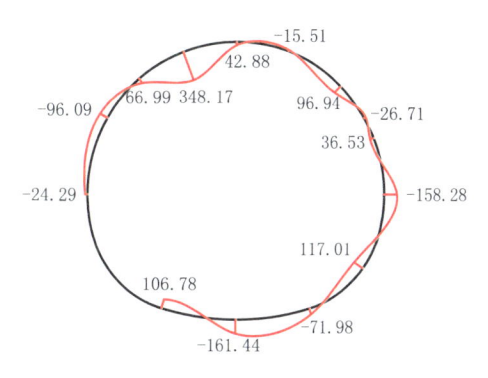

（d）前方 3 环管片时隧道横向弯矩

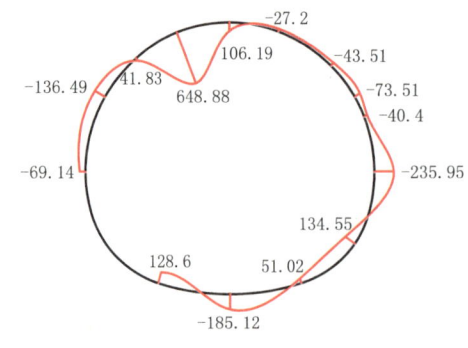

(e) 拼装后14h隧道横向弯矩

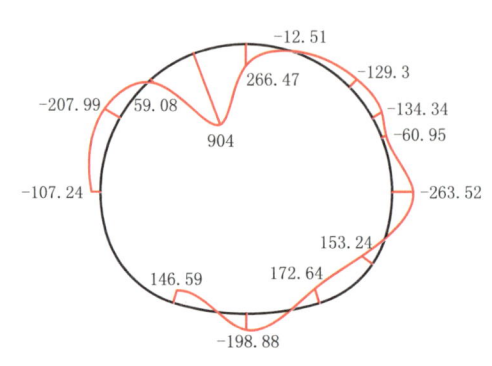

(f) 拼装后18h隧道横向弯矩

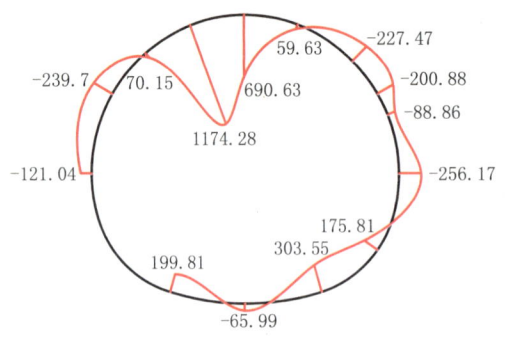

(g) 拼装后3d隧道横向弯矩

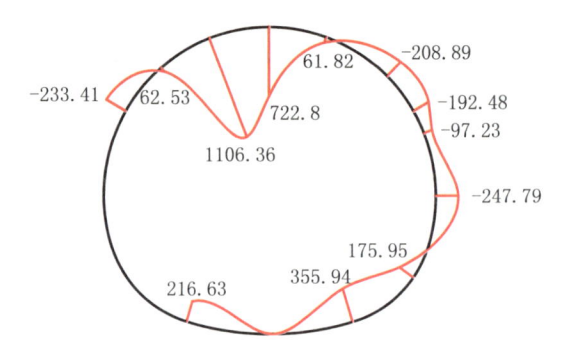

(h) 拼装后4d隧道横向弯矩

图 4.2-1　浅埋偶数环弯矩分布（单位：kN·m）

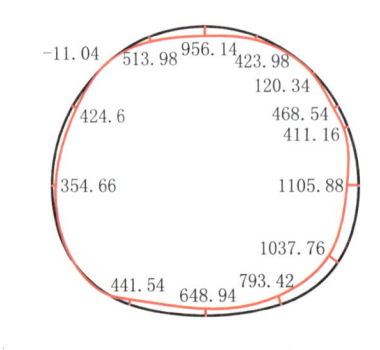

(a) 拼装完成时隧道横向轴力

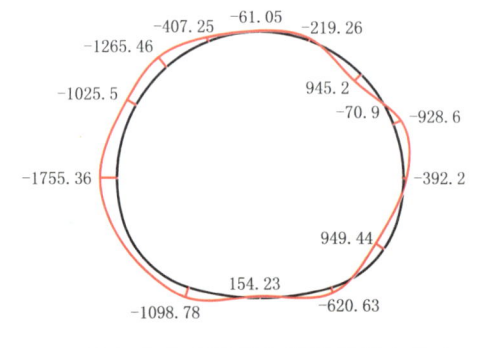

(b) 前方1环管片时隧道横向轴力

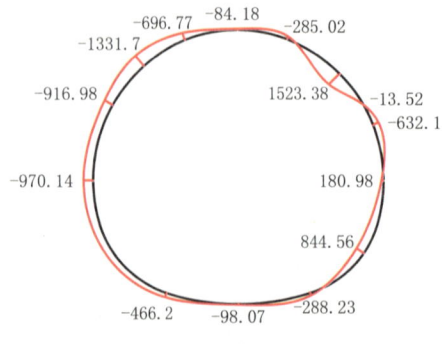

(c) 前方2环管片时隧道横向轴力

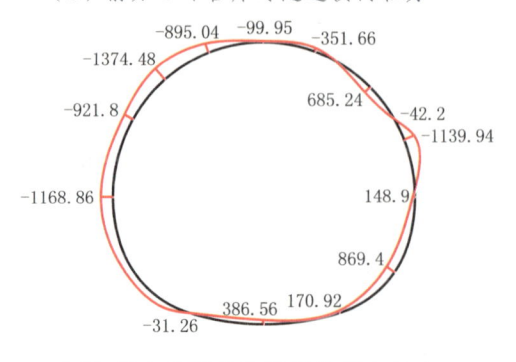

(d) 前方3环管片时隧道横向轴力

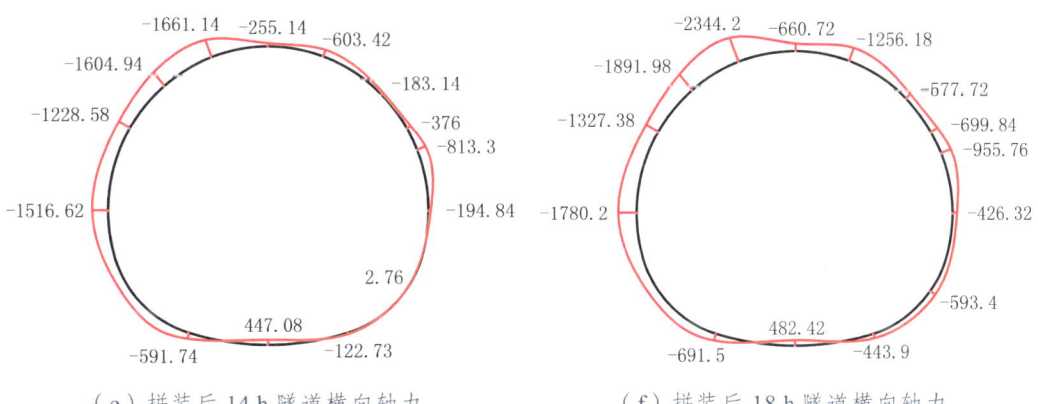

（e）拼装后 14 h 隧道横向轴力　　　　　　　　（f）拼装后 18 h 隧道横向轴力

（g）拼装后 3 d 隧道横向轴力　　　　　　　　（h）拼装后 4 d 隧道横向轴力

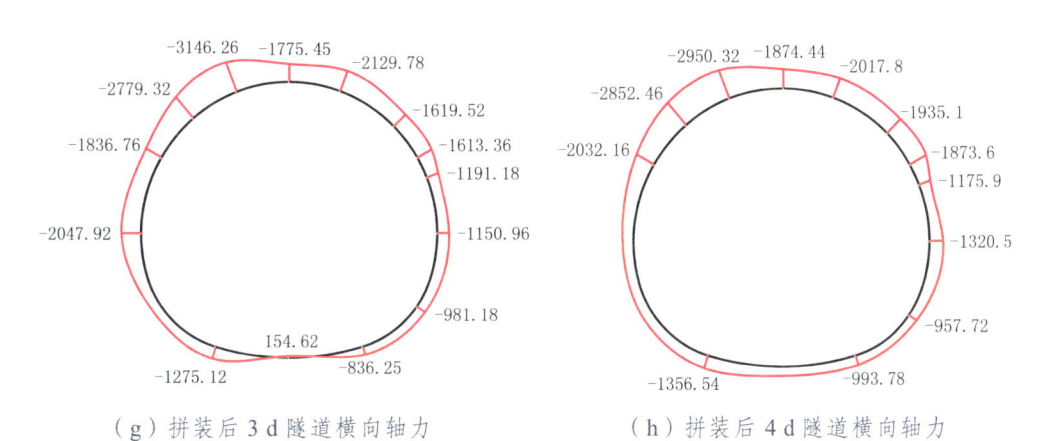

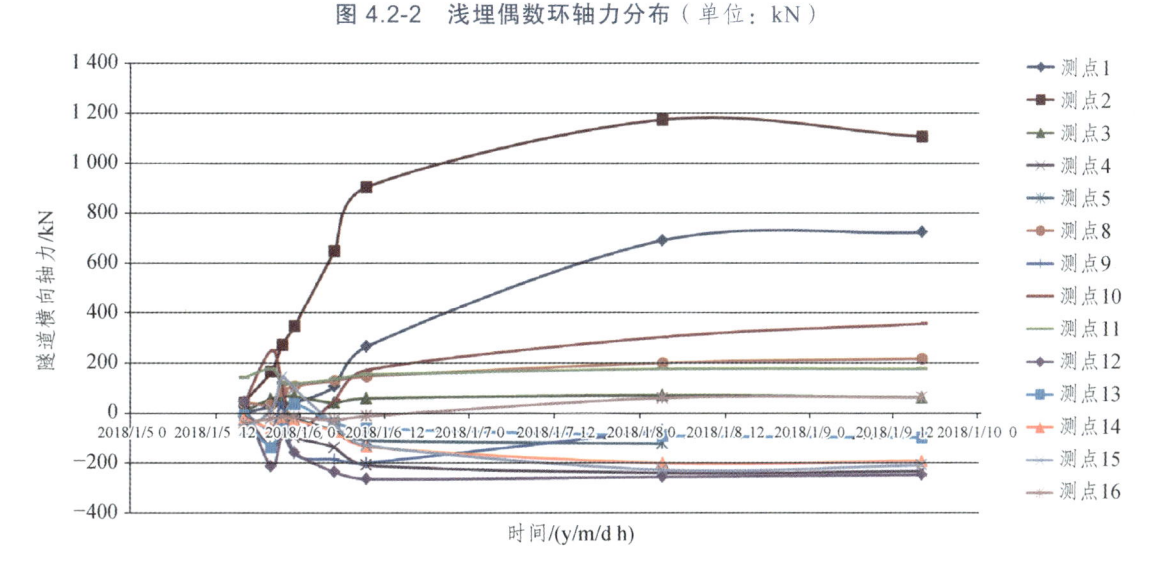

图 4.2-2　浅埋偶数环轴力分布（单位：kN）

图 4.2-3　浅埋断面测点弯矩随时间变化曲线

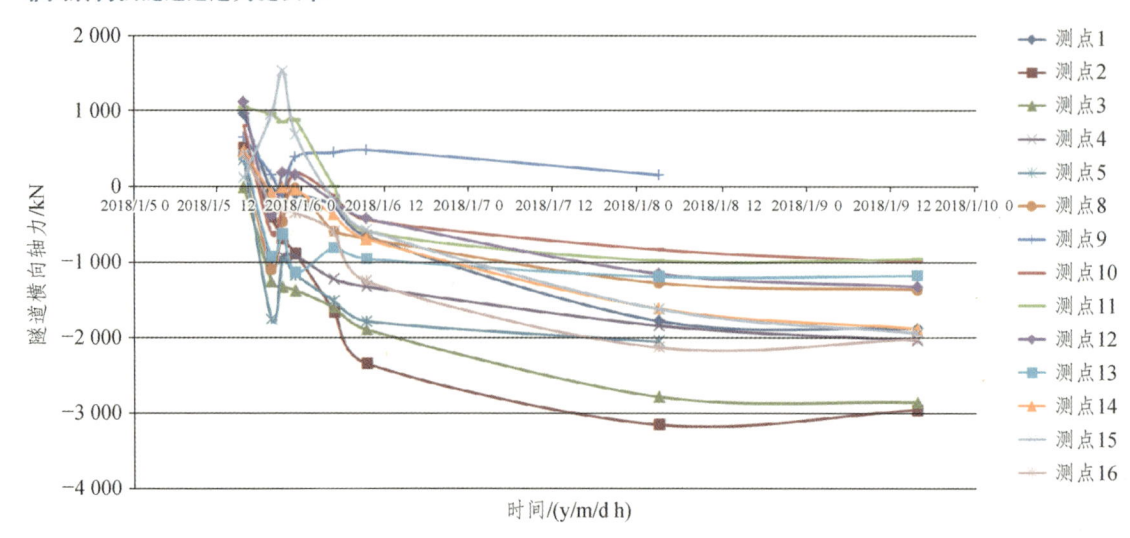

图 4.2-4　浅埋断面测点轴力随时间变化曲线

从图 4.2-3 和图 4.2-4 中可以看出隧道内力分布有如下特征：

（1）隧道拱顶为正弯矩，衬砌内侧受拉，管片结构受力趋于稳定后，弯矩最大值位于拱顶左侧部位，部分内力值大于设计值，但结构稳定，承载能力仍然足够；隧道两侧位置为负弯矩，其值相对较小，衬砌外侧受拉。

（2）隧道轴力最大值位于拱顶左侧部位，为负值，衬砌受压。

（3）管片结构在施工期间受力较为复杂，内力值变化复杂。

需要说明的是，根据混凝土应变值判断，拱顶及拱底内侧的拉应力超过了 C50 混凝土抗拉强度的极限值，即混凝土可能产生开裂，开裂处的测点（1、2、9、10 测点）内力值是参照混凝土结构基本原理进行计算的。

4.2.2　中埋断面

中埋测试断面埋深约为 24 m，管片环为奇数环，断面里程为 DK207+053.481 ~ DK207+055.077。现场实测的管片环弯矩、轴力分布如图 4.2-5 和图 4.2-6 所示，测点弯矩、轴力随时间的变化曲线见图 4.2-7 和图 4.2-8 所示。

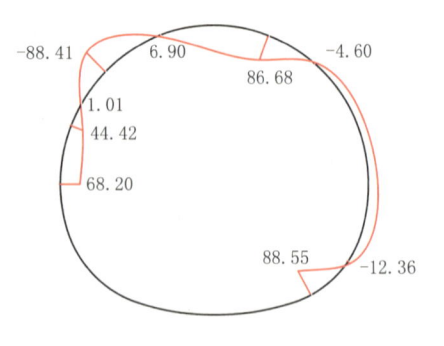

（a）拼装完成时隧道横向弯矩

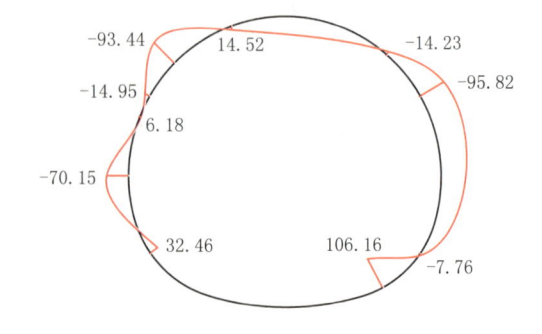

（b）拼装后 1 d 隧道横向弯矩

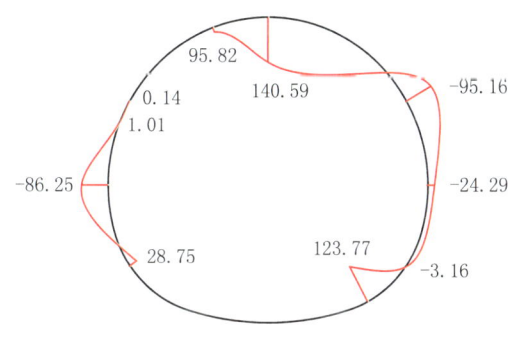

（c）拼装后 2 d 隧道横向弯矩

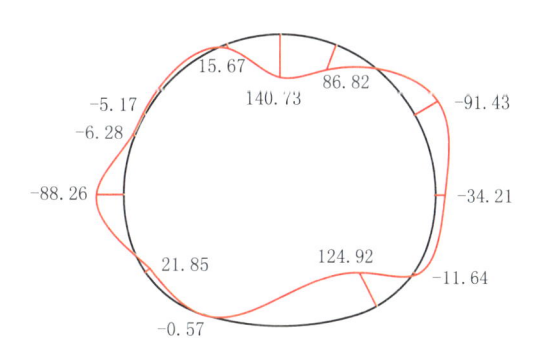

（d）拼装后 4 d 隧道横向弯矩

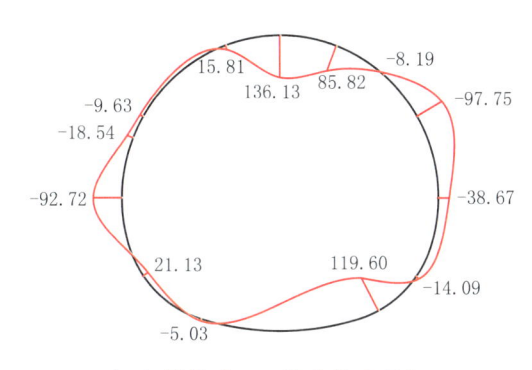

（e）拼装后 6 d 隧道横向弯矩

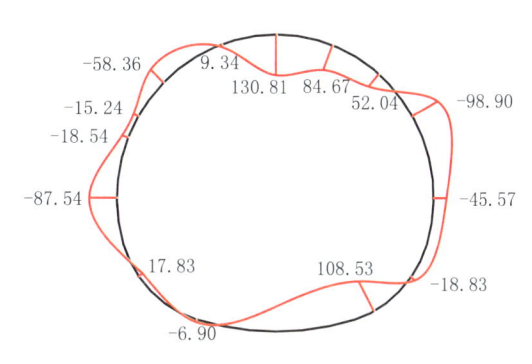

（f）拼装后 10 d 隧道横向弯矩

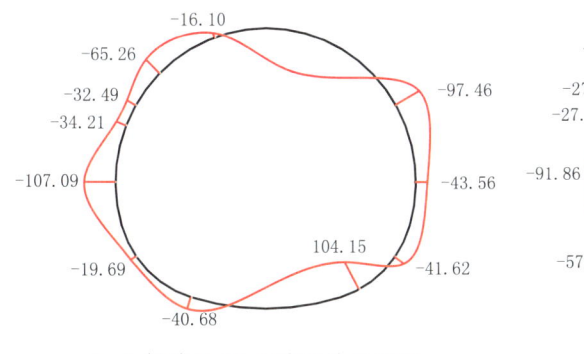

（g）拼装后 28 d 隧道横向弯矩

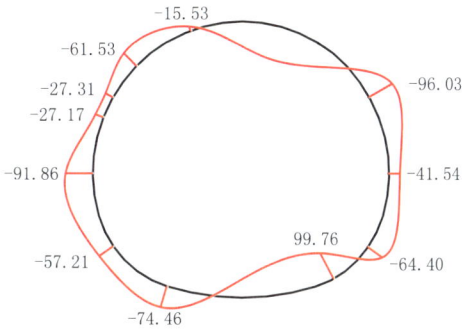

（h）拼装后 34 d 隧道横向弯矩

图 4.2-5　中埋奇数环弯矩分布（单位：kN·m）

由图 4.2-5 可知：管片结构弯矩分布特征为隧道拱顶、拱底为正弯矩，衬砌内侧受拉，拱顶弯矩最大；隧道左右拱腰位置基本为负弯矩，衬砌外侧受拉，左拱腰和右拱肩弯矩较大。实测管片结构弯矩呈非对称分布。

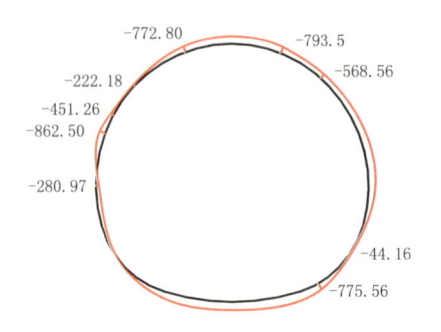

(a）拼装完成时隧道横向轴力

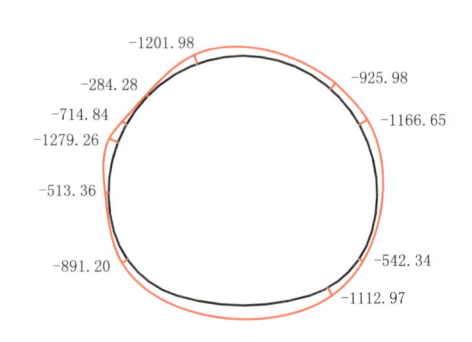

(b）拼装后1d隧道横向轴力

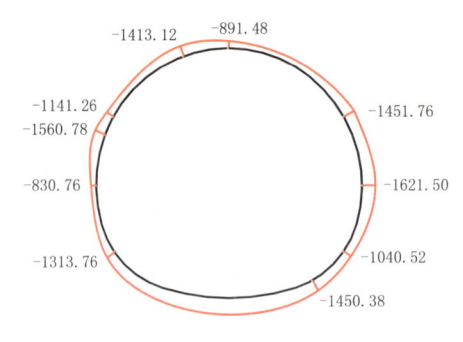

(c）拼装后2d隧道横向轴力

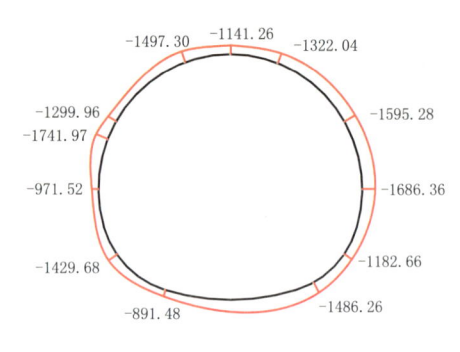

(d）拼装后4d隧道横向轴力

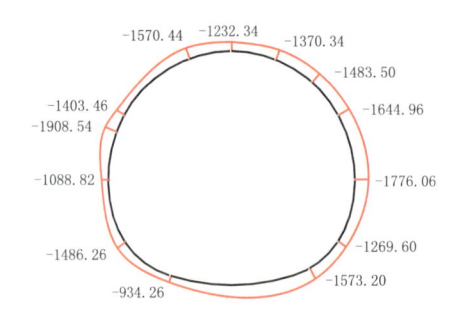

(e）拼装后6d隧道横向轴力

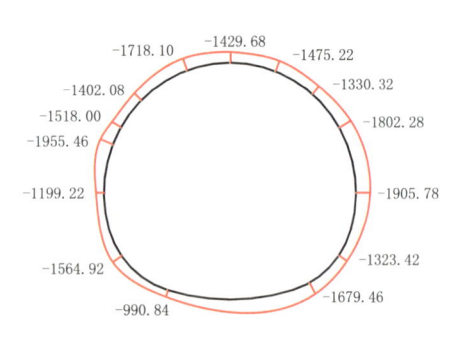

(f）拼装后10d隧道横向轴力

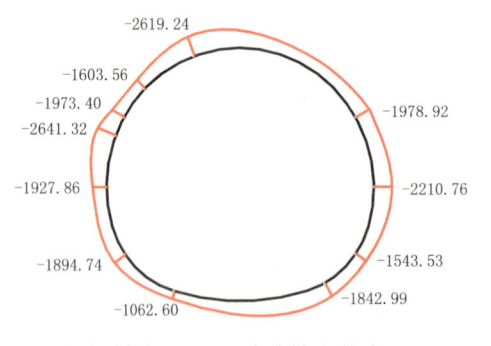

(g）拼装后28d隧道横向轴力

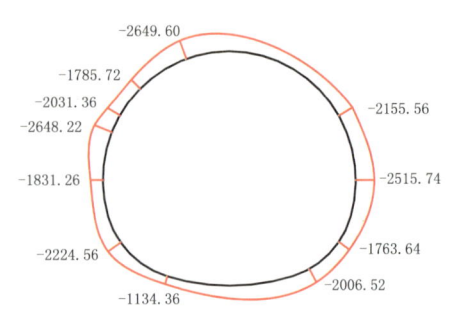

(h）拼装后34d隧道横向轴力

图 4.2-6　中埋奇数环轴力分布（单位：kN）

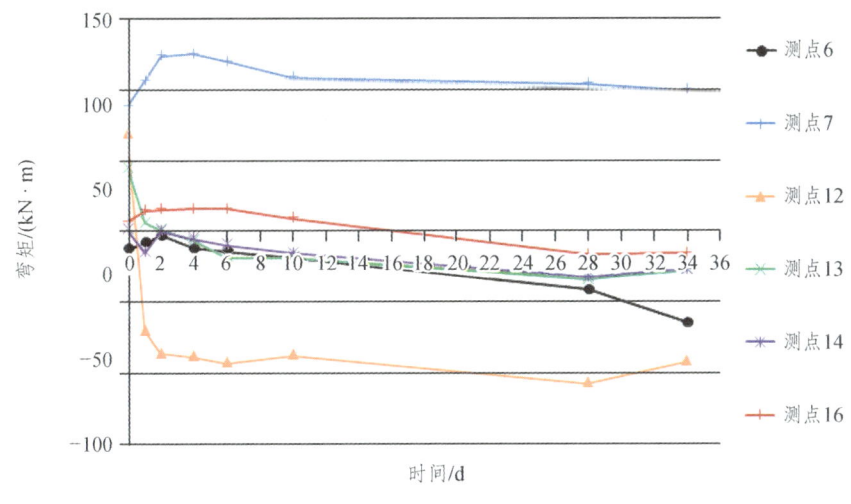

图 4.2-7　中埋断面测点弯矩随时间变化曲线

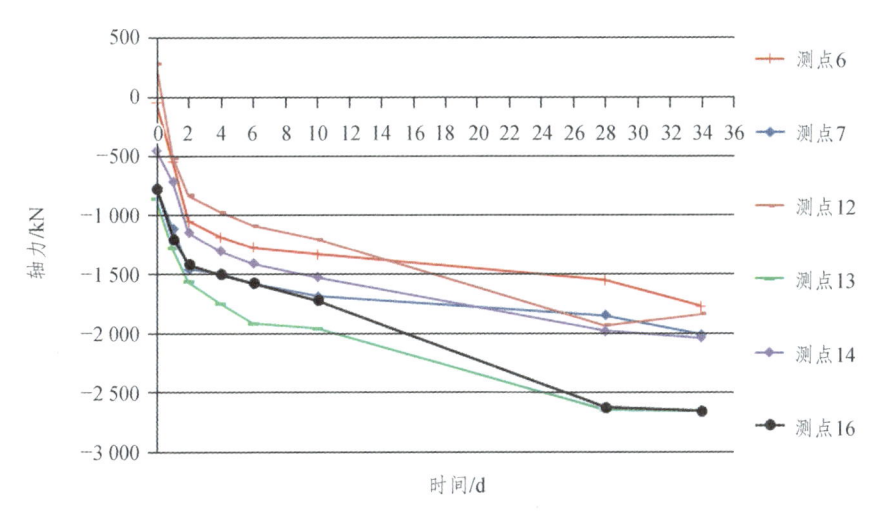

图 4.2-8　中埋测点轴力随时间变化曲线

由图 4.2-7 和图 4.2-8 可知，施工荷载对管片内力影响显著，待完成同步注浆，管片环脱出盾尾后，管片结构内力相对趋于平稳，但后期内力仍有发生一定幅度变化的情况。因此，有必要对管片结构内力进行长期监测分析，以便合理评判管片结构的安全性。

4.2.3　深埋断面

深埋测试断面埋深约为 59 m，管片环为偶数环，断面里程为 DK207+820.579 ~ DK207+822.164。现场实测的管片环弯矩、轴力分布如图 4.2-9 和图 4.2-10 所示，测点弯矩、轴力随时间的变化曲线见图 4.2-11 和图 4.2-12 所示。

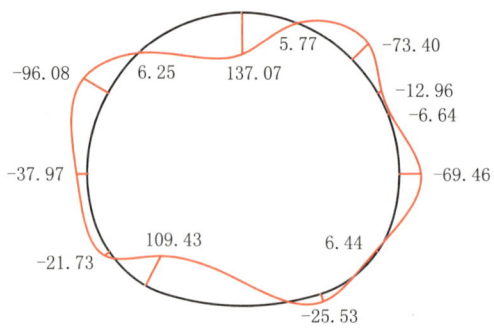

（a）拼装完成时隧道横向弯矩

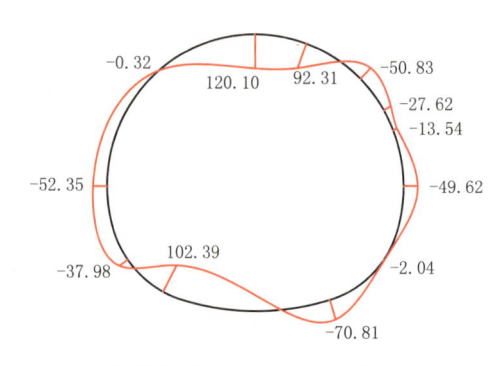

（b）拼装后1d隧道横向弯矩

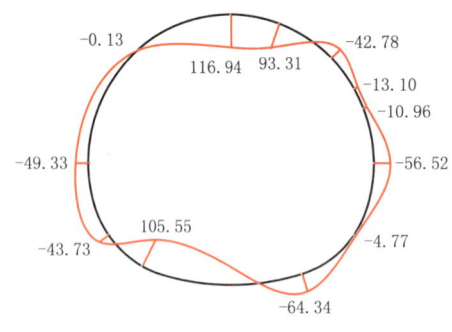

（c）拼装后1.5d隧道横向弯矩

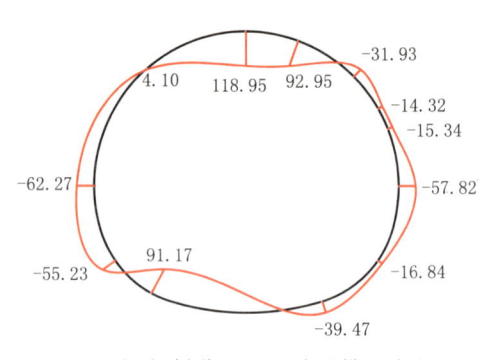

（d）拼装后2d隧道横向弯矩

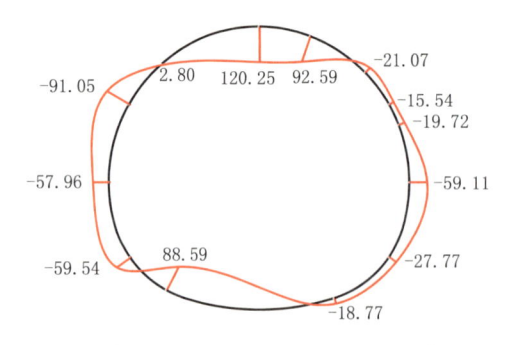

（e）拼装后2.5d隧道横向弯矩

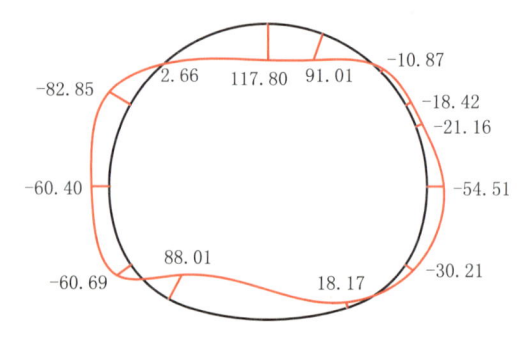

（f）拼装后3d隧道横向弯矩

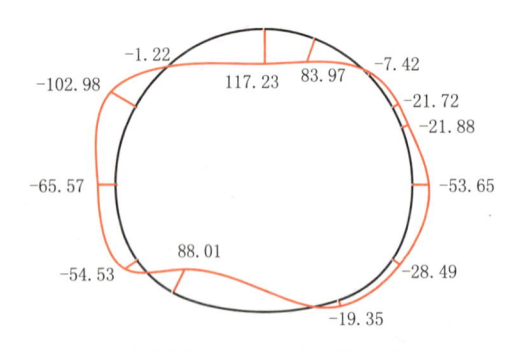

（g）拼装后3.5d隧道横向弯矩

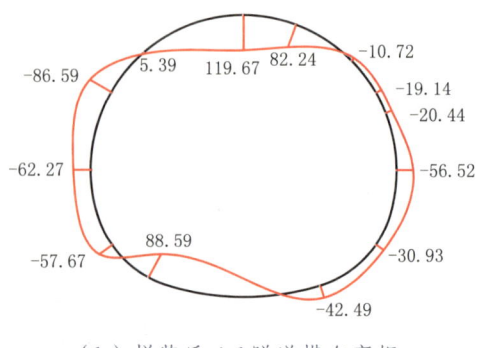

（h）拼装后4d隧道横向弯矩

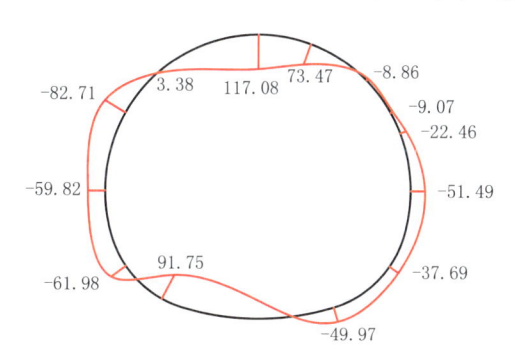

第 4 章　马蹄形盾构管片结构现场力学测试

（i）拼装后 5 d 隧道横向弯矩

图 4.2-9　深埋偶数环弯矩分布（单位：kN·m）

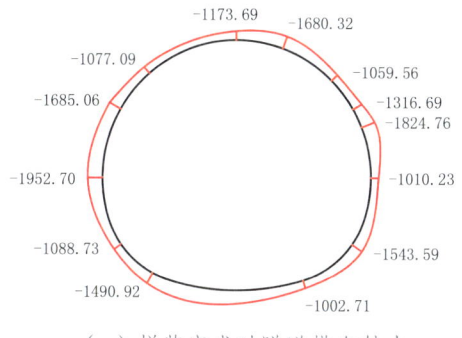

（a）拼装完成时隧道横向轴力

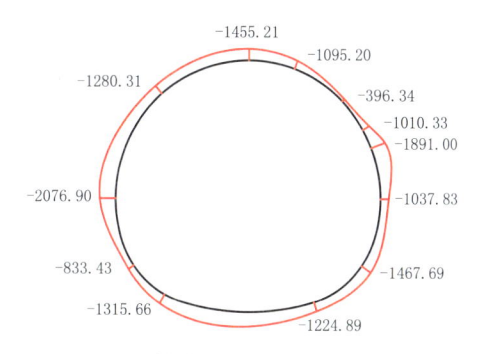

（b）拼装后 1 d 隧道横向轴力

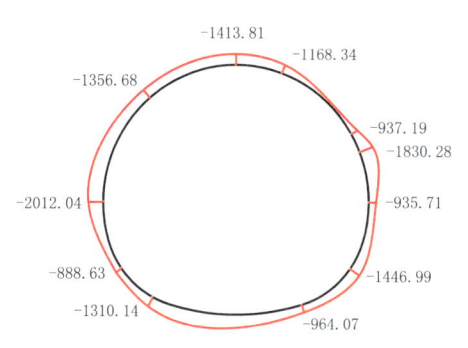

（c）拼装后 1.5 d 隧道横向轴力

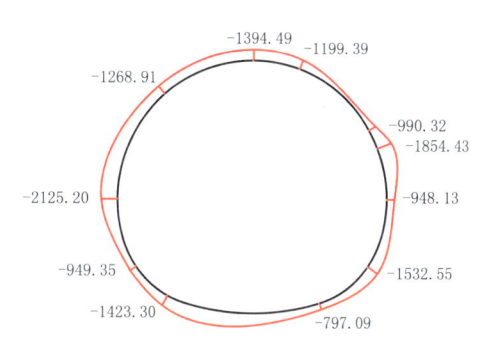

（d）拼装后 2 d 隧道横向轴力

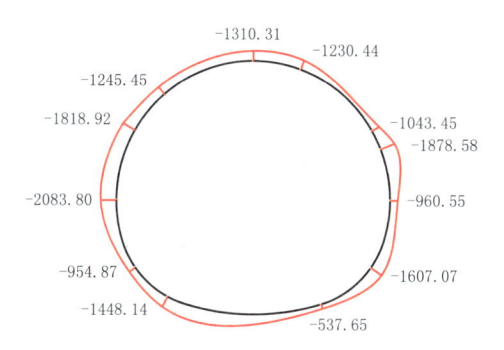

（e）拼装后 2.5 d 隧道横向轴力

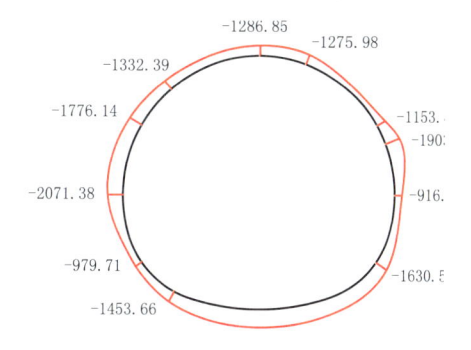

（f）拼装后 3 d 隧道横向轴力

非圆盾构法隧道建造关键技术

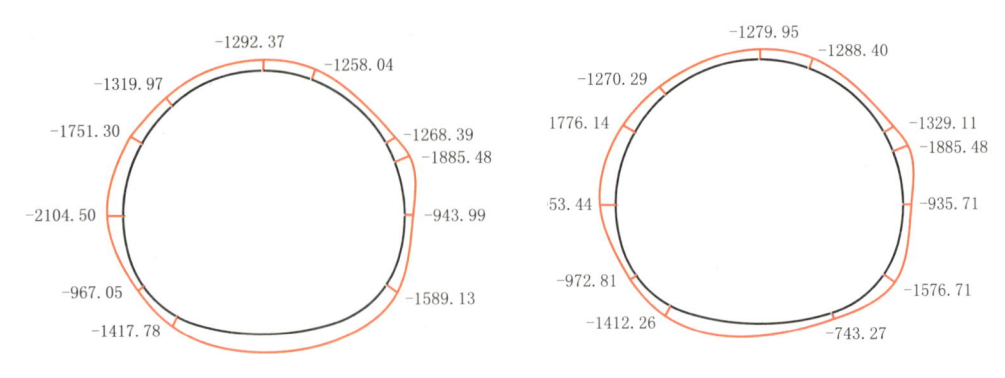

（g）拼装后 3.5 d 隧道横向轴力　　　　　　（h）拼装后 4 d 隧道横向轴力

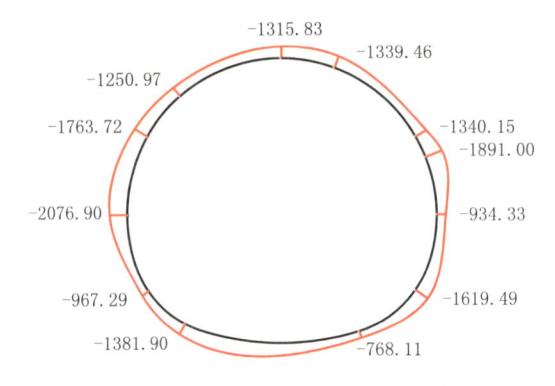

（i）拼装后 4.5 d 隧道横向轴力

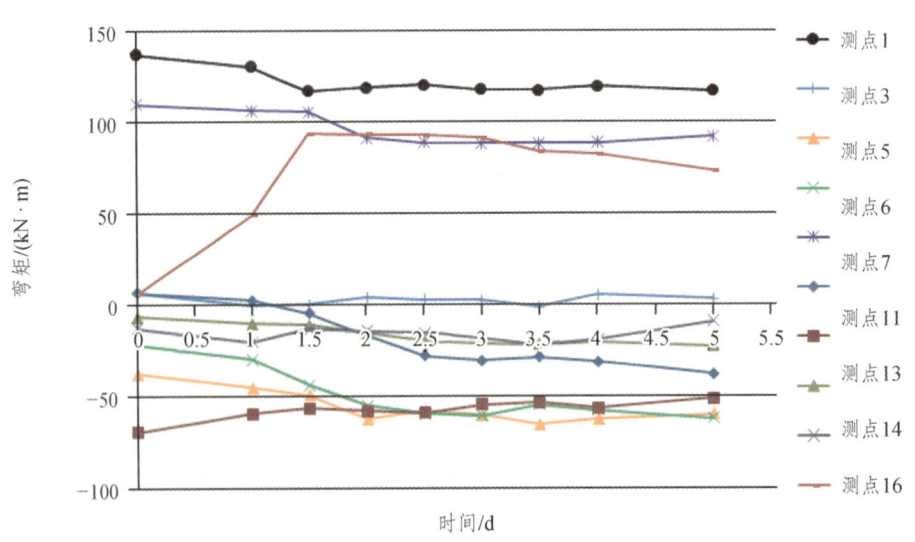

图 4.2-10　深埋奇数环轴力分布（单位：kN）

图 4.2-11　深埋断面测点弯矩随时间变化曲线

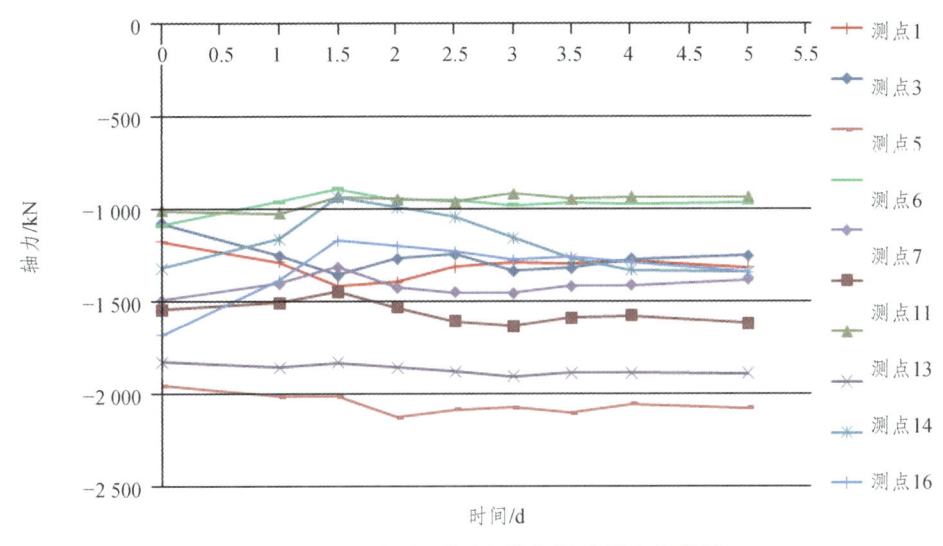

图 4.2-12　深埋断面测点轴力随时间变化曲线

深埋测试断面管片环为偶数环，其弯矩、轴力分布与中埋断面（奇数环）内力分布基本相似，但呈反对称分布。监测期间，深埋断面最大弯矩位于拱顶处，为正弯矩，其值为 117~137 kN·m，略小于中埋断面拱顶弯矩值，其值为 130~141 kN·m；深埋断面最大轴力值为 -1 953~2 125 kN，位于拱腰处，而中埋断面最大轴力值为 -862~2 650 kN，也位于拱腰处。

整体来看，中埋断面管片结构实测内力略大于深埋断面，与设计计算内力较为一致。

4.3　实测内力与设计计算内力对比分析

1. 内力值大小对比分析

设计内力标准值（1.6 m），其中埋断面拱顶弯矩为 668 kN·m，拱腰处轴力为 -6 366 kN；其深埋断面拱顶弯矩为 448 kN·m，拱腰处轴力为 -4 114 kN。可知，中埋、深埋管片结构的实测内力显著小于设计计算值（分别为 34%和 49%），因此，中埋、深埋管片混凝土结构承载力足够富裕，结构安全可靠。

2. 受力状态对比分析

由设计计算的内力值而求得的偏心距可知，偏心距基本为 0.10~0.20，个别小于 0.10 或大于 0.20。而实际管片的临界偏心距为 0.19~0.26。综上可知，设计计算内力所求得的偏心距小于实际管片的临界偏心距。中埋、深埋段的实测内力均处于小偏心受压状态，与设计的结构受力状态较为相符。由于浅埋段地层出现塌陷，导致拱顶部位出现大偏心受拉状态。

综合设计及实测内力，管片结构在正常情况下的受力状态是处于小偏心受压状态。

4.4 小结

　　分别在不同隧道埋深处（浅埋、中埋、深埋）布置 16 个测试断面，在管片中预埋了混凝土应变计及钢筋计，在施工中进行了不间断的持续监测。结果表明，中埋、深埋管片结构的实测内力显著小于设计计算值（分别为 34% 和 49%），结构承载力较为富余；出口浅埋段地层出现局部塌陷，裂缝宽度超过预期；中埋、深埋段的实测内力均处于小偏心受压状态，浅埋段部分断面结构受力处于大偏心受压状态；管片结构极大部分断面受力状态是处于小偏心受压状态，内力值与受力状态基本符合设计预期。

第 5 章　矩形盾构顶掘工程设计

成都市区域内，存在较厚的砂卵石地层。经过多年的地铁建设，采用土压平衡盾构施工了大量地铁隧道，技术较成熟，但在有些地形和环境条件下修建隧道工程，竖向空间有限，更适合采用空间利用率更高和净空更节省的矩形盾构。而矩形盾构的使用从工程设计、盾构机选型和施工等方面均会带来全新的课题，特别是在稳定性、可掘性和流动性均较差的砂卵石地层中。参建单位依托成都市人民南路和三环路上的 3 个地下人行通道进行了科研攻关和工程实践，取得了良好的效果。

5.1　成都市地下人行通道工程概况

5.1.1　人民南路川大华西医学院地下人行通道概况

成都市人民南路川大华西医学院地下人行通道（以下简称"人民南路地下人行通道"）工程位于成都市人民南路三段华西第四医院正门南侧约 20 m 处，通道长 56 m，其结构断面尺寸为 6 m×4.5 m（宽×高），顶板埋深约 4 m，如图 5.1-1 所示。该通道上跨正在运营的成都市地铁 1 号线，距离地铁隧道顶板仅 3.08 m；且与地面之间有 15 条各类市政管线，距最近的一条污水管线仅 0.6 m，施工断面图如图 5.1-2 所示。

图 5.1-1　成都市人民南路川大华西医学院地下人行通道工程概况

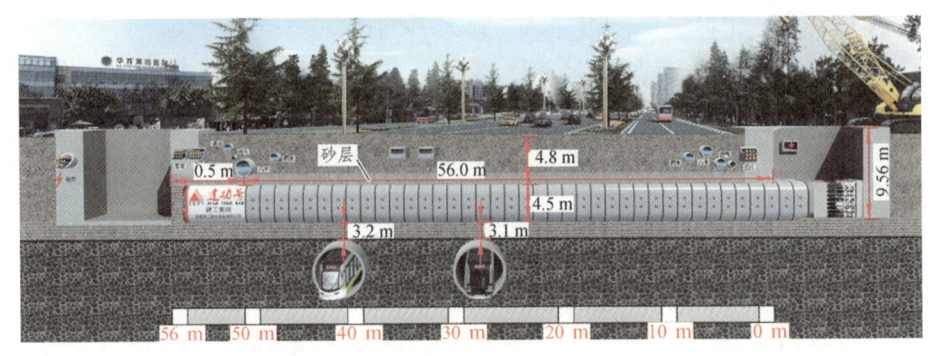

图 5.1-2　成都市人民南路川大华西医学院地下人行通道纵断面图

5.1.2　三环路地下人行通道概况

成都市三环路星汉北路地下人行通道位于北三环路一段与星汉北路交界处（交大立交以北 850 m），长 84.5 m，结构断面尺寸为 6 m×4.5 m（宽×高），顶板埋深约 8 m，下穿成都市三环路。该通道平面图如图 5.1-3 所示，纵断面图如图 5.1-4 所示。

成都市三环路育仁西路地下人行通道位于西三环路五段，育仁西路以北约 100 m 处，长度 90.5 m，结构断面尺寸为 6 m×4.5 m（宽×高），顶板埋深约 7 m，下穿成都市三环路，通道顶部距离 DN2000 自来水管（钢管）底部约 2.1 m。该通道平面图如图 5.1-3 所示，纵断面图如图 5.1-5 所示。

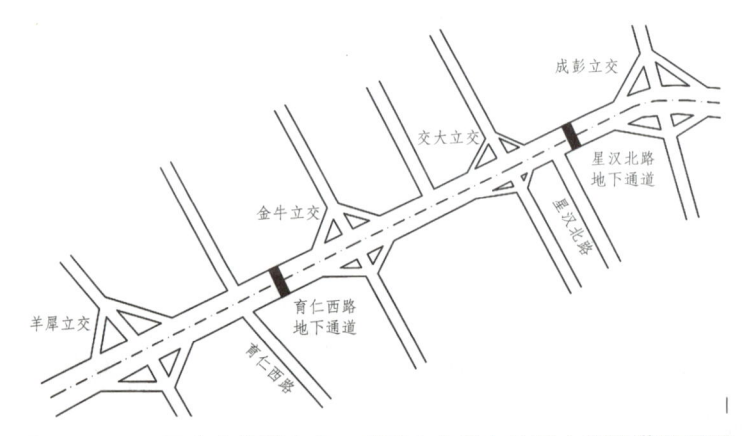

图 5.1-3　三环路（羊犀立交—成彭立交段）地下人行通道平面图

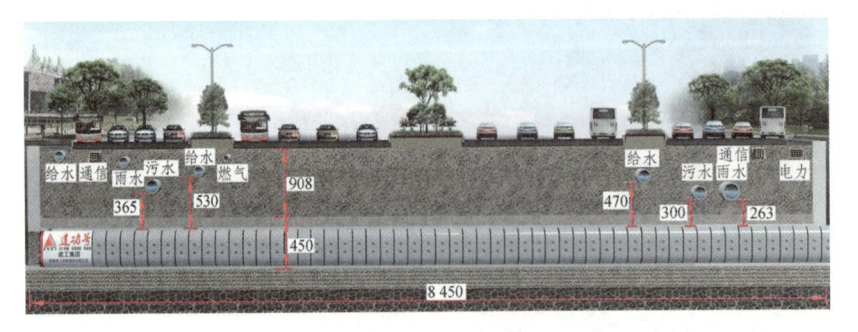

图 5.1-4　三环路星汉北路地下人行通道纵断面图（单位：cm）

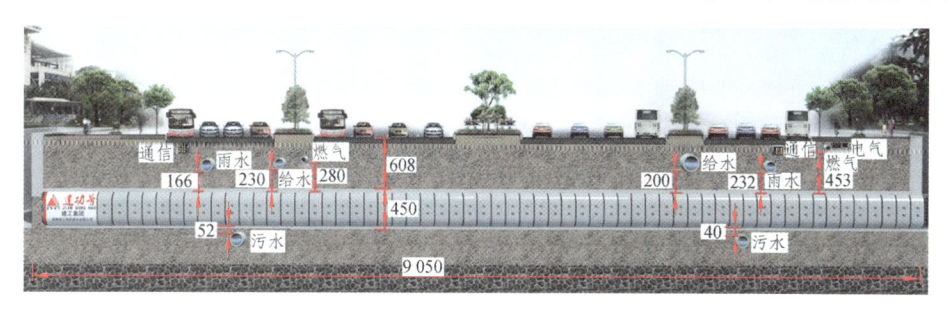

图 5.1-5　三环路育仁西路地下人行通道纵断面图（单位：cm）

5.2　砂卵石地层市政隧道工法比选

地下人行通道施工工法有很多，如明挖法、矿山法和盾构法等。明挖法虽然进度快、造价低、质量好，但需要中断交通、迁改管线、影响居民生活等，总体来说综合成本较高，越来越不能满足现代化施工的需要，尤其不适合在城市施工。矿山法虽然不需要中断交通、不影响居民正常生活，但存在进度慢、造价高、质量不稳定、安全风险高、不适应在浅覆土且管线复杂的地层施工。而矩形盾构顶掘法作为一项新兴的非开挖技术，集合了传统施工方法的优点，同时尽量减少施工不良影响，能将工程成本及环境影响降至最低。

5.2.1　施工方案可行性研究

根据人民南路地下人行通道工程的地质、环境情况，施工方案可以在明挖法、盖挖法、浅埋暗挖法、矩形盾构顶掘法、圆形盾构顶掘法等工法之间进行比选。

（1）明挖法：优点是施工简单、快捷、经济、安全，缺点是中断交通、对周围环境的影响较大。

（2）盖挖顺作法：适合浅开挖工程，依序由下而上建造主体结构和防水结构。优点是施工作业面多，加快施工进度；支撑架构单纯；工程造价低。缺点是有支撑在，开挖受限制；工期较长；城市生活干扰大；对周围环境影响大。

（3）盖挖逆作法：适合深开挖工程，自上而下逐层开挖并建造主体结构直至底板。优点是营造相对安全的作业环境；快速覆盖、缩短中断交通的时间；地上地下结构体同时施工，进度较快，工期短；设备简单，不需大型设备；受气候影响小；噪声低，扰民少。缺点是逆打接头施工复杂；作业环境差；垂直构件续接处理困难，特别在强度与止水性方面。

（4）浅埋暗挖法：主要适用于土层或软弱无胶结的砂卵石第四系地层。对于高水位的类似地层，采取堵水或降水、排水等措施后仍能适用。主要依靠人工施工，机动灵活，对工程的适应性强，可做成各种结构型式，但其施工速度较慢，在地质情况较差的情况下要采取辅助施工措施。

（5）矩形盾构顶掘法：利用土压平衡原理，通过刀盘进行全断面切削，对周围土体扰动小，顶掘速度快，自动化程度高；施工同时不破坏原有的各类地下管线，且对道路交通以及地面的各类建筑影响小；施工时噪声小、环境污染少，管节采用高精度厂制预制构件，质量易于控制；矩形通道空间有效利用率最高。缺点主要是机械设备造价高，管片需要预制场地。

（6）圆形顶掘法：相比矩形盾构顶掘法，施工工艺更加简单，设备造价更低，但是空间利用率小。

5.2.2 社会影响

人民南路地下人行通道工程下穿成都市人民南路。人民南路为成都市主轴线干道，车流量巨大，工程建设的社会影响复杂。若采用明挖法施工将严重影响道路通行能力，即使采用半幅盖挖法施工，对地面交通的影响也不可避免。

通道埋深较浅（一般 4~5 m），场区地下水丰富，且隧道顶部砂层出露较多，若采用矿山法施工，对道路和周边管线影响较大，且矿山法施工环境恶劣，不利于文明施工。

而矩形盾构顶掘法的机械化程度高，工人作业环境优良，且对周边环境影响小，在本工程上下空间紧迫的情况下，有更好的适应性。

5.2.3 经济影响

本工程场址车流密集、周边管线密布，并且近距离上跨运营中的成都地铁 1 号线隧道，采用明挖法施工将造成较多的管线迁改、保护，并且由于大面积开挖卸载，对既有运营地铁线路的保护费用较高。由于矿山法施工环境条件差、施工风险高等因素，采用矿山法施工的造价相对于矩形盾构顶掘法也并无优势。各工法投资指标估算详见表 5.2-1，由此可见采用矩形盾构顶掘法更能减少工程投资。

表 5.2-1 各工法投资指标估算　　　　　　　　　　单位：万元

施工方法	明挖法	矿山法	顶掘法
地铁保护费用	1 200	800	50
管线迁改费用	1 500	200	0
临时交通组织费用	600	300	30
工程施工直接费用	560	2 128	3 310
工程总造价	3 860	3 428	3 390

5.2.4 其他

在砂卵石地层采用矩形盾构顶掘方案系成都地区首次采用，成功后将对城市下穿通道应用提出一个全新的、高效的、更为可靠的解决方案。

5.3 矩形盾构机总体设计

砂卵石地层包含细砂，流动性强、稳定性差，因此应选择组合刀盘的开挖形式。但是常规多个刀盘前后组合交叉排布的开挖形式为流砂的喷涌提供了空间，易引起土体坍塌。为尽可能维持掌子面的稳定，防止大粒径卵石卡住刀盘，避免刀盘和轴承的损坏，将矩形顶管机8个刀盘配置在同一平面内协同工作，采用大（ϕ2 200 mm，4个）、中（ϕ1 630 mm，2个）、小（ϕ1 200 mm，2个）多刀盘同平面布置形式，如图5.3-1所示。使开挖盲区最小化（达15.93%），同时也显著增大了刀盘的渣土搅拌区域（达31.45%），如图5.3-2所示。

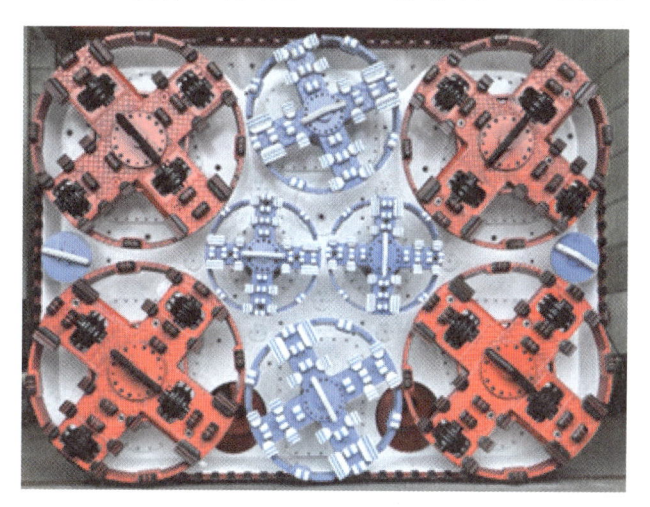

图5.3-1 刀盘布置

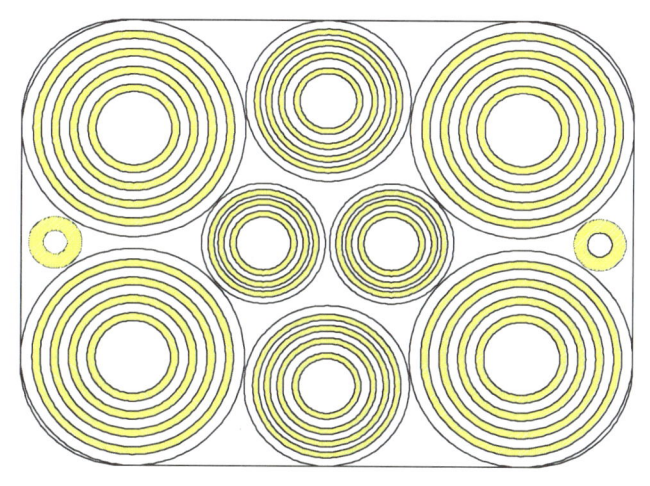

图5.3-2 搅拌区域

根据卵石冲击模型对前后刀盘卡卵石现象（图5.3-3）进行分析，得出前后刀盘卡卵石应力分布（图5.3-4），其中刀盘变形达到8 mm，应力达到500 MPa，不能满足要求，因此选择同平面刀盘布置。

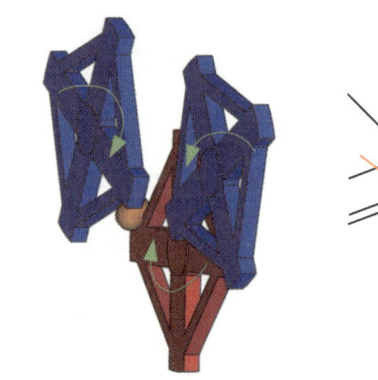

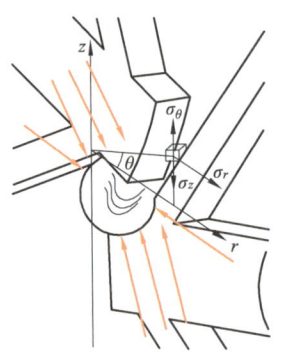

图 5.3-3　前后刀盘卡卵石示意

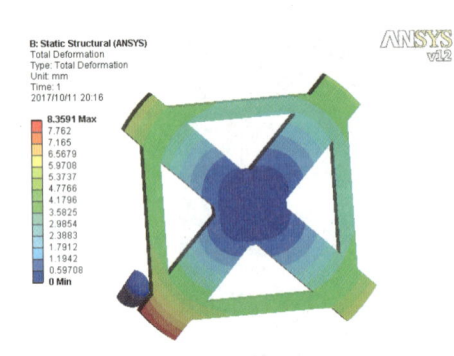

图 5.3-4　刀盘变形

此外，在切口环锥板处设置膨润土出口，可注入高压黏土实现渣土改良、开挖面支撑以及盾体减摩等功能；在开挖盲区预留盲区处理接口，可连接单电机驱动鱼尾刀盘或连接万向球头风钻，对可能存在开挖盲区的大型障碍物进行处理；在盾壳盲区位置布置盾壳切刀，实现砂卵石层矩形断面的开挖，如图 5.3-5 所示。

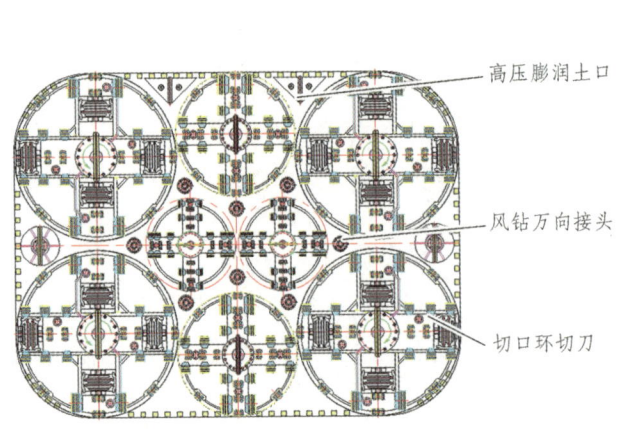

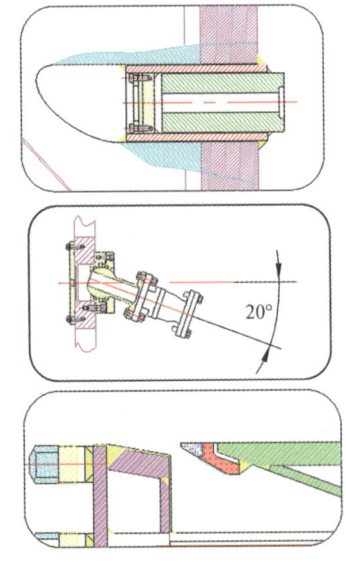

图 5.3-5　盲区处理措施

5.4 双螺旋输送机联合出渣与土压控制

包括矩形盾构在内的超大断面非圆盾构机排渣系统采用单个螺旋输送机很难满足出渣的要求，会造成土舱积渣，因此考虑采用两台螺旋输送机联合控制出渣。这不仅需要研究两台螺旋输送机能否配置足够的扭矩及相匹配的出渣能力，同时还要考虑两台螺旋输送机出渣，土舱压力的能否匹配。

5.4.1 双螺旋输送机出渣土舱流场分析

超大断面非圆盾构横向跨度大，开挖量大，土舱存在渣土滞排问题，同时土舱左右土压力平衡控制难度高，对排渣系统的排渣能力及均匀性提出了新要求。为此，项目组通过探究设计了两台螺旋输送机联合出渣的排渣系统。

由于两个螺旋输送机同时对土舱渣土进行排渣工作，每个螺旋机的速度都会影响土舱压力的平衡，如果每个螺旋机依然采用传统的单个控制方法，必然会引起土舱压力的波动，不利于维持土舱压力的平衡。使用 Fluent 对土舱渣土流场压力进行分析，双螺旋除渣口存在压差，如图 5.4-1 所示。为了提高土舱全断面压力均衡性，实现双螺旋的自动控制，我们摒弃传统的单螺旋输送机控制方法，对双螺旋的电气控制系统进行了深入研究。

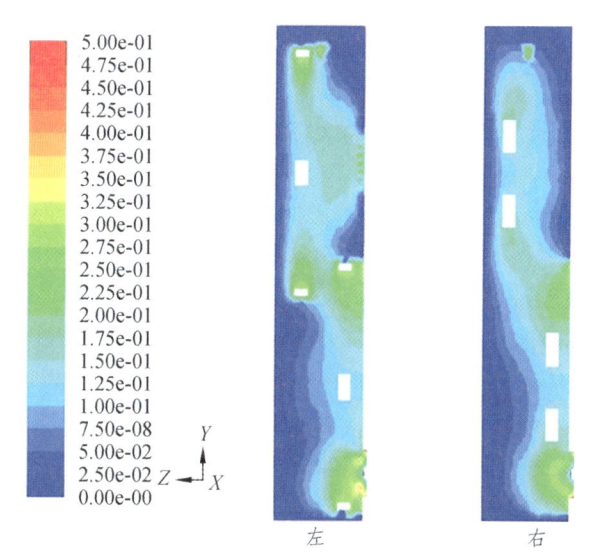

图 5.4-1 双螺旋输送机单控下的渣土速度云图

掘进机在工作过程中涉及的变量很多，有很多不可预测的干扰，建立其精确的数学模型难度很大，即使建立了数学模型也可能是结构庞大且复杂，难以进行设计并有效控制的。预测控制作为一种新型的智能算法对模型要求较低，可以方便地实现在线计算，控制效果良好。将神经网络与预测控制算法相结合，形成了神经网络预测控制。在预测建模中，常见的神经网络种类很多，其中 RBF 网络在预测模型中的应用较多，与 BP 网络相比，它在一定程度上克服了局部最优和训练速度慢的问题，可以很好地逼近非线性模型。

5.4.2 RBF 神经网络的研究

1. RBF 神经网络的结构

RBF 神经网络由 3 层构成，第一层为输入层，第二层为隐含层，第三层为输出层，其网络模型如图 5.4-2 所示。

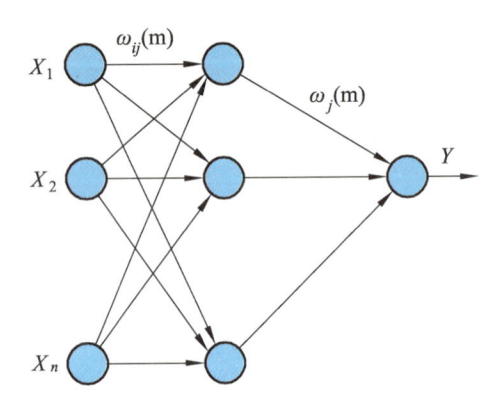

图 5.4-2 RBF 神经网络模型

隐含层第 i 个节点的输入为

$$q_i = R\|X - C_i\|$$

式中　X——n 维输入向量；
　　　C_i——第 i 个隐层节点的中心，$i = 1, 2, \cdots, m$；
　　　$\|\|$——范数；
　　　$R()$——RBF 函数。

网络输出为

$$y = \sum \omega_i q_i - \theta$$

式中　ω_i——隐含层和输出层的连接权值；
　　　θ——输出节点的阈值。

2. RBF 神经网络的学习方法

RBF 网络的学习算法包括两个阶段：一个是隐层径向基函数中心的确定阶段，一个是径向基函数权值的学习调整阶段。两个阶段各自常用的方法分别是中心自组织选择法和中心监督选择法，下面介绍这两种方法。

(1) 中心自组织选择法。

中心自组织选择法是一种无导师学习方法，目的是求隐层节点的径向基函数中心，常用的算法是 K-均值算法。算法的步骤如下：

① 随机选择隐层节点的初始化中心 $C_i(0)$。

② 计算欧式距离，并比较得出最小距离的节点：

$$d_i(k) = \|x(k) - c_i(k-1)\|, \quad 1 \leq i \leq m$$

$$d_{\min}(k) = \min d_i(k) = d_r(k)$$

③ 调整隐层节点中心。

$$c_i(k) = c_i(k-1), \quad 1 \leq i \leq m, \quad i \neq r$$

$$c_i(k) = c_i(k-1) + \beta[x(t) - c_r(k-1)], \quad i = r, \quad 0 < \beta < 1$$

式中　β——学习速率。

将 k 加 1 后，重复步骤②计算欧式距离，直至中心距离的改变很小。

(2) 中心监督选择法。

中心监督选择法是有导师学习法，常用的算法是最小二乘递推法（RLS）。具体算法如下：
设有 p 组输入样本，$p = 1, 2, \cdots, j$，定义函数：

$$J(K) = \sum_{p=1}^{j} E_p(K) = \frac{1}{2} \sum_{p=1}^{j} \wedge(P)[d_p - y_p(k)]^2$$

式中　$\wedge(P)$——加权系数，$\wedge(P) = \lambda^{j-p}$（$0 < \lambda < 1$）。

要求 $\dfrac{\sigma J(k)}{\sigma W} = 0$（$W$ 为权值状态向量），由此可得 RLS 算法如下：

$$W_P(k) = W_P(k-1) + K(k)[d_P - q_P(k)W_P(k-1)]$$

$$K(k) = P(k-1)q_P(k)\left[q_P(k)P(k-1)q_P(k) + \frac{1}{\wedge(P)}\right]^{-1}$$

$$P(k) = [I - K(k)q_P(k)]P(k-1)$$

式中　$q_P(k)$——隐层节点输出向量。

5.4.3　双螺旋控制系统的设计及仿真分析

1. 双螺旋电机的 RBF 神经网络预测控制

Simulink 是 MATLAB 的扩展软件，能够进行动态系统的建模和仿真，它可处理的系统有：线性系统、非线性系统；离散系统、连续系统、混合系统；单任务离散事件系统、多任务离散事件系统。

Simulink 由模块库、指令分析、模块构造、演示程序等几部分组成，模块库以图形的方式提供了大量系统模块，用户可以快速方便地设计特定的动态系统，并对系统模块进行有效的组织和管理。

神经网络控制就是利用非线性神经网络模块来预测未来模型的输出，模型预测的第一步是通过训练神经网络描述系统的动态机制。训练神经网络的信号是模型输出信号与神经网络输出信号之间的误差，神经网络训练过程如图 5.4-3。

图 5.4-3　双螺旋电机神经网络训练过程

2. 双螺旋电机 RBF 神经网络预测仿真

利用 Simulink 中神经网络模块库可以进行神经网络预测控制器的仿真研究，进行模块预测控制首先建立预测模型，然后利用预测控制器来预测系统未来的性能。如图 5.4-4 所示为系统神经网络预测控制仿真控制流程。

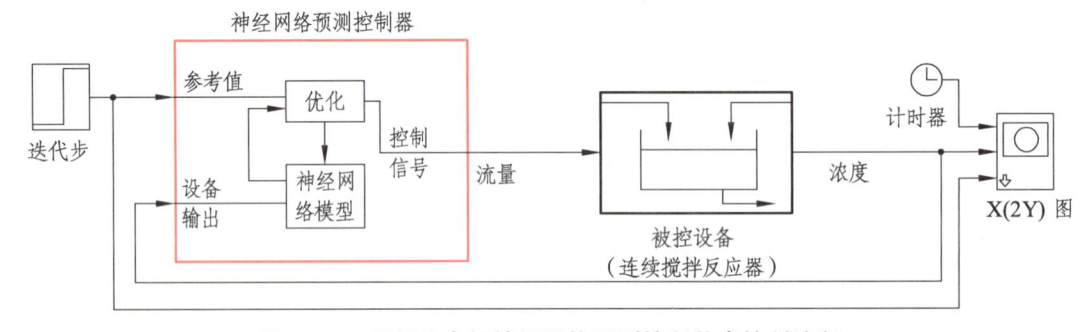

图 5.4-4　双螺旋电机神经网络预测控制仿真控制流程

5.4.4　试验分析

通过对 RBF 神经网络的研究，我们利用大量的数据进行反复的训练、学习，建立了以 RBF 神经网络预测模型为基础的双螺旋自动控制系统。该系统利用计算机的大数据运算能力和 PLC（可编程逻辑控制器）的稳定输出特性，将计算机和 PLC 进行有机结合，为双螺旋输送机出渣提供了一个新的控制方法。

在设计中，我们采用高级语言 C# 开发了一套基于 RBF 神经网络的算法程序：首先从数据库中查询所需的历史数据，进而调用 initialPArray() 和 initialTArray() 函数将历史数据分别初始化到神经网络算法运行所需的参数 P 和参数 T 中，随后调用神经网络算法 newrb() 和 sim() 进行计算，计算的结果会存储到一个二维数组中，完成神经网络的训练与预测，该程序运行在上位机中。

实际应用中，上位机通过 OPC 通信协议与控制器进行数据传送，上位机将训练及预测的参数发给控制器，然后控制器完成对双螺旋输送机的控制，同时控制器实时地将土舱压力等设备运行的状态参数采集并发送到上位机。图 5.4-5 是控制实现流程。

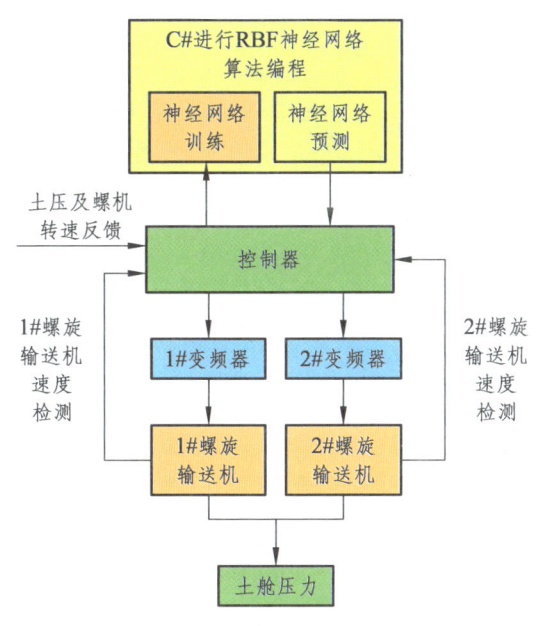

图 5.4-5 双螺旋输送机控制实现流程

5.4.5 应用情况

双螺旋输送机联合出渣的排渣系统已分别应用到了马蹄形盾构机和矩形盾构机中，如图 5.4-6 所示。其中，矩形盾构机应用双螺旋输送机的结构设计实例见本书 7.3.2 节。

（a）马蹄形盾构机双螺旋输送机　　（b）矩形盾构机双螺旋输送机

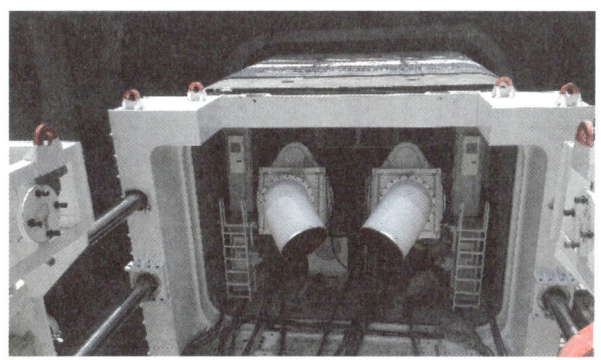

图 5.4-6 非圆掘进机双螺旋输送机设计

实际工程中，发现左右螺旋输送机进渣口渣土流动速度不相同，刀盘转向会造成左右螺旋出渣口存在压差。为了提高土舱全断面压力均衡性，对土舱压力及双螺旋输送机的压力进行实时监控并反馈至上位机，采用上述控制技术实现双螺旋的实时控制，消除双螺旋出渣的压力差。大节距双螺旋输送机出渣较好，如图 5.4-7 所示，达到了预期出渣效果。

图 5.4-7　双螺旋输送机出渣效果

5.5　矩形盾构管节设计

5.5.1　矩形盾构管节结构设计概况

1. 管节构造

采用圆角矩形管节，管节外壁宽 6.0 m、高 4.5 m、厚 0.5 m，管节幅宽 1.5 m；管节上设吊装孔、翻身孔、锚索孔道、减摩及置换注浆孔、深层注浆孔（特殊地段加固地层用）。管节采用厂内整体预制并运输至现场吊装的方案。

2. 管节钢筋

管节采用 HPB30、HRB400 和 HRB400E 钢筋，其中 HRB400E 钢筋的强度和最大力下总伸长率的实测值应符合：钢筋的抗拉强度实测值与屈服强度实测值的比值不应小于 1.25；钢筋的屈服强度实测值与屈服强度标准值的比值不应大于 1.30；钢筋的最大力下总伸长率不应小于 9%。

3. 管节连接

人民南路地下人行通道工程邻近地铁隧道，为避免后期地铁运营振动对本工程的不利影响，管节采用后张法预应力锚索连接。管节上预留纵向贯通的锚索孔道，通道施工完成后穿入锚索，由两端施加一定的预应力，加强通道的整体性，以克服后期地铁运营振动带来的不利影响。

4. 始发、接收井

始发井设于人民南路东侧人行道外边缘位置，尺寸约 12 m×12 m，与停车场基坑一并施工，同时考虑预留梯道和垂直电梯的空间。接收井设于人民南路西侧华西附二医院与附四医院大门之间，为减少占道，尽量少影响交通，接收井尺寸约 6 m（长）×12 m（宽）。矩形盾构顶掘机采用分体拆吊方式。

5. 洞门加固

根据成都地区地层情况，结合既有经验，采用降水工况下的大管棚+注浆加固的方式作为顶掘始发、到达的加固措施，主要实施方式为：在顶掘机始发、到达之前，在始发、接收井内向井壁垂直打设沿顶掘机外壳周边布置的大管棚，管棚内留有花孔，打设完成后进行地层注浆加固和管内填充。

5.5.2 管节受力模拟分析

根据地质勘查报告，选取最不利断面进行计算分析。

1. 边界条件

覆土厚度按 5 m 考虑，地面超载 20 kPa，水位按地下 1 m 全水头和零水头分别考虑，基床系数按地质勘查报告取值，取荷载准永久组合进行使用阶段极限状态计算。

2. 荷载工况

（1）全水头。

顶部荷载　　　　　$p_t = 20+10×4+20×1 = 80$（kPa），
顶板侧向土压力　　$p_1 =$（$20+10×4.25+20×1$）$×0.25 = 20.625$（kPa），
底板侧向土压力　　$p_2 =$（$20+10×8.25+20×1$）$×0.25 = 30.625$（kPa），
水压力按容重 10 kPa/m 计算。

（2）零水头。

顶部荷载　　　　　$p_t = 20+20×5 = 120$（kPa），
顶板侧向土压力　　$p_1 =$（$20+20×5.25$）$×0.25 = 31.25$（kPa），
底板侧向土压力　　$p_2 =$（$20+20×9.25$）$×0.25 = 51.25$（kPa）。

3. 计算结果

根据荷载工况计算值，通过有限元计算得到全水头和零水头下的管节受力情况，其中，全水头工况见图 5.5-1 ~ 图 5.5-3，零水头工况见图 5.5-4 ~ 图 5.5-6。

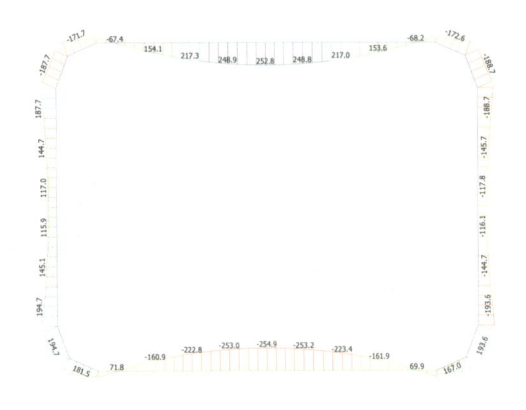

图 5.5-1　全水头工况弯矩图（单位：kN·m）

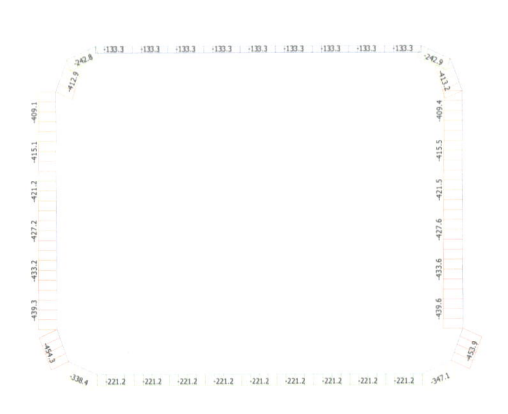

图 5.5-2　全水头工况轴力图（单位：kN）

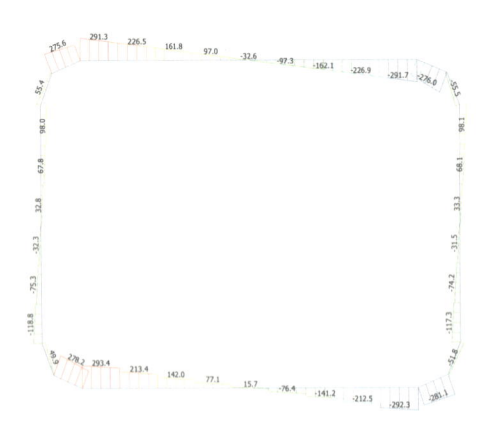

图 5.5-3　全水头工况剪力图（单位：kN）

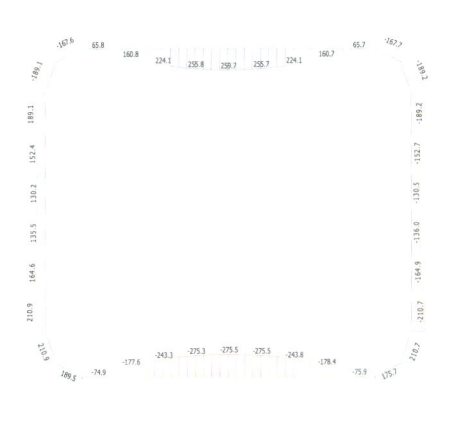

图 5.5-4　零水头工况弯矩图（单位：kN·m）

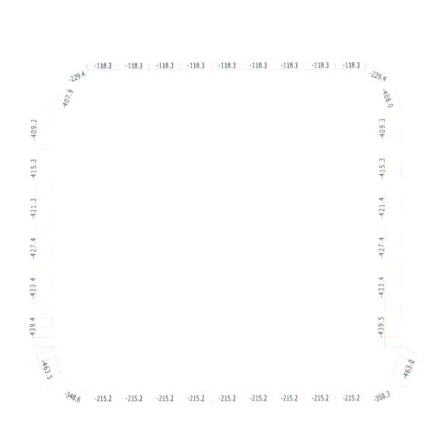

图 5.5-5　零水头工况轴力图（单位：kN）

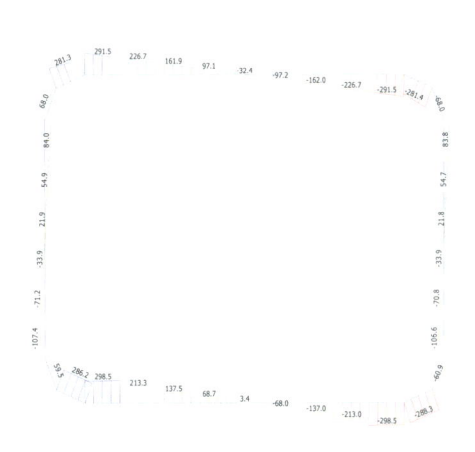

图 5.5-6　零水头工况剪力图（单位：kN）

5.5.3 后背墙受力模拟分析

1. 设备顶推力计算

已知：管节尺寸为 6.0 m × 4.5 m；开挖尺寸为 6.02 m × 4.52 m；掘进距离为 56 m；埋深为 5 m。

矩形盾构顶掘机顶推力可按式（5.5-1）估算：

$$F_0 = \pi D L f_k + N_F \qquad (5.5\text{-}1)$$

式中 F_0——顶推力标准值（kN）；

D——管节的外径（m），本工程将 6.02 m × 4.52 m 规格的矩形盾构顶掘管节转换为等周长的圆形管节的直径约为 6.7 m；

L——管道设计顶进长度（m），本工程 $L = 56$ m；

N_F——盾构顶掘设备的迎面阻力（kN）；

f_k——管道外壁与土的平均摩擦阻力系数（kN/m²），参数详见表 5.5-1，本工程取值为 20 kN/m²。

表 5.5-1　顶进管道与周围土层的摩擦力系数 f_k　　　　单位：kN/m²

土质	黏土	粉质黏土	黏土混砂	粉细砂	中粗砂	砂砾
f_k	1~2	3~4	4~7	8~10	11~14	15~20

因采用土压平衡式矩形盾构顶掘机，故迎面阻力采用式（5.5-2）计算：

$$N_F = PS \qquad (5.5\text{-}2)$$

式中 P——土舱压力（MPa），取 0.2 MPa；

S——掌子面面积（m²），取 27 m²。

故，$N_F = 27 \times 0.2 \times 10^3 = 5400$（kN）。

综上，$F_0 = 3.14 \times 6.7 \times 56 \times 20 + 5400 = 28\,963$（kN），安全系数取值为 1.4，则总推进力需求为 4000 t。考虑到后靠墙的最大承受能力为 2000 t，需要增加中继间，其中顶推装置顶力设计为 2 000 t，中继间顶推力为 2000 t。

中继间距离主机的距离 $s = (20\,000/1.4 - 5400)/(3.14 \times 6.7 \times 20) = 22$（m），即中继间建议安装在主机后 20 m 的位置，在实际施工过程中，当顶推力达到中继间设计顶力的 60% 时，则需要考虑增加中继间。

2. 顶推油缸的布置

顶推油缸布置如图 5.5-7 所示，具体要求如下：

（1）共布置 10 根油缸，每根油缸推力 200 t，总推力 2 000 t。

（2）油缸使用顺序：3/4/7/8—3/4/7/8/2/9—3/4/7/8/2/9/5/6—3/4/7/8/2/9/5/6/1/10。

（3）在顶掘施工过程中，对每个油缸的水平推力进行监测，不能大于最大水平推力。

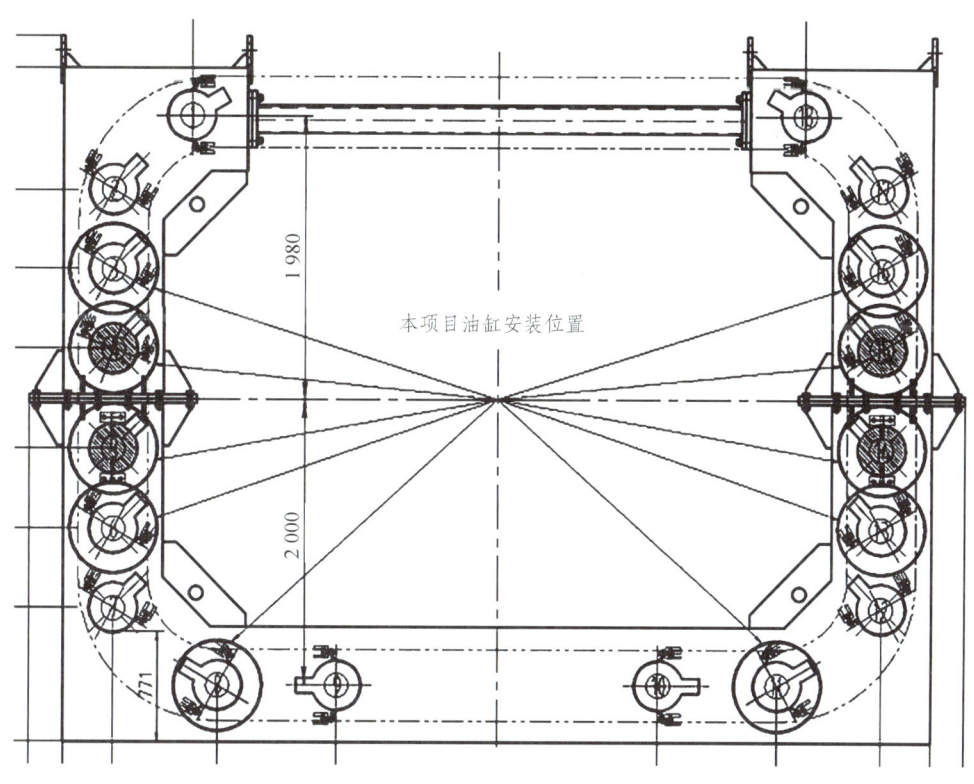

图 5.5-7　顶推油缸布置（单位：mm）

3. 后背墙的其他设计要求

（1）为减少对人民南路交通影响，避开人行道上的市政管线，始发井布置于人民南路东侧，顶推装置在平面上嵌入地下车库内长 4.2 m、宽 6.7 m、高 4.83 m，竖向布置位于地下车库负一层板面至负二层板面下约 1.1 m 的范围内。

（2）由于地下车库施工工期短，顶掘设备的设计及制造周期较长，在顶推装置就位并开始顶掘施工前，如果要满足设计必须先施工地下车库建筑的主体结构，后背无法按常规情况设置在土中，需进行顶推装置的后背结构设计。

（3）后背结构设计拟采用钢筋混凝土剪力墙结构，基础拟采用桩筏基础，用桩的水平承载力抵抗水平推力，桩的拉、压受力抵抗由水平推力产生的力矩。顶掘施工完成后，可考虑保留桩筏基础作为地下车库在该区域的基础，后背结构的钢筋混凝土剪力墙需拆除，并恢复该区域的建筑功能。顶掘后背墙的变形和内力分析如图 5.5-8～图 5.5-10 所示。

（4）顶掘施工过程中，为避免水平推力对地下车库结构主体的不利影响，在后背结构与车库主体结构相交位置的四周设置后浇带，待顶掘施工完毕后再进行后浇带施工。

（5）后背结构设置范围约为 18.6 m（宽）×22.8 m（长），影响范围为地下室建筑的 2～3 跨范围，该区域内基础以上部分结构主体须待顶掘施工完成后方能施工。

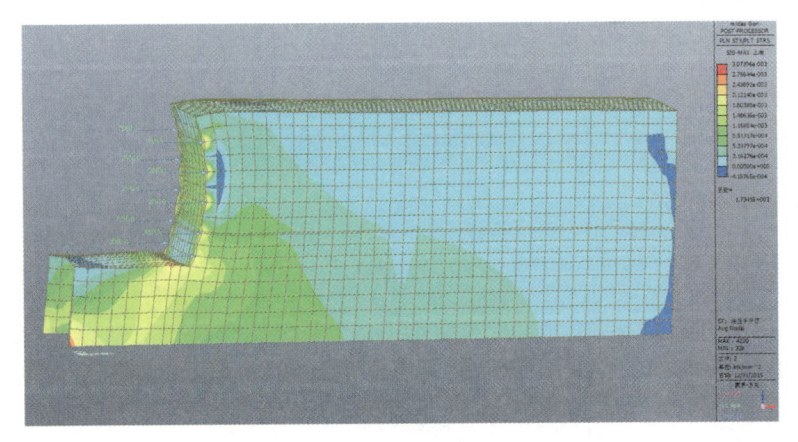

图 5.5-8　顶掘后背墙拉应力云图

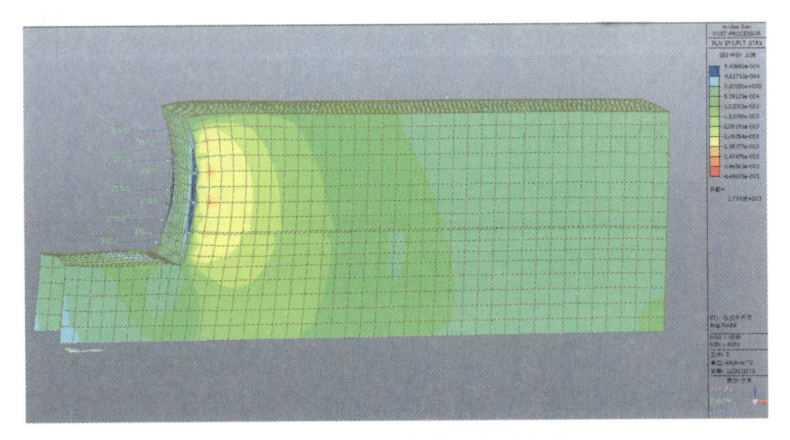

图 5.5-9　顶掘后背墙压应力云图

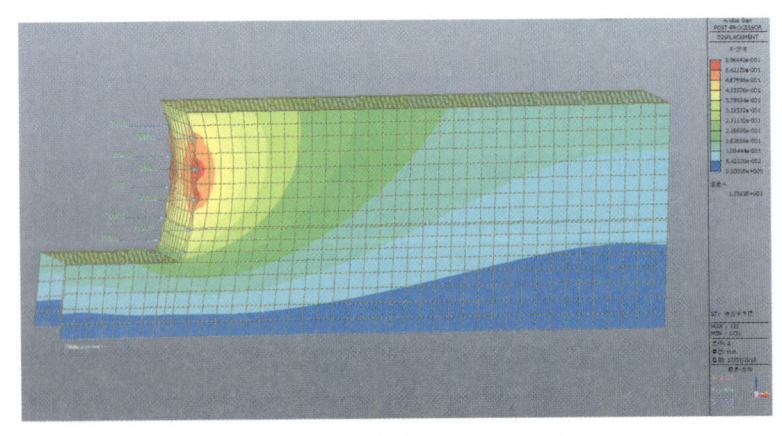

图 5.5-10　顶掘后背墙变形云图

5.6 小结

针对成都市砂卵石地层中的地下人行通道工程,首先通过工法比选确定了采用矩形盾构顶掘工法作为地下人行通道的施工方法;结合卵石冲击模型对前后刀盘卡卵石现象分析,确定了 8 刀盘同平面的布置型式;基于双螺旋输送机出渣土舱流场分析和 RBF 神经网络预测模型,建立了双螺旋自动控制系统,实现了双螺旋均衡出渣的实时控制;开展了矩形盾构管节的结构受力分析、结构配筋和连接设计,以及始发、接收井、洞门加固和后背墙的计算和结构设计,为矩形盾构顶掘工法的实施奠定了良好的基础。

第6章 矩形盾构顶掘施工技术

矩形盾构顶掘施工技术是使用矩形盾构及附属辅助设备,根据土压平衡掘进原理,通过控制设备顶掘参数,边开挖边支护,实现通道一次成型的现代化施工技术。矩形盾构顶掘方案包括:总体方案、顶掘施工加固方案、顶掘施工设备吊装方案、顶掘施工专项方案、顶掘施工泥浆方案、顶掘施工测量方案、顶掘施工监测方案。

6.1 矩形盾构顶掘施工总体方案

1. 矩形盾构顶掘总体方案实施流程

矩形盾构顶掘总体方案实施流程如图6.1-1所示。

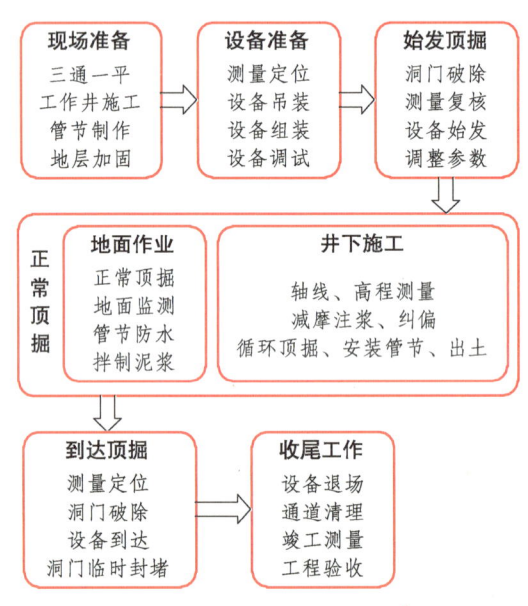

图 6.1-1 矩形盾构顶掘施工总体方案

2. 矩形盾构顶掘施工难点

(1)成都市人民南路地下人行通道上跨正在运营的成都地铁1号线,通道底板距地铁隧道顶板仅3.08 m。地铁左右双线隧道施工期间,对该段地层形成多次扰动,地层存在不均匀性和不稳定性,影响通道轴线精度控制。

(2)通道与地面之间存在自来水、雨水、污水、燃气、通信、电力等共计15条各类市政管线,其中污水管线距通道顶板仅0.6 m。由于市政管线众多,且地面交通繁忙,对施工安全控制提出了更高要求。

（3）通道上方断面范围内存在 2~3 m 厚的砂层，顶掘过程中需减小对该地层扰动，时刻注意该段顶掘过程螺旋输送机出渣情况及对地面沉降的影响。

（4）顶掘过程中要求人民南路路面无明显沉降，保证行车安全。

（5）在本工程之前砂卵石地层尚无矩形盾构工程案例可参考，且该工法是在成都高水位浅覆土砂卵石地质条件下的首次应用。

6.2 掘进加固方案

1. 通道上方地层加固

成都市人民南路地下人行通道工程地质勘察报告揭示通道正上方，即地面以下 3~5 m 范围内存在纯砂层，根据专家组论证，要求以地下人行通道轴线为中心轴线，南北侧 16 m 路面范围内横穿人民南路车行道时，需要进行地面注浆处理，强化砂层固结效果。砂层加固采用袖阀管注浆法，钻孔呈梅花形布置，孔间距 800 mm 为主，采用 1∶1 水泥浆。注浆加固完成后在路面上铺设 50 mm 厚钢板带，钢板与路面间设置棉毯，钢板带上焊接钢筋防滑条。

2. 始发、接收洞门上方地层加固

根据成都地区地层情况，参考成都地铁施工经验，采用降水工况下的大管棚+注浆加固的方式作为顶掘始发、到达的加固措施。

6.3 设备吊装方案

矩形盾构顶掘设备总质量超过 200 t，采用分体吊装。吊装前检查吊装区域的地基承载力，符合要求后方可进行吊装准备工作。为了避免受力不均，对吊车起吊位置满铺钢板。

矩形盾构顶掘设备组装和拆卸使用两台 350 t 汽车吊协作吊装，吊装半径为 12 m，4 点起吊，在设备两侧拴好牵引绳，经试吊确认安全后由专业指挥人员指挥起重机将设备缓缓下放或吊出至指定位置，下放或吊出过程中各点由专人监护，并配备对讲机进行实时沟通协调。

6.4 施工专项方案

6.4.1 始发顶掘

设备组装完成后，进行一次全面调试。确定设备运转情况良好后，在洞门破除、洞门止水密封装置安装完成后，顶进刀盘。

根据设备始发高程，在洞门钢环内填袋装砂，砂袋的顶标高略高于设备始发标高，确保设备进洞时不会产生"叩头"现象。设备就位时，可稍微将前盾适当提高，保持进洞时盾构顶掘设备稍微上扬的姿态。

接下来填舱建压，具体步骤如下：

（1）洞门填舱管设置：从洞门上方斜下向洞内钻孔，埋设外侧带阀门的钢管，孔口周边采用堵漏材料封堵。

（2）填舱黏土制作：使用砂浆搅拌机拌制，成分为水和膨润土，在拌制过程中添加适量聚合物溶液，增强填舱黏土的黏度，保证填舱效果。

（3）填舱建压：将拌制好的黏土通过洞门上方埋设的管道向舱内注入，进行填舱建压，同时根据设备压力传感器反馈的压力数值判断填舱情况，完全建压之后方可进行掘进施工。

顶掘中应注意以下事项：

（1）在洞门破除后，在掌子面进行水平注浆加固，注浆深入土体约10 m。

（2）在始发阶段，顶掘时采取低推力、低速度稳步匀速推进，可通过控制左右侧油缸推进行程差和侧向打土等方式纠偏。

（3）在基座轨道上涂抹油脂，可减少盾构顶掘推进阻力。

（4）在帘布橡胶板上涂抹油脂，可避免顶掘时刀具损坏洞门帘布橡胶板。

6.4.2 止退装置与防后退技术

顶掘中前端阻力很大，即便顶掘了较长里程后，在每次拼装管节时，仍会因顶推油缸回缩、顶推力缺失，导致刀盘前方正面土压力与管节周边摩擦阻力失衡，容易造成盾体和管节整体回退，使刀盘前方土体原有的土压平衡受到破坏，土体得不到稳定的支撑，引起土体坍塌及对应的地面沉陷，对地面交通和管线安全构成威胁。另外，管节后退也会导致洞门处止水装置受损。因此必须对已顶进管节进行临时固定，可在顶推油缸至洞门区间安装止退装置，保持管节和盾体稳定，防止后退。止退装置如图6.4-1和图6.4-2所示。

图 6.4-1 止退装置

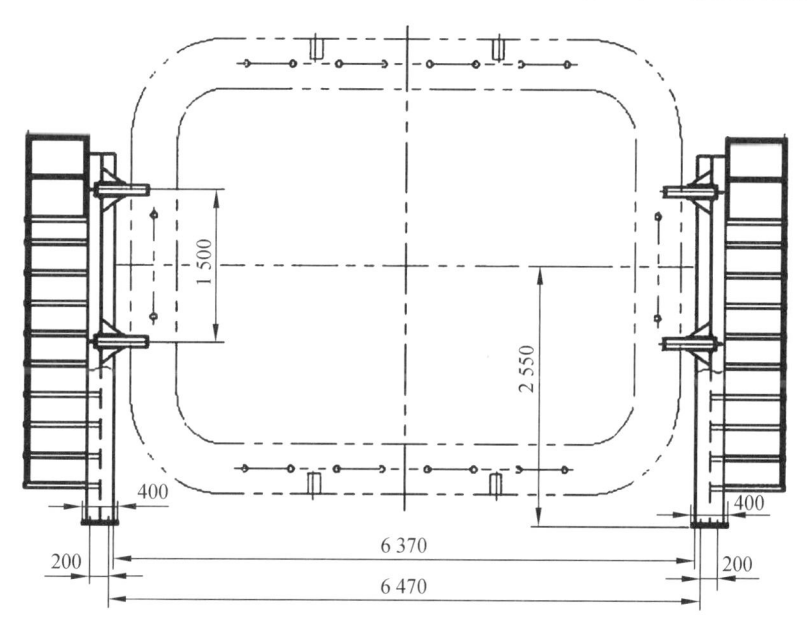

图 6.4-2　止退装置示意（单位：mm）

6.4.3　顶进推力设定及调整

1. 设备顶推力计算

设备顶推力计算主要需要考虑两大部分：管片与周围土体的摩擦阻力和盾构顶掘设备的迎面阻力。此外，还需要考虑一定的安全储备。具体的顶进推力及后背墙受力见本书第 5 章相关部分。

2. 顶掘推力调整方法

（1）计算值作为土压力的最初设定值，在实际顶掘过程中，通过顶掘参数、地面沉降监测，进行动态调整。

（2）精确统计出每节管节的出土量，验证理论出土量，分析偏差原因，采取有效对策，确保正面土体的相对稳定。

（3）根据实际情况对顶掘速度做出调整，并找出顶掘速度、正面土压力、出土量的最佳匹配值，以保证顶掘的质量和施工安全。

6.4.4　后背结构及中继间的设置

1. 后背结构的设置

为减少对道路交通的影响，避开市政管线，矩形盾构顶掘始发井部分及顶推装置在平面上将嵌入地下车库内，竖向布置位于地下车库负一层板面至负二层板面下约 1.1 m 的范围内。因矩形盾构顶掘设备生产周期较长，后背结构须先行实施，与地下车库建筑的主体结构同步实施，相互隔离。待后期顶掘施工完毕后再拆除后背结构，二期实施的地下车库主体结构通过后浇带与一期结构连接。

后背结构设计采用钢筋混凝土剪力墙结构，基础采用桩筏基础，后背结构设计最大承受能力为 2000 t，其平面、立面布置如图 6.4-3 和图 6.4-4 所示。

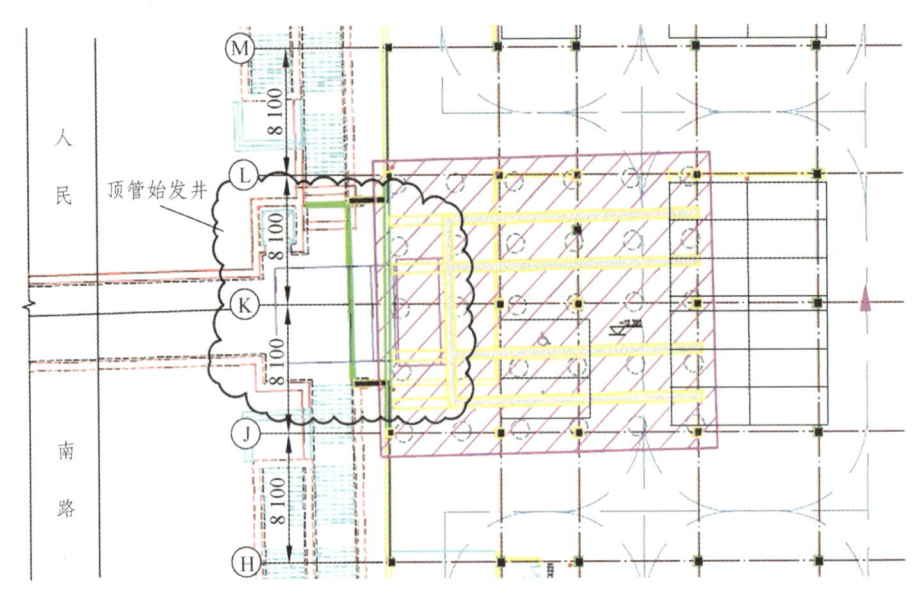

图 6.4-3 后背结构平面布置示意（单位：mm）

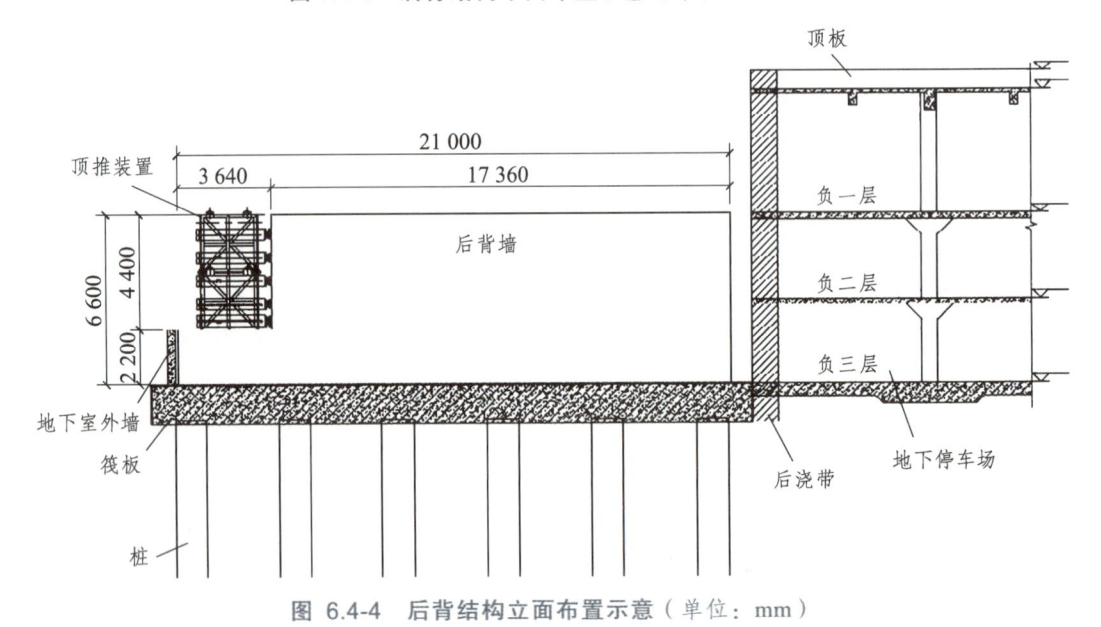

图 6.4-4 后背结构立面布置示意（单位：mm）

2. 中继间的设置

设计总推进力需求为 4000 t，后背结构设计最大承受能力为 2000 t，需要增加中继间，其中顶推装置顶力设计为 2000 t，中继间顶推力为 2000 t。

设计顶推力参考其他工程的岩土参数，土压平衡式矩形盾构顶掘非带水作业条件下在砂卵石地层中顶进，摩擦力较大，顶推力有可能不足，故配置一个中继间。

设计建议中继间距离主机的距离为

$$s = (20\,000/1.4 - 5400)/(3.14 \times 6.7 \times 20) = 22\ (\text{m})$$

即中继间安装在主机后 20 m 的位置，在实际施工过程中，当顶推力达到中继间设计顶力的 60%的时候，即须增加中继间，且根据成都地铁公司意见，中继间应尽量设置在两条地铁隧道之间。中继间缩紧状态时长度为 2.06 m，伸展状态时长度为 2.65 m，中继间的顶进或缩回操作应同刀盘掘进起停、始发井顶推的顶进及缩回操作实行联动，确保动作协调，力的传递可靠，使管节状态可控。中继间如图 6.4-5 所示。

图 6.4-5 中继间

6.4.5 顶掘速度、出土量控制

初始阶段不宜过快，一般控制在 5 ~ 10 mm/min。这个阶段还应掘进中。确定顶掘试验段，并总结盾构顶掘的施工相关参数，为后期正常顶掘提供依据。掘进中严格控制出土量，防止超挖或欠挖，正常情况下出土量控制在理论出土量的 98% ~ 102%。

盾构顶掘过程中，管内的出渣量要与顶进切削渣量相一致。出渣量大于顶进切削渣量，地面会沉降；出渣量小于顶进切削渣量，地面会隆起。必须控制出渣量与顶掘切削渣量大致一致，弱化对管节周围的土体的影响，才能体现矩形盾构顶掘工艺的优势。而要做到出渣量与切削渣量一致的关键是根据土层状况适时有效调整，严格控制土体切削力度、速度和范围，以及螺旋输送机出土控制，防止超量出渣。

穿越地层中段通道上部为细砂，下部为中密卵石，上软下硬，矩形盾构在掘进过程中容易偏离出现"抬头"现象，必须加强控制。采取措施如下：

（1）由于上下地层强度的差异，刀具磨损比较严重。根据土层的具体情况选定合理的掘进参数，更严格地控制矩形盾构顶掘机姿态，做到勤测勤纠，降低纠偏难度。

（2）随时监视系统掘削干砂量的异常变化，掘削干砂量参数过大，说明隧洞开挖面有坍塌，应采用相应的纠正措施，控制出土量，保持开挖面的稳定，防止出土量过大，路面出现坍塌现象。

（3）在掘进时控制好刀盘的正反转频率，保持矩形盾构顶掘机稳定，减小设备振动、防止产生超限扭转，使管节的受力稳定，确保通道的成形质量。

6.4.6 管节安装

管节安装前，需先粘贴弹性密封垫、鹰嘴形弹性密封止水圈，粘贴完成需放置一段时间后才能使用，管节吊装下井如图 6.4-6 所示。

为减小管节在推进时周围土体对管节的摩擦，减小推进过程中的摩阻力，在管节外侧全面涂刷精炼石蜡，能够有效地增加管节外表面的光滑度，减小推进的摩阻力。

当顶推油缸行程达到约 2.45 m 时，进行管节安装。安装时应确保管节与盾体处于同心同轴状态，管节相连在同一轴线，不应有夹角、偏转，受力面应均匀，防止局部集中受压破坏止水材料或局部脱空漏缝。

管节预制时，可在每节管节预埋设钢板，管节安装后在钢板上焊接牛腿架，并用全螺纹螺栓将两节管节间连接起来，以拉紧管节，保证整体性，见图 6.4-7。

图 6.4-6 管节吊装下井

图 6.4-7 管节紧固连接

6.4.7　正常顶掘

正常顶掘过程中应注意以下事项：

（1）通过初始阶段收集的数据和总结的经验调整优化顶掘参数。

（2）严格控制出土量，防止超挖或欠挖。出渣时安排专人测量每车渣泥体积。每节管节顶掘完成后，分析出渣量及打土量等是否存在异常情况，如有应及时采取补救措施。

（3）顶掘过程中严格控制顶掘速度，确保符合现场施工条件。

（4）在顶掘及间隙时，根据顶推力及推进速度情况，通过管节上预埋的减摩管注入减摩泥浆，有效降低顶推力。

（5）在顶掘过程中，根据刀盘扭矩情况，向刀盘前端注入改良泥浆及改良泡沫混合液，降低刀盘的工作扭矩。

（6）在顶掘过程中，每天至少进行 2 次实时测量地面沉降情况及顶掘设备姿态，根据地面沉降观测结果，有针对性地调整管节打土位置及打土方量；根据设备姿态，进行针对性地打土纠偏处理。

（7）在顶掘过程及间隙中，向顶掘设备土舱内打土保压，通过设备前端隔板螺旋输送机上方的预留管位打土，改善土舱内卵石渣土的状态，利于渣泥的排出，有效减少螺旋输送机的卡顿情况。

6.4.8　到达顶掘

到达顶掘应注意以下事项：

（1）到达距接收井 6 m 时，停止对第一节管节打土注浆，并在之后的顶掘中逐渐后移打土位置，保证盾构顶掘到达前形成 6 m 左右的完好土塞，避免在出洞过程中减摩泥浆的大量流失而造成管节周边摩阻力骤然上升。

（2）在设备切口进入接收井洞口加固区域时，应适当减慢顶进速度，调整出土量，逐渐减小刀盘正面土压力，以确保盾构顶掘设备完好和洞口结构稳定。

（3）出洞前，应在接收井内预先搭设接收基座。接收基座的具体高程根据洞门位置和设备姿态计算确定，以保证设备顺利驶入接收架，并且不产生大的落差。

（4）顶掘设备推进至接收井内，盾体推进长度根据现场吊装需要决定，保证满足分段吊装出井需要。

6.4.9　管节预应力连接

成都市人民南路地下人行通道工程邻近地铁隧道，为避免后期地铁运营对本工程的不利影响，管节采用后张法预应力连接。管节及中继间上预留有 20 个纵向贯通的预应力孔道，通道施工完成后穿入预应力钢绞线，每孔 3 束，由两端施加每孔 45 kN 的预应力，加强通道的整体性，以克服后期地铁运营振动带来的不利影响。预应力张拉完成后，采用堵漏剂将始发井、接收井、中继间前后侧的张拉孔洞封堵，同时预留铝塑管，向张拉孔道内压入超细水泥浆充填。

6.5 施工测量方案

测量工作是矩形盾构顶掘施工的重要组成部分，为工程施工提供准确的定位信息，实时监控量测施工过程中地面、隧道相关变化量及周围构筑物、管线等的影响变化，为工程施工提供必要的测量数据，根据测量数据适当调整掘进参数、掘进速度和相关施工应对措施，确保隧道顺利、准确、安全地贯通。

矩形盾构顶掘工程施工测量的施测环境和条件复杂，要求的施测精度又相当高，必须精心地施测并整理成果，工程测量成果必须符合相关规范的要求。

6.5.1 施工首级测量控制网的检测

施工首级控制网是隧道贯通、保证隧道轴线的依据，由于受施工、环境、地基沉降及其他外界因素等影响，这些点有可能发生变化，为满足矩形盾构顶掘施工的需要，对首级平面高级控制点构成的一条附合导线，精密水准点构成的一条闭合水准路线，进行周期性复测，检测限差如表 6.5-1 所示。

表 6.5-1 检测限差

相邻点夹角检测限差	相邻点边长检测	相邻高程控制点检测
边长大于 1 km 为 4″ 小于 1 km 为 8″	相邻精度优于 1/90 000	检测高差不符值 $<\pm4\sqrt{L}$ mm

注：① 平面控制点及高程控制点进行复核后，向监理单位提交复核成果资料。
② L 为线路长，单位为 km。

6.5.2 施工控制网的加密测量

施工首级控制网在检测满足精度后，可作为矩形盾构顶掘隧道施工测量的依据，然后进行施工控制网的加密，保证日后的施工测量及隧道贯通测量能顺利进行。施工控制网的加密分两方面内容：

1. 施工平面控制网加密测量

通常地面精密导线的密度及数量都不能满足施工测量的要求，因此根据现场的实际情况，进一步进行施工控制网的加密，以满足施工放样、竖井联系测量、隧道贯通测量的需要。平面控制测量要求见表 6.5-2。

表 6.5-2　平面控制测量要求

平均边长/m	导线总长度/km	每边测距中误差/mm	测距相对中误差	测角中误差	测回数	角度闭合差	全长相对闭合差	相邻点点位中误差/mm
350	3~5	±4	1/60 000	±2.5	6	$5\sqrt{M}$	1/35 000	±8

备注：L 为导线的角度个数。

2. 施工高程控制网加密测量

根据实际情况将高程控制点引入施工现场，并沿线路走向加密高程控制点。水准基点（高程控制点）必须布设在沉降影响区域外且保证稳定。精密水准测量观测的视线长度、视距差、视线高的要求按城市二等精度施测，水准测量采用精密水准测量方法的精度要求进行施测。测段间往返观测。视线长度不大于 50 m，前后视距差不大于 1 m，累计前后视距差不大于 3 m，严格按照规范规定操作，水准测量要求见表 6.5-3。

表 6.5-3　水准测量要求

每千米高差中数中误差/mm		附合水准线路平均长度/km	水准仪等级	水准尺	观测次数		往返较差、附合或环闭合差/mm	
偶然中误差	全中误差				与已知点联测	附合或环线	平坦地	
±2	±4	2~4	DS1	铟瓦	往返各 1 次		±8$\sqrt{L}$	±2$\sqrt{N}$

备注：L 为往返测段、附合或环线的线路长度（以 km 计），N 为单程的测站数。

6.5.3　联系测量

联系测量是一项综合测量工作，它是将地面坐标、方位和高程传递到地下隧道，作为地下控制测量起算数据的一组测量工作的统称，是实现地下隧道工程贯通控制的核心与关键。为提高地下控制测量精度，保证隧道准确贯通，应根据工程施工进度，进行多次复测，复测次数应随隧道掘进距离增加而增加。在本工程中，在隧道掘进 10 m、隧道总长度的 1/2、距贯通前 10~15 m 处分别进行一次定向和导入高程的测量工作，根据实测情况可相应地加大测量频率。

1. 竖井定向测量

导线直接传递法是导线测量方法将坐标和方位直接传递到地下或隧道内的联系测量方法，此方法工作量小、精度高且简单易行，在具备条件时应用较多。导线直接传递坐标进行联系测量，常用的方法是在矩形盾构顶掘机始发井口并能与地下一层顶板吊点通视设定强制对中观测墩，一层顶板吊点采用钢架制作，用膨胀螺栓固定在一层顶板上，再用快速水泥将固定点进行加固处理。观测方法是采用检定合格的全站仪进行角度距离观测，对点方式采用强制对中精密光学对中棱镜对中，对中轴系误差应小于 0.5 mm。作业前首先要对全站仪各项检验项目进行测定、校准，对精密光学对中棱镜进行精密检校，检校合格后方能使用。观测方法是采用"测回法"左右角各观测3测回，测回间较差应小于2″，距离往返观测各3组，往返不符值应小于2 mm。

从地面向地下，采用导线测量的方法进行定向，其垂直角以小于30°进行控制，方向传递精度≤±2″，坐标传递精度≤±2 mm。

2. 高程传递测量

高程测量控制，通过竖井采用长钢卷尺导入法把高程传递至井下，向地下传递高程的次数，与坐标传递同步进行。先做趋近水准测量，再做竖井高程传递，经竖井传递高程采用悬吊钢尺（经检定后），井上和井下2台水准仪同时观测读数，变动仪器高，施测3次，经温度尺长改正后，高差较差不大于3 mm时，取平均值使用。

地下施工高程测量控制点采用苏光 DSZ$_2$ 水准仪配套 FS1 平板测微器及钢钢水准尺进行放样、复测，往返限差满足≤±8$\sqrt{L}$ mm（L 以 km 计）。对地下临时加密水准点可采用 DSZ$_2$ 普通水准仪和 5 m 塔尺进行往返观测，其闭合差应在 ±20$\sqrt{L}$ mm（L 以 km 计）之内。

6.5.4 施工放样测量

施工中的测量控制采用极坐标法进行施测。为了加强放样点的检核条件，可用另外2个已知导线点作起算数据，用同样方法来检测放样点正确与否，或利用全站仪的坐标实测功能，用另两个已知导线点来实测放样点的坐标，放样点理论坐标与检测后的实测坐标 X、Y 值相差均在 ±3 mm 以内，可用这些放样点指导隧道施工。

6.5.5 矩形盾构顶掘施工测量

1. 矩形盾构顶掘机始发测量

（1）矩形盾构顶掘机始发设施的定位测量，包括矩形盾构顶掘导轨及反力架的安装测量。矩形盾构顶掘中心坡度与隧道设计轴线坡度应保持一致。考虑隧道后期沉降因素，矩形盾构顶掘中心轴线应比设计轴线抬高 5~10 mm，反力架左右偏差控制在 ±10 mm 以内，高程偏差控制在 ±5 mm 之内。

（2）矩形盾构顶掘机内参考点复测，指矩形盾构顶掘机组装调试完成后，应进行的测量工作。其主要测量工作应包括矩形盾构顶掘机切口环与盾尾三维坐标的确定。

（3）自动测量导向系统的正确性与精度复核，主要对导向系统中的仪器和棱镜位置测量。

（4）矩形盾构顶掘机始发位置及出、进洞门测量

① 在矩形盾构顶掘机就位前，应精确测量预留出洞门的三维坐标，并与设计值比较，洞门直径至少测量水平和垂直两个方向。若实测洞门的偏移量超过规范要求，须报设计单位予以确认、回复，以便对矩形盾构顶掘机位置做适当调整。

② 在精确测定洞门的三维坐标后，需要确定矩形盾构顶掘进、出洞的轴线，定出矩形盾构顶掘始发位置。

2. 日常掘进测量

（1）矩形盾构顶掘机姿态测量。

矩形盾构顶掘姿态测量是实时测量矩形盾构顶掘机的现有状态，及时指导矩形盾构顶掘机纠偏。用于本工程的矩形盾构顶掘机，配置了姿态自动测量系统，这将大大减少测量工作量。矩形盾构顶掘机掘进时姿态测量应包括其与线路中线的平面偏离、高程偏离、纵向坡度、横向旋转和切口里程的测量，详见表6.5-4。

表 6.5-4　矩形盾构顶掘机掘进时姿态测量要求

测量项目	允许误差
纵向坡度	±1‰
切口里程	±10 mm
横向旋转角	±3″
平面/高程偏离值	±50/25 mm
里程偏离值	400～800 mm

（2）矩形盾构顶掘机尺寸测量。

矩形盾构顶掘机拼装验收，应进行矩形盾构顶掘纵向轴线和径向轴线测量，其主要测量内容包括：刀口、机头与机尾连接中心、盾尾之间的长度测量；矩形盾构顶掘机外壳长度测量；矩形盾构顶掘机切口、盾尾和支承环的直径测量。

（3）人工测量矩形盾构顶掘姿态。

人工测量是考虑到矩形盾构顶掘过程中不可避免会产生误差，为自动测量导向系统做定期的复核，确保矩形盾构顶掘姿态的准确性。

我们在矩形盾构顶掘机的内部设置9个特征点，见图6.5-1，测出其空间相对位置关系，利用多个参考点与轴线的几何关系，经精确计算得出矩形盾构顶掘转角、矩形盾构顶掘坡度、矩形盾构顶掘中心高程，然后推算出矩形盾构顶掘切口及盾尾中心偏差值，从而根据矩形盾构顶掘姿态相应调整矩形盾构顶掘机的各施工参数。

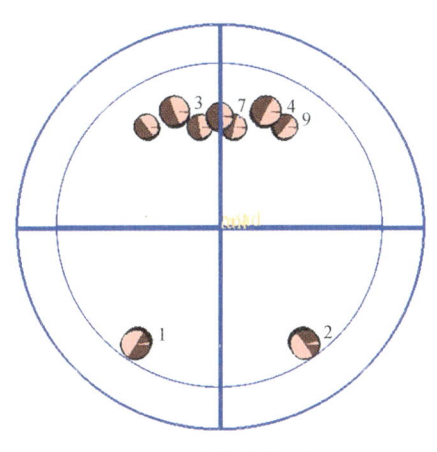

图 6.5-1　参考点相对位置

（4）自动测量矩形盾构顶掘姿态系统。

MTG-M 自动导向系统（图 6.5-2）将计算机、自动测量、传感器、激光、数据通信等自动化技术集成于一体，能实时获取顶掘机位置相对于隧道设计中心线的偏差及其姿态，为顶掘施工严格按照设计路线推进提供重要指示信息，能保证隧道施工的质量及贯通的准确度。

MTG-M 自动导向系统是在地面控制室采用一台计算机监控地下盾构顶掘机的状态，地下部分由 MTL 激光靶、激光经纬仪、行程传感器、电台通信设备和控制设备组成。整个导向系统每 5 s 测量一次姿态，系统软件通过计算分析激光照射在激光靶的实时位置，将盾构顶掘机的实时姿态反映在操作台的界面上，让操作手能够及时了解、掌握盾构顶掘机的姿态情况，从而进行相应的纠偏操作。

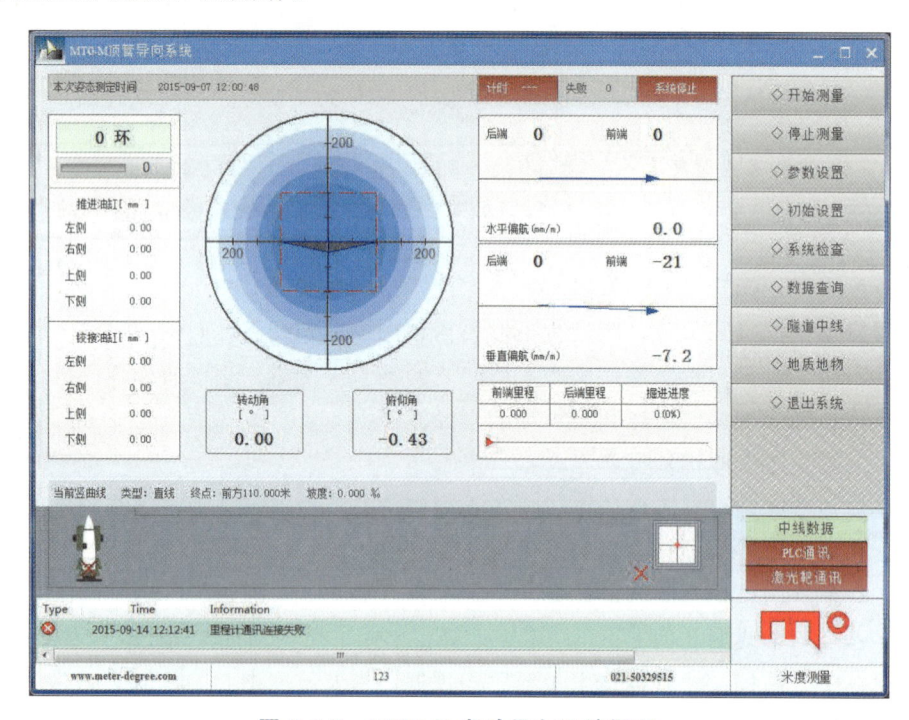

图 6.5-2　MTG-M 自动导向系统界面

3. 矩形盾构顶掘到达测量

在矩形盾构顶掘机到达前要系统地对顶掘轴线进行一次全面精确的复测，并以此严格控制矩形盾构机到达段的顶掘参数。由于管节出盾尾时要受到很大的弯曲应力，到达时应尽量使矩形盾构顶掘机保持头高尾低的姿态，使管节受到的弯曲应力尽量小。

6.5.6　隧道竣工测量

1. 隧道轴线检测

隧道轴线检测是以施工控制导线点为依据，利用区间施工控制中线点组成附合导线。轴线点的间距每 5 m 检测一次。中线点组成的导线为采用全站仪，左、右角各测一个测回，左右角平均值之和与 360° 的较差应小于 4″，测距往返观测各二测回。

2. 隧道净空断面测量

隧道净空断面测量是以测定的中线点为依据，直线段每 5 m 间距测量隧道结构横断面，结构断面可采用全站仪进行施测。

6.6 掘进减摩技术

在顶掘过程中，在管节与砂卵石地层间形成整圈泥浆膜，能降低管节与周围土体的摩擦力，减小推进阻力，有效降低顶推力。减摩泥浆通过减摩泥浆系统管道连接至各管节减摩注浆孔，管节减摩注浆孔外侧设置有止回阀，防止减摩泥浆回流。由于砂卵石地层孔隙率大，触变泥浆容易流失，影响减摩效果，在掘进施工时需做到随时补注以保证减摩效果。

（1）钢筋混凝土预制管节设置若干个减摩注浆孔，在顶掘过程及间隙，压注减摩泥浆，在管节外形成整圈泥浆膜，以降低管节与周围土体间的摩擦力，减少顶进阻力。

（2）减摩泥浆性能指标：配制的减摩泥浆要求不失水、不沉淀、不固结，既要有良好的流动性，又要有一定的稠度。减摩浆液主要成分为膨润土、纯碱以及 CMC 等，采用泥浆搅拌机拌制，要求充分搅拌均匀。浆液配制完成后应进行检测，其密度、黏度、pH 等指标应满足实际需要。配制好的泥浆应存放一定时间，使其膨化后方可使用。

（3）减摩泥浆注入原则与注入量：矩形盾构顶掘时注浆要及时，确保形成完整、有效的泥浆套，必须遵循"先注后顶、随顶随注、及时补浆"的原则。管节上的注浆孔供补注浆用，补注浆的次数及注浆量需根据施工时的具体情况而定，通过管节上预埋的注浆孔压注触变泥浆填充管道的外周空隙，可以减少地层流失，控制地面沉降，减少顶进阻力。

顶掘施工中，减摩泥浆的用量主要取决于管道周围间隙的大小及周围砂卵石的变化情况。由于砂卵石地层泥浆的流失量大及地下水等的作用，泥浆的实际用量一般取理论值的 3～5 倍，在施工中还需根据土质情况、顶进状况等做适当的调整。

6.7 渣土改良技术

6.7.1 渣土改良系统

改良系统在顶掘施工过程中，针对砂卵石流动性差、地层覆土浅等特点，制订了下部使用泡沫剂改良、上部使用泥浆改良的改良方式。这种改良方式不仅能够改良渣土状态保证出渣顺畅，有效控制刀盘扭矩，同时对地面没有影响，不会发生泡沫因为压力过大侵入地面，影响地面交通。

（1）矩形盾构顶掘机刀盘面设置改良泥浆及改良泡沫剂注入孔，从前盾刀盘面注入改良泥浆及泡沫剂。

（2）改良泥浆性能指标：改良浆液要求不失水、不沉淀、不固结，具有良好的流动性。所用改良浆液主要成分为膨润土、纯碱以及CMC等，浆液配制完成后应进行检测，其密度、黏度、pH等指标应满足实际需要。配制好的泥浆应存放一定时间，使其膨化后方可使用。

（3）泡沫剂选择：根据砂卵石地层特性，结合各泡沫剂厂家的材料样品，经过多次实验配制了针对性的不同比例泡沫剂液样，综合比较后，选定了适用的泡沫剂生产厂家、相应品牌及型号。

6.7.2 渣土改良剂试验

成都市三环路地下通道项目的渣土改良最初是按照国内其他传统砂卵石地层的地质参数进行配制设计，但由于成都市砂卵石地层的卵石含量和粒径均大于国内其他砂卵石地层，改良泥浆无法将卵石进行有效包裹，造成渣土改良效果不佳，经改良后的卵石土流塑性低，无法满足实际施工要求，从而导致施工效率低、施工进度缓慢。因此，项目针对矩形顶掘施工穿越的成都市三环路砂卵石地层土体颗粒级配差、黏聚性差和摩擦力大的特点，通过试验确定渣土改良泥浆和泡沫剂配比，从而提高渣土流塑性，减少地层原状卵石土对刀盘和螺旋输送机的磨损，确保顶掘施工正常进行。

1. 试验原材料和仪器

试验使用的砂卵石土体取自矩形顶掘施工现场，如图6.7-1所示。

图 6.7-1 施工现场取出的砂卵石土体

试验仪器包括：砂浆搅拌机（图6.7-2）、水泥胶砂流动度测定仪（图6.7-3）、高速搅拌器（图6.7-4）、量筒、烧杯等。

图 6.7-2　砂浆搅拌机

图 6.7-3　水泥胶砂流动度测定仪

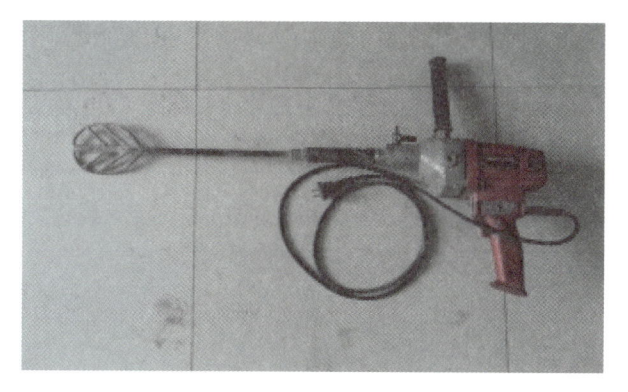

图 6.7-4　高速搅拌器

2. 泡沫剂改良研究

（1）泡沫的制备。

针对砂卵石地层土样，在进行发泡时，将泡沫剂原液配制成浓度为 2.5% 的溶液，发泡倍数设定为 12 倍，即用量筒量取 975 mL 水，放入容积为 25 L 的空桶内，随后加入 25 mL 泡沫剂，用高速搅拌器进行搅拌，当泡沫的体积发至 12 L 的刻度线时停止发泡，发好的泡沫如图 6.7-5 所示。

图 6.7-5　发好的泡沫

（2）改良效果。

将改良前的砂卵石土体装入放置于流动度测定台上的截锥圆模内，提起圆模，土体呈自然堆积状，振动台振动 25 次后，土体呈分散状，如图 6.7-6 所示。

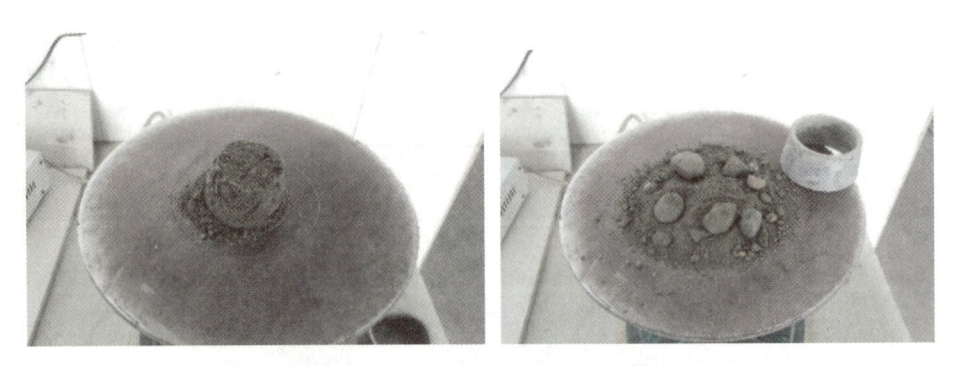

图 6.7-6　改良前的砂卵石土体

取 1 L 土样放入砂浆搅拌机中，加入 1 L 泡沫，搅拌 1 min 后观察土体改良的情况，如图 6.7-7 所示。

图 6.7-7　泡沫的添加和砂卵石土体的改良

将 500 mL 改良后的砂卵石土体放入量杯中，倒置于振动台，提起量杯土体均匀下沉，振动台振动 25 次后土体均匀扩散，在扩散过程中保持良好的黏聚性和均匀性，如图 6.7-8 所示。

图 6.7-8　改良后的砂卵石土体

从上述试验结果得出，泡沫剂掺量为 2.5%，发泡倍数为 12 倍，注入率为 100%时能够对土体进行有效改良。改良后的砂卵石土体具有良好的均匀性，粗细颗粒在泡沫的作用下分布均匀，在振动情况下呈现出良好的黏聚性，整体流塑性得到很大改善。这将有利于刀盘的切削和螺旋输送机的运输，同时能够减少对刀盘和螺旋输送机的磨损。

3. 膨润土泥浆改良研究

（1）膨润土泥浆配制。

用量筒量取 1 L 水，按照一定的配合比例向水中加入钠基膨润土，均匀搅拌 5 min 之后静置膨化 12 h。根据试验需求配制出不同配比的膨润土浆液，如图 6.7-9 所示。

图 6.7-9 膨润土的配制

（2）改良效果。

从施工现场取回体积为 5 L 的砂卵石土，将这些土平均分成 5 份加入预先配制的膨润土泥浆中充分搅拌 5 min，然后将这 5 份经过改良的砂卵石土体放到振动台上振动 25 次，根据土体的黏聚性和均匀性，判断膨润土泥浆对砂卵石土体的改良效果，选出适合砂卵石地层渣土改良的膨润土泥浆配合比。

根据施工现场技术人员观察对比后发现 7%的膨润土泥浆改良效果比较理想，土体流塑性较好。

4. 改良后土体坍落度测定

（1）泡沫剂改良土体坍落度测定。

将经过改良的砂卵石土分 3 次填满坍落度桶，每次填装后都要用捣锤沿桶壁均匀由外向内击 25 下并捣实抹平。用桶高减去坍落后土体最高点的高度得到坍落度值（图 6.7-10），多次测定取平均值，具体测定结果见表 6.7-1。

表 6.7-1 泡沫剂改良砂卵石土体坍落度测定结果

测定次数	第一次	第二次	第三次	第四次	第五次
坍落度/mm	123	145	116	125	132
坍落度平均值/mm	128.2				

（2）膨润土泥浆改良土体坍落度测定。

膨润土泥浆改良土体坍落度测定方法同上，测试现场如图 6.7-11 所示，坍落度测定值见表 6.7-2。

图 6.7-10　泡沫剂改良土体坍落度测定　　图 6.7-11　膨润土泥浆改良土体坍落度测定

表 6.7-2　膨润土泥浆改良砂卵石土体坍落度测定结果

测定次数	第一次	第二次	第三次	第四次	第五次
坍落度/mm	133	156	138	140	154
坍落度平均值/mm	144.2					

5. 实验结论

试验数据表明，经过上述配合比的泡沫剂改良后的砂卵石土体坍落度范围为 116～145 mm，放置在振动台经过 25 次振动后能够表现出良好的黏聚性和均匀性，初步证明这种泡沫剂能够较好地改良本地段的砂卵石土体，提高渣土流塑性。7%的钠基膨润土泥浆改良后的砂卵石土体坍落度范围为 133～156 mm，膨润土泥浆能够把卵石和砂良好地结合在一起，通过发挥膨润土自身胶质润滑的特点，提高了砂卵石土体的黏滞性和流动性，在掘进过程中有效改善螺旋输送机的工作环境使渣土顺利排出，防止螺旋输送机出现堵塞现象。

6.7.3　渣土改良应用效果分析

1. 从刀盘和螺旋输送机扭矩角度分析

本工程在顶掘过程中，采用向上部刀盘注入膨润土泥浆，下部刀盘注入泡沫剂的方法进行土体改良，通道正式贯通之后统计分析整个施工过程中刀盘扭矩的变化，具体数据见表 6.7-3。

表 6.7-3　正常掘进过程中刀盘扭矩情况

刀盘编号	1	2	3	4	5	6
最大扭矩/(kN·m)	253.0	371.0	265.0	380.0	110.0	202.0
额定扭矩/(kN·m)	472.5	472.5	472.5	472.5	168.5	247.0

从表 6.7-3 中数据可以看出，刀盘最大扭矩均未超出额定值，并且在掘进过程中螺旋输送机正常出渣时扭矩范围为 13～50 kN·m，小于额定值 72 kN·m。

由此可以判断泡沫剂和膨润土浆液对掌子面的砂卵石土体改良取得了良好的效果，有效降低了刀盘及螺旋输送机扭矩，保证了开挖掌子面的稳定，未造成刀盘及螺旋输送机因扭矩过大而卡停，影响正常掘进的现象。

2. 从实际排渣角度分析

在正常掘进过程中，提高螺旋输送机排渣效率在一定程度上能够缩短掘进时间、节约成本，螺旋输送机排渣是否顺畅是检验渣土改良效果的一项重要内容，本工程在施工过程中实际出渣情况如图 6.7-12 所示。

图 6.7-12　正常掘进过程中螺旋输送机出渣情况

从图 6.7-12 中可以看出，经过改良的渣土流塑性良好，能够从螺旋输送机排渣口顺利排出，没有造成螺旋输送机堵塞而影响正常掘进，进一步说明了泡沫剂和膨润土泥浆对砂卵石土体的改良取得了较为理想的效果。

6.8　黏土系统

黏土系统的主要作用：在顶掘前进行填舱建压；在掘进中有效改良螺旋输送机口渣土的

状态，利于螺旋输送机对渣土的排出；在掘进中向管节上方注入黏土，对上方土体形成有效的支撑，减小上方地面的沉降，同时减小管节推进中的摩擦阻力，由于砂卵石地层间隙大，根据压力情况随时补注；在掘进中向管节外侧注入黏土增大单侧压力对掘进姿态进行调整，达到纠偏的效果；因为配制的黏土比重较大，具有一定的承载力，在掘进间隙通过向土舱注入黏土，达到保压的效果。黏土系统通过黏土系统管道连接洞门填舱管、管节上置换注浆孔，及盾体前端的隔板管位，达到同时多点位输送黏土的功能。

（1）在矩形盾构顶掘间隙期间，从设备前盾隔板上的管位向土舱内注入黏土进行舱内压力平衡保压；在矩形盾构顶掘期间，从设备前盾隔板螺旋输送机进口上方的管位向土舱内注入黏土改变螺旋输送机口渣土的状态，利于螺旋输送机对卵石等的排出。根据地面沉降观测情况，在管节对应位置的置换注浆孔进行打土，填充管节与周围土体间的空隙，对上方地面形成有效的支撑，避免地面出现影响道路通行的较大沉陷等。在矩形盾构顶掘过程中，根据导向系统对姿态的实时反应，通过相对应的置换注浆孔打黏土的方式对机头及管节进行纠偏。从洞门填舱管注入黏土，在洞门位置对减摩泥浆形成有效密封，防止减摩泥浆漏浆。

（2）黏土性能指标：盾构顶掘施工要求配制的黏土能够在砂卵石地层中不失水、不沉淀、不固结，要求其具有较好的流动性和塑性。黏土主要成分为膨润土、水、适量高分子聚合物，根据地层变化情况调整配合比。

6.9 小　结

本章简要介绍了矩形盾构顶掘施工的总体实施流程与施工重难点；设计了顶掘施工通道及始发接收上方的地层加固方案；形成了顶掘施工设备吊装、始发顶掘、止退装置与防后退、后背结构及中继间设置、管节安装、顶进推力设定、正常顶掘、到达顶掘、管节预应力连接、掘进减摩、施工测量和黏土系统等施工工序及关键技术；开展了泡沫剂、膨润土配比和渣土改良试验研究，提出了上部刀盘注入膨润土泥浆，下部刀盘注入泡沫剂的渣土改良工艺和相应的配比。依托成都砂卵石地层中三个矩形盾构顶掘工法的成功实践，为成都地区地下工程施工提供了一个新的解决方案。

第 7 章 矩形盾构机优化改造

在施工前和施工过程中，结合成都的地质情况和施工中反馈的情况，对刀盘结构、刀盘驱动、螺旋输送机及保压密封装置进行了改造。

7.1 刀盘结构优化改造

7.1.1 刀盘结构优化改造原因

成都市砂卵石地层的矩形顶掘机刀盘最初是按照国内其他传统砂卵石地层进行设计的，刀盘开口率仅为 40%～60%，相邻刀盘之间的空隙较小，而成都市砂卵石地层卵石含量超过 70%，卵石含量和粒径均大于国内其他地区的砂卵石地层，实际施工过程中，大量卵石土会将刀盘间的空隙填满并将刀盘包封住，造成刀盘无法正常转动、渣土无法正常进入土舱。

在实际施工过程中，大量致密的卵石土常常将刀盘完全包封住，刀盘刚开启转动就会因为电流过载而卡停，造成顶掘施工频繁中断；而矩形盾构机刀盘材质特殊且为厂内整体制造，如果频繁强行转动刀盘，可能会造成刀盘局部断裂，无法正常转动，后续无法进行施工等问题。因此，顶掘施工过程中一旦出现刀盘无法转动的情况，就要安排专业人员通过检修孔进入土舱中，使用专用工具将刀盘上的卵石土清理干净，刀盘方能正常转动，但人民南路地下存在约 1 m 厚的砂层，掌子面极易坍塌，人员进舱前需要临时加固掌子面，确保掌子面稳定后才能进行后续清理工作，每次清理刀盘需要花费大约 2 d 时间，对施工进度影响很大。

针对刀盘被卵石土包封的问题，咨询了许多盾构设备专家，并与盾构设备制造商共同研究、查阅成都地铁盾构施工相关资料后发现，成都地铁所用盾构机只有 1 个开挖刀盘，其设计额定扭矩比矩形顶掘机刀盘额定扭矩大，刀盘因卵石土包封而卡停的现象并不多见，但隧道贯通后会发现大量卵石土附着在刀盘上，实际上增加了盾构施工过程中刀盘负载。

为解决底部刀盘包封的问题、提高矩形盾构机对成都市砂卵石地层的适应性，提高三环路扩能提升工程主体一标段地下通道施工进度，在顶掘施工开始之前对底部刀盘结构进行了优化改造。

7.1.2 刀盘有限元分析

矩形顶管机刀盘共计 8 个，其中 4 个刀盘的开挖直径为 2200 mm，4 个刀盘的开挖直径为 1630 mm，每个刀盘结构有 4 个辐条，辐条之间用斜支撑加强。刀盘制作材料为 Q345B，屈服强度 295 MPa，弹性模量 $E = 201$ GPa，横向变形系数 $\mu = 0.3$。图 7.1-1 分别为刀盘的正面视图和背面视图。

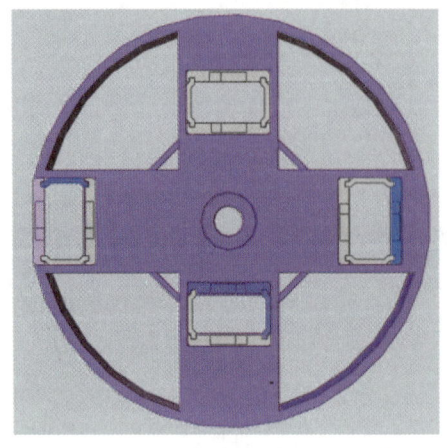

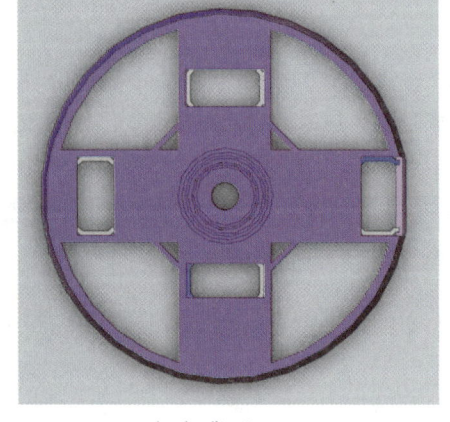

（a）正面　　　　　　　　　　（b）背面

图 7.1-1　刀盘结构正面与背面

成都砂卵石地层工业性试验过程中，刀盘前方改良效果不好，渣土流动性差，大量原状土封住刀盘开口，造成切削下的渣土不能顺利进入土舱，增加了刀盘前部切削扭矩。为此，实际施工中，在洞内将 6 号刀盘的大圆环全部割除，2、4 号刀盘的大圆环对称割除，以增加掌子面的渣土流动性，减少摩擦力矩，改造后的刀盘如图 7.1-2 所示。

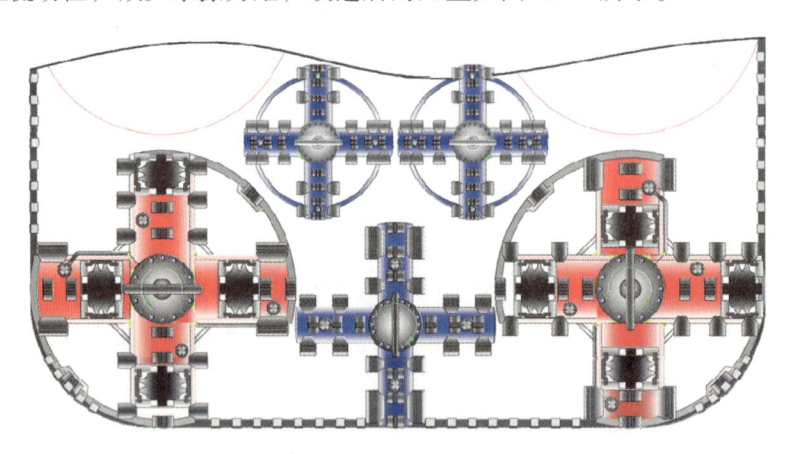

图 7.1-2　2、4、6 号刀盘改造图

1. 计算模型

成都矩形盾构机刀盘的主要受力刀具为分布在辐条上的切刀以及位于刀箱中的滚刀，切刀及鱼尾刀刀体材料采用 Q345B，并进行表面淬火处理，强度大于刀盘主体材料，不易发生强度破坏。滚刀计算时将滚刀刀箱与辐条简化为一体。

2. 刀盘边界条件处理

刀盘承受的轴向推力为前方土体传递过来的土压力，此土压力值在静止土压力、被动土压力、主动土压力之间相互转换，根据顶管机设计规范，一般取土压力值为 50 t/m²，以均布荷载方式施加于辐条面板上；刀盘承受最大扭矩取主驱动额定扭矩 472.5 kN·m，作用在整个面板上；约束刀盘筒体圆环内表面全部自由度，刀盘边界条件如图 7.1-3 所示。

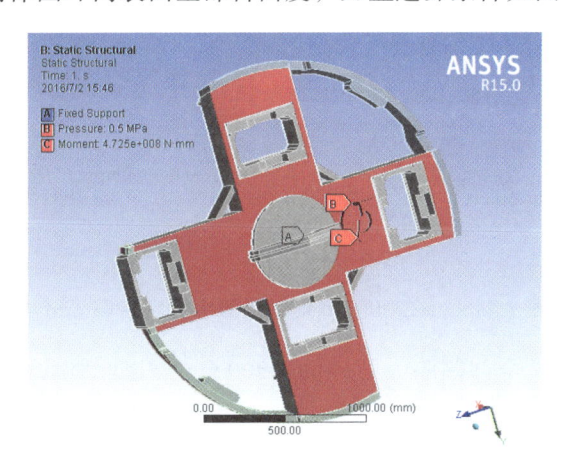

图 7.1-3　刀盘施加边界条件

3. 计算结果

（1）ϕ2 200 mm 刀盘改造分析

图 7.1-4（a）所示是未割除大圆环的 ϕ2200 mm 刀盘的 Mises 等效应力 σ_e，最大值为 222.84 MPa，材料的屈服应力为 295 MPa，刀盘的设计满足强度要求。图 7.1-4（b）所示是未割除大圆环的 ϕ2200 mm 刀盘位移，最大综合位移为 1.100 5 mm，其变形量为 0.050 2%，刀盘的设计满足刚度要求。

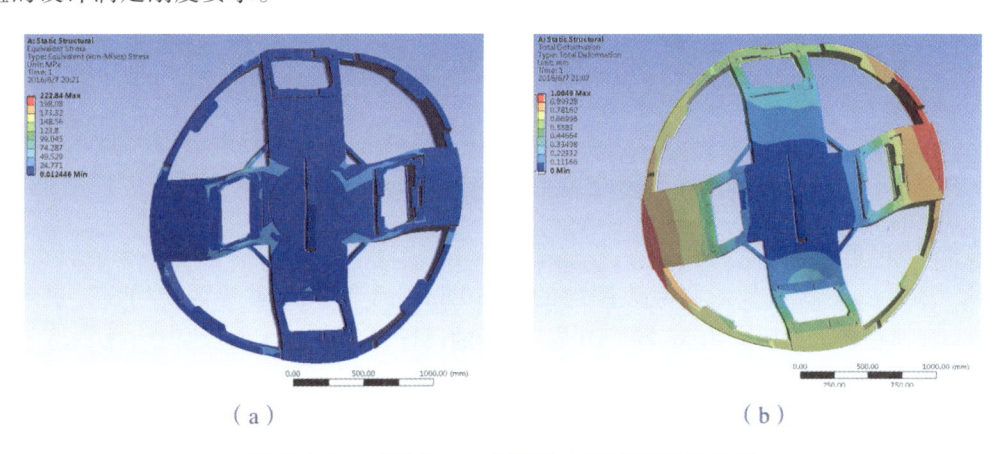

（a）　　　　　　　　　　　　　　（b）

图 7.1-4　ϕ2200 mm 未割除大圆环有限元分析

图 7.1-5（a）所示是对称割除大圆环的 ϕ2200 mm 刀盘的 Mises 等效应力 σ_e，最大值为 238.24 MPa，材料的屈服应力为 295 MPa，刀盘改造后满足强度要求。图 7.1-5（b）所示是对称割除大圆环的 ϕ2200 mm 刀盘位移，最大综合位移为 1.100 5 mm，其变形量为 0.055 1%，刀盘改造后满足刚度要求。

（a）　　　　　　　　　　　　　　　（b）

图 7.1-5　ϕ2200 mm 对称割除大圆环有限元分析

图 7.1-6（a）所示是全部割除大圆环的 ϕ2200 mm 刀盘 Mises 等效应力 σ_e，最大值为 357.93 MPa，材料的屈服应力为 295 MPa，刀盘改造后不满足强度要求。图 7.1-6（b）所示全部割除大圆环的 ϕ2200 mm 刀盘位移，最大综合位移为 1.287 mm，其变形量为 0.058 5%，刀盘改造后满足刚度要求。

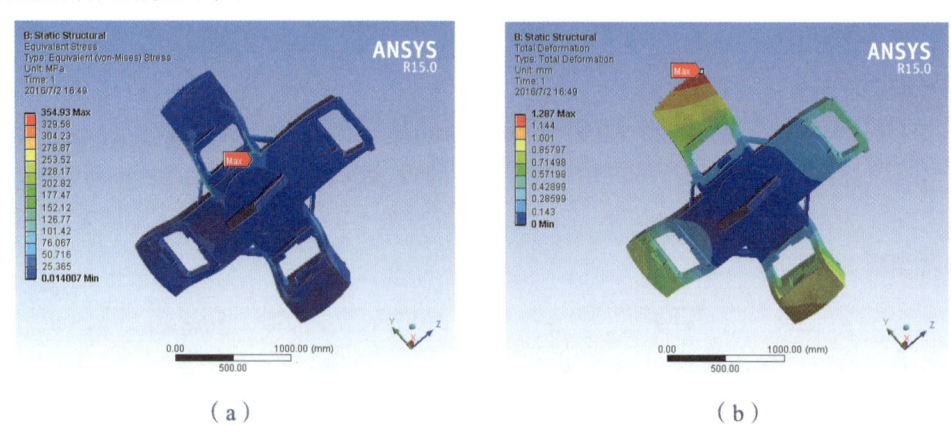

（a）　　　　　　　　　　　　　　　（b）

图 7.1-6　ϕ2200 mm 全部割除大圆环有限元分析

（2）ϕ1630 mm 刀盘改造分析。

图 7.1-7（a）所示是未割除大圆环的 ϕ1630 mm 刀盘 Mises 等效应力 σ_e，最大值为 83.263 MPa，材料的屈服应力为 295 MPa，刀盘的设计满足强度要求。图 7.1-7（b）所示是未割除大圆环的 ϕ1630 mm 刀盘位移，最大综合位移为 0.279 9 mm，其变形量为 0.017 2%，刀盘的设计满足刚度要求。

图 7.1-8（a）所示是对称割除大圆环的 ϕ1630 mm 刀盘 Mises 等效应力 σ_e，最大值为 75.29 MPa，材料的屈服应力为 295 MPa，刀盘改造后满足强度要求。图 7.1-8（b）所示是对称割除大圆环的 ϕ1630 mm 刀盘位移，最大综合位移为 0.270 7 mm，其变形量为 0.016 6%，刀盘改造后满足刚度要求。

图 7.1-9（a）所示是全部割除大圆环的 ϕ1630 mm 刀盘的 Mises 等效应力 σ_e，最大值为 78.14 MPa，材料的屈服应力为 295 MPa，刀盘改造后满足强度要求。图 7.1-9（b）所示是全

部割除大圆环的 ϕ1630 mm 刀盘位移，最大综合位移为 0.290 7 mm，其变形量为 0.017 8%，刀盘改造后满足刚度要求。

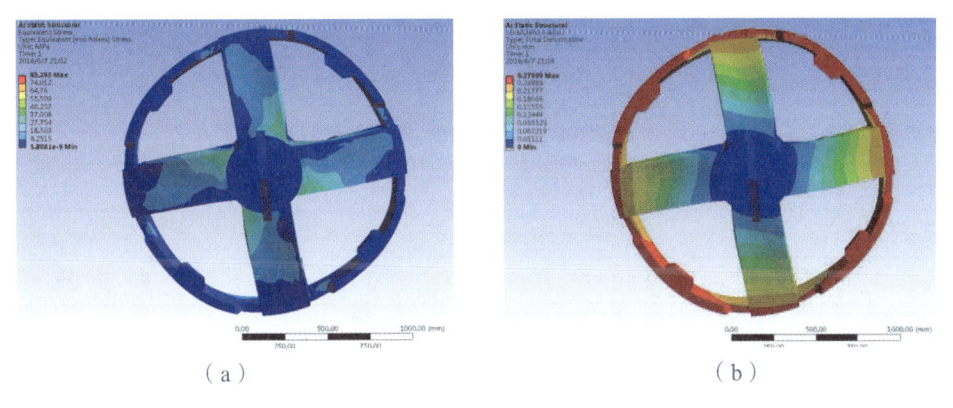

（a）　　　　　　　　　　　　　　（b）

图 7.1-7　ϕ1630 mm 刀盘未割除大圆环有限元分析

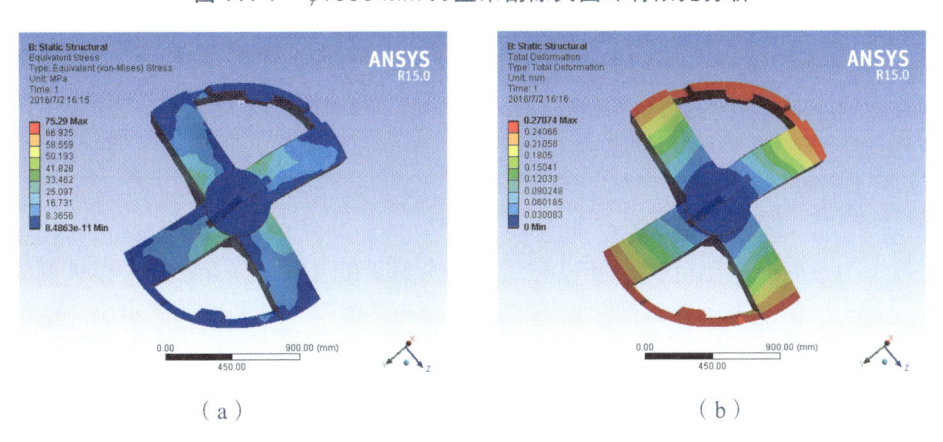

（a）　　　　　　　　　　　　　　（b）

图 7.1-8　ϕ1630 mm 刀盘对称割除大圆环有限元分析

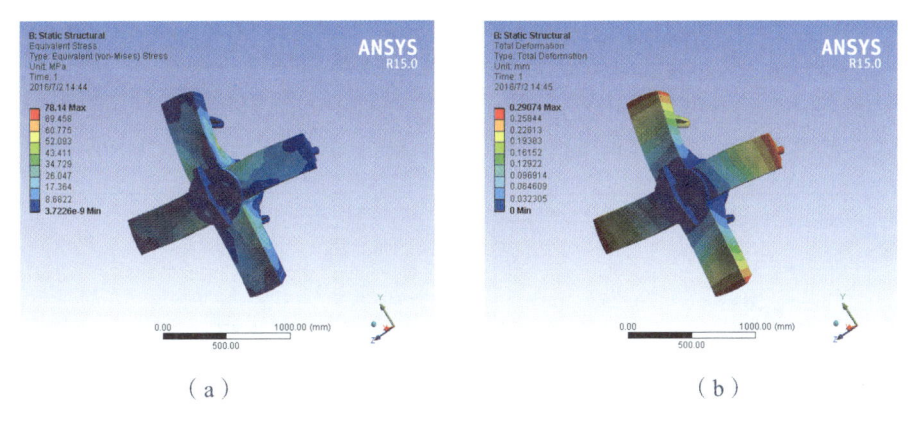

（a）　　　　　　　　　　　　　　（b）

图 7.1-9　ϕ1630 mm 刀盘全部割除大圆环有限元分析

4. 对比分析

对上述两种刀盘应力应变进行对比分析，确定刀盘的修改方案。由表 7.1-1 可知，在边界条件一致的情况下，ϕ2200 mm 刀盘大圆环全切除和半切除状态下应力差别较大，尤其当全部切除大圆环时，其最大屈服应力已大于材料许用应力 295 MPa。由表 7.1-2 可知，在边界条件一致的情况下，ϕ1630 mm 刀盘大圆环全切除和半切除状态下应力应变变化均不大，满足刀盘的强度刚度要求。

通过上述分析，可确认对 2、4、6 号的刀盘改造满足设计要求。

表 7.1-1　ϕ2200 mm 刀盘受力及变形情况比较

项目	未割除大圆环	对称切除大圆环	全部切除大圆环
最大应力/MPa	222.84	238.84	357.93
最大应变/mm	1.100 5	1.105	1.287
变形量	0.050 2%	0.055 1%	0.064 1%

表 7.1-2　ϕ1630 mm 刀盘受力及变形情况比较

项目	未割除大圆环	对称切除大圆环	全部切除大圆环
最大应力/MPa	73.263	75.29	78.14
最大应变/mm	0.279 9	0.270 7	0.290 7
变形量	0.017 2%	0.016 6%	0.017 8%

5. 结果分析

通过以上刀盘的有限元分析，可知：刀盘总体强度和刚度均符合一般工程机械的要求，特别是刚度很大，因此刀盘在强度和刚度方面的设计合理；刀盘大部分区域的应力很小，只有局部区域的应力较大。高应力区主要集中在刀盘辐条与刀盘筒体的连接部位；应力最大值出现在刀盘辐条与筒体的连接处，从结构上可以看出此处为弯、扭组合受力的最大处，建模时没有相应地进行倒圆角处理，导致出现应力集中现象。

将刀盘切除改造前后扭矩数据记录绘制曲线如图 7.1-10 所示，图 7.1-10（a）、（b）分别为 ϕ2200 mm、ϕ1630 mm 刀盘大圆环经全切除处理前后的扭矩变化趋势图，两组刀盘在改造后扭矩均明显减小，说明通过圆环切割增大刀盘的开口率能够有效降低刀盘扭矩、提高刀盘切削效率，也解决了下部驱动经常跳停的问题。

（a）ϕ2200 mm 刀盘　　（b）ϕ1630 mm 刀盘

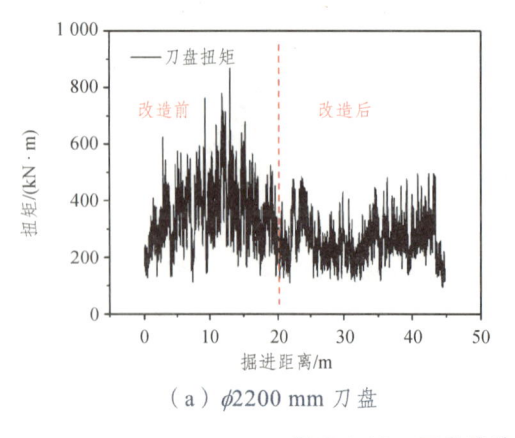

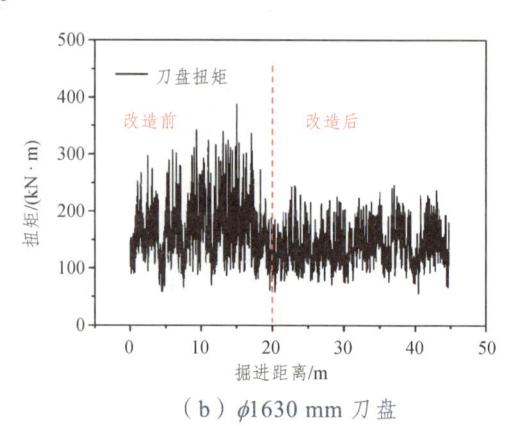

图 7.1-10　刀盘改造前后的扭矩变化规律

6. 开挖系统工程试验

现场采用ϕ2200 mm、ϕ1630 mm 刀盘大圆环对称割除（图 7.1-11），通过图 7.1-12 可以发现大圆环对称割除后，刀盘周围卵石的堆积减少，同时刀盘扭矩下降，掌子面切削的卵石能够顺利通过刀盘开口，并由螺旋输送机排出。

图 7.1-11 刀盘改造

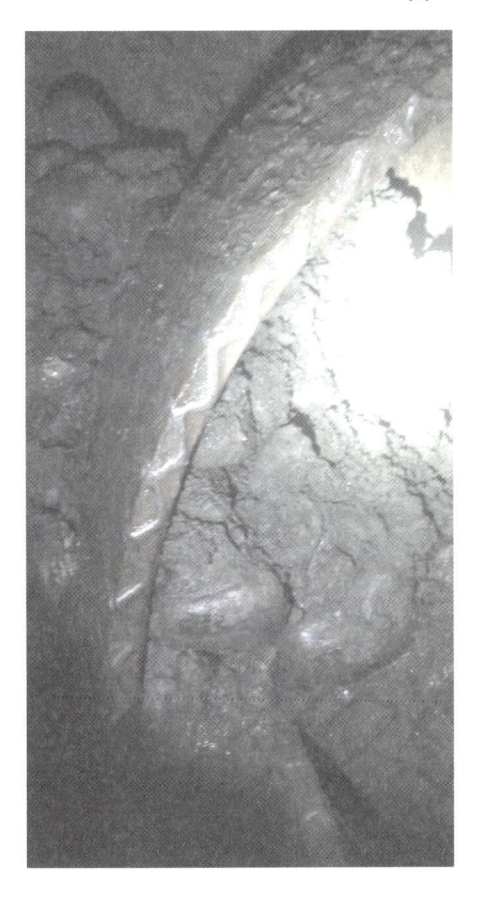

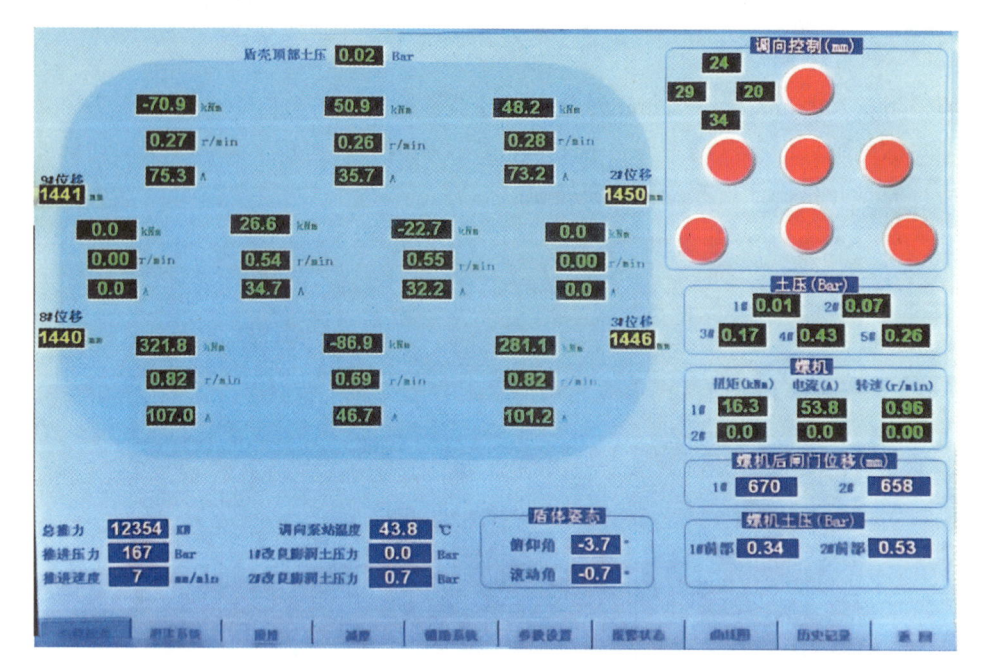

图 7.1-12　改造效果

7.1.3　刀盘结构优化改造过程及方法

如图 7.1-13 所示，找到搅拌棒的位置，适当旋转刀盘至可操作的位置，将 1 号搅拌棒全部割除，2、3 号搅拌棒割除至 80 mm，4 号搅拌棒保持不变。

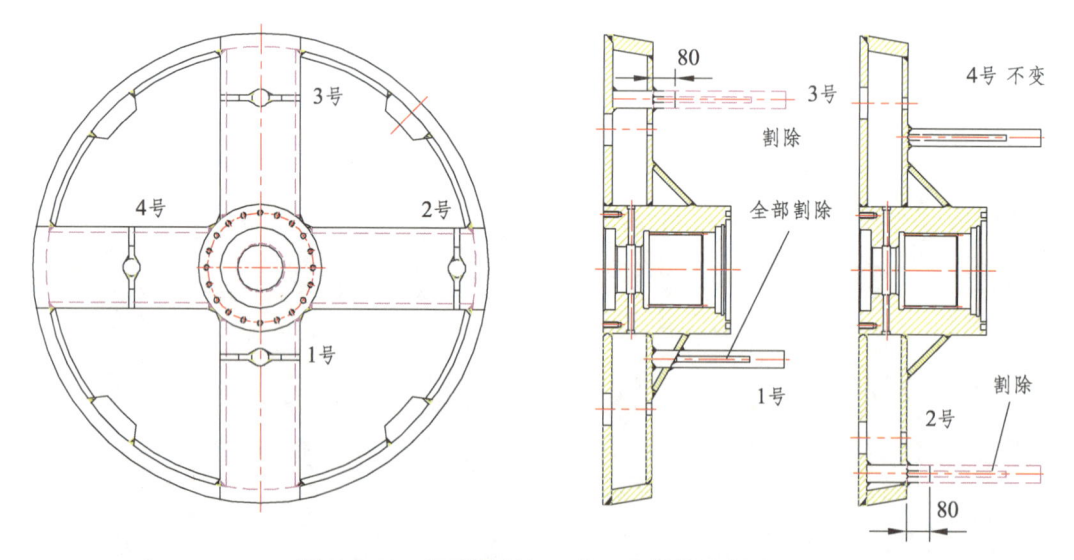

图 7.1-13　矩形顶掘机 6 号刀盘搅拌棒割除

割除 6 号刀盘搅拌棒后，进行 2、4 号刀盘的割除工作，2、4 号刀盘的搅拌棒割除位置如图 7.1-14 所示。1、3 号搅拌棒割至 80 mm，2 号搅拌棒保持不变，4 号搅拌棒全部割除。

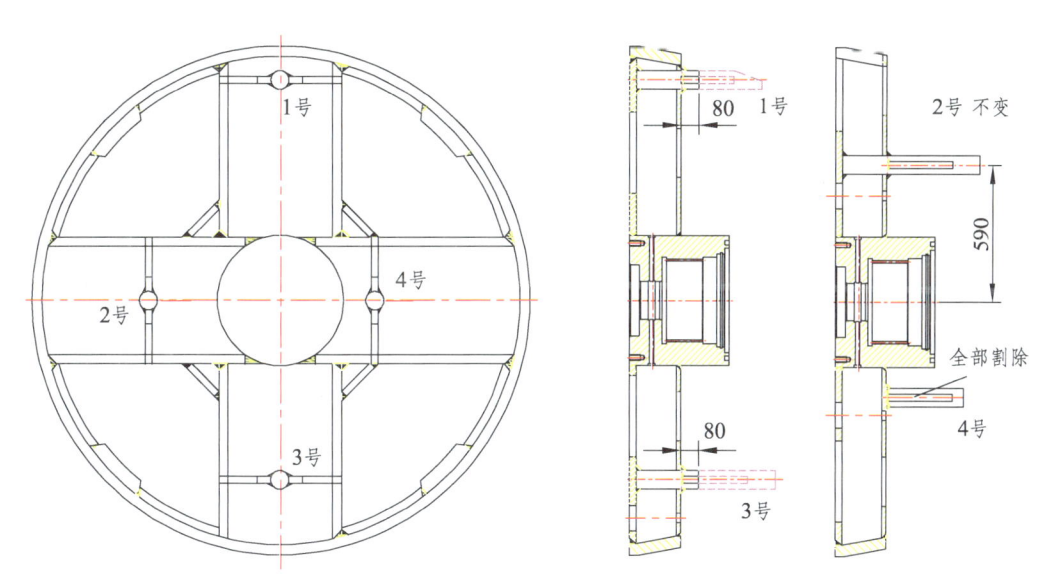

图 7.1-14　矩形顶掘机 2、4 号刀盘搅拌棒割除

刀盘改造前后的效果如图 7.1-15、图 7.1-16。

图 7.1-15　矩形顶掘机刀盘（改造前）

图 7.1-16　矩形顶掘机刀盘（改造后）

7.1.4　刀盘结构优化改造效果分析

研究人员采取改造底部刀盘结构，增大刀盘开口率的方案，主要包括将底部 3 个刀盘局部圆环和搅拌棒割除，单个刀盘开口率提高至 60%～80%，同时提高了底部刀盘间协同开挖的有效面积。实际施工过程中，原本将刀盘包封的卵石土能够顺利进入土舱，底部刀盘被封住的情况得到了有效解决，刀盘能够正常转动切削土体，顶掘施工正常进行。

7.2　刀盘驱动优化改造

7.2.1　刀盘驱动优化改造原因

成都市砂卵石地层的矩形盾构机底部刀盘驱动功率及主动扭矩最初是按照传统砂卵石地层的 α 系数进行设计，但并不适用于成都砂卵石地层。实际上，底部刀盘在大量粒径大且密实的卵石土中转动，刀盘承受的阻力超出了理论设计值，导致经常出现刀盘驱动电流过载而卡停的现象，顶掘施工无法正常进行。

实际施工过程中，当出渣完成、渣车就位后，开始下一循环的顶掘施工，操作手开启顶推油缸施加顶推力并开始转动刀盘，顶部刀盘各项参数正常，但底部刀盘突然报警，显示其扭矩已超出额定值，系统强行停止刀盘运行，操作手将系统复位并重新转动刀盘，依然出现相同的问题，顶掘施工不得不中断。由于盾构机电气系统非常精密，刀盘驱动和减速机均为国外进口且价格昂贵，频繁地强行转动刀盘可能会造成关键设备部件损坏，更换需要花费大量时间和代价。

鉴于底部刀盘频繁卡停的问题，咨询了盾构设备专家，并与盾构设备制造商共同研究、查阅成都地铁盾构施工相关资料后发现，成都地铁 1 号线施工过程中，盾构机也出现了相同的问题，就是因为传统砂卵石地层的 α 系数不适用于成都砂卵石地层，盾构机刀盘额定扭矩和功率的设计值偏小。

为解决底部刀盘频繁卡停的问题，提高矩形顶掘机对成都市砂卵石地层的适应性，提高三环路扩能提升工程主体一标段地下通道施工进度，在顶掘施工开始之前对底部刀盘驱动进行了优化改造。

7.2.2 刀盘驱动优化改造过程及方法

（1）拆除 M12×180（内六角）螺栓，利用顶部驱动上的吊装孔拆除电机和减速机，再拆除 M10×25（内六角）螺栓，最后将密封座拆除。

（2）拆除变接法兰：可在变接法兰上焊接 2～3 个螺母（规格为 M12）作为顶丝孔，利用螺杆将其拆除，拆除过程中注意对小齿轮轴的控制。

（3）安装新变接法兰前，需要将筋板（每个减速机 1 个，共计 4 个）进行割除，如图 7.2-1 所示。

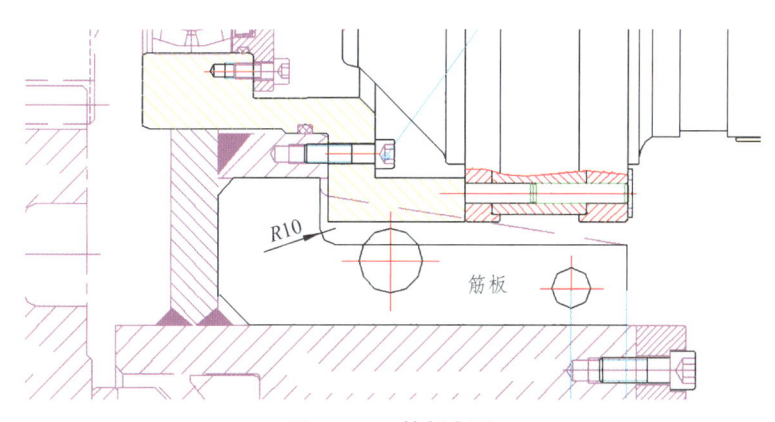

图 7.2-1　筋板割除

（4）将新变接法兰装入齿轮箱内，法兰外套与驱动箱为间隙配合，理论最大间隙为 16 道，最小间隙为 5 道，法兰外套与轴承为过渡配合，理论最大间隙为 4 道，变接法兰装入后，将螺栓紧固，螺栓规格为 M12×50（内六角）。

（5）安装完成后，将密封座装入齿轮轴上，并将螺栓紧固，螺栓规格为 M10×25（内六角）。

（6）最后将电机和减速机装入，注意花键的配合。减速机与法兰的连接螺栓规格为 M16×130（内六角），电机与减速机的连接螺栓规格为 M16×65（内六角）。

7.2.3　刀盘驱动优化改造效果分析

研究人员采取将底部刀盘驱动电机优化升级的方案，主要包括增大驱动电机功率，从而提高了底部刀盘主动切削扭矩，实际施工过程中，底部刀盘各项工作参数正常，刀盘频繁卡停的情况得到了有效控制。

7.3　螺旋输送机优化改造

7.3.1　螺旋输送机优化改造改造原因

成都市砂卵石地层的矩形盾构机最初的设计原理是依靠顶推力将土舱内的渣土压入螺旋输送机，通过转动螺旋输送机叶片将渣土排出。但成都市砂卵石地层的卵石含量和粒径均超过国内其他地区砂卵石地层，实际上依靠顶推力仅能将少部分卵石土压入螺旋输送机，大量不同粒径的卵石相互挤压并堆积在螺旋输送机口而无法进入螺旋输送机中，螺旋输送机排渣的设计原理无法满足实际需求。

实际施工过程中，顶掘机刀盘开挖掌子面形成的卵石土进入土舱后，施加顶推力并开始转动螺旋输送机叶片，螺旋输送机出渣口仅有少量卵石土排出，将该部分卵石土排出后继续转动螺旋输送机，再无渣土排出。据统计，实际出渣量约为理论出渣量的20%，开挖产生的卵石土大部分依然积聚在土舱内无法排出，并且顶推系统能够施加的顶推力有限，即便施加全部顶推力也无法将开挖产生的卵石土全部压入螺旋输送机内，同时持续满负荷施加顶推力会降低顶推油缸使用寿命、增大顶推油缸故障率，严重时还可能造成人民南路地面隆起，引起交通安全事故。

鉴于螺旋输送机排渣效率低的问题，咨询了盾构领域专家，与设备制造商共同研究探讨，查阅成都地铁盾构螺旋输送机相关资料后基本确定，只有通过改造螺旋输送机才有可能解决其排渣效率低的问题。

为解决螺旋输送机排渣效率低，提高矩形顶掘机对成都市砂卵石地层的适应性，提高三环路扩能提升工程主体一标段地下通道施工进度，在顶掘施工开始之前对螺旋输送机进行了改造。

7.3.2　螺旋输送机优化改造设计

超宽断面矩形盾构顶管排渣系统采用单个螺旋输送机很难满足出渣的要求，会造成土舱积渣；因此采用了两台螺旋输送机联合控制出渣，需要研究两台螺旋输送机配置足够的扭矩以及匹配的出渣能力，满足大断面相应推进速度下的出渣要求，同时还要考虑两台螺旋输送机出渣（图 7.3-1），土舱压力的匹配性控制研究。

螺旋输送机是矩形顶管机的重要组成部分,其主要构造由圆筒状机壳和中心螺旋杆组成，工作时螺旋杆旋转，而渣土充满机壳内，沿螺旋杆轴线平移输送。

图 7.3-1　双螺旋输送机

螺旋输送机的主要功能为：

（1）从矩形顶管机土舱内将开挖下的渣土排出顶管机；

（2）泥土通过螺旋杆输送压缩形成密封土塞，阻止开挖面的水流出，并保持土舱土压稳定；

（3）通过改变螺旋输送机转速，调节排土量来调节土舱的土压，使其与开挖面水、土压力保持平衡。

螺旋输送机在排土过程中，利用泥土与机壳和螺旋杆之间的摩擦所产生的压力损失以及通过排土闸门的截流作用，使泥土在排土口附近将开挖面土压降低到大气压的程度，从而在稳定土舱土压的情况下，使泥土顺利排出土舱。

1. 螺旋输送机选择

螺旋输送机的选择一般根据地质及含水情况决定：当地质为一般性砂、卵石时，输送采用有中心轴式螺旋输送机（图 7.3-2），H、B 为螺旋输送机通过的最大粒径；当地质为较大颗粒砂砾和块石，含水量很少时，输送采用带式螺旋式输送机（图 7.3-3），H、B 为螺旋输送机通过的最大粒径。

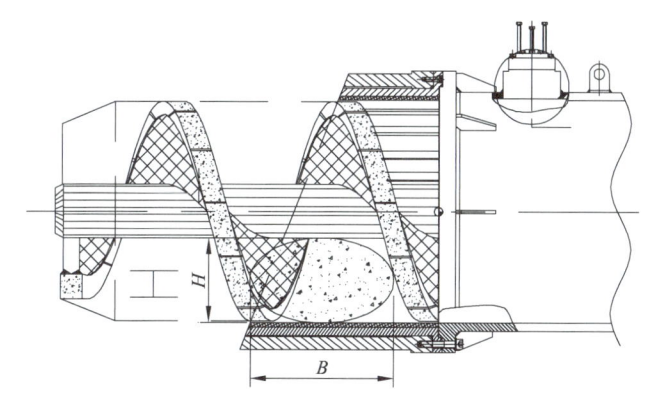

图 7.3-2　中心轴式螺旋输送机

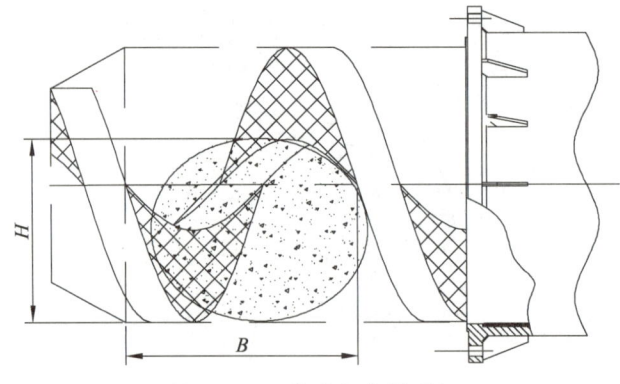

图 7.3-3　带式螺旋输送机

为应对本项目砂卵石地层中直径较大的卵石，实现最大粒径 400 mm 卵石的排出，采用大直径（706 mm）、大节距（650 mm）双螺旋输送机设计，形成以排为主，以破为辅的排渣机制。

2. 带式螺旋输送机结构设计

（1）螺旋输送机整体及叶片设计。

同时根据砂卵石地层卵石排出特点，有针对性地在螺旋叶片外圈迎渣面侧倒角，避免卵石等异物卡在叶片与螺旋输送机筒壁之间。由于卵石地层的渣土在螺旋输送机中的输送环境明显恶劣于软土地层，而螺旋输送机强度的影响因素又主要取决于螺旋叶片的厚度，为保证满足结构强度要求的同时尽可能做到轻量化，我们对螺旋输送机整体进行仿真分析（图7.3-4），特别是对螺旋叶片厚度进行了优化仿真试验。针对螺旋叶片模拟砂卵石层螺旋输送机工作环境，施加边界条件为：一端 1 倍节距范围内添加约束，余部叶片外圈添加螺旋输送机驱动额定扭矩 86.4 kN·m。100 mm、80 mm、60 mm 三种厚度螺旋输送机叶片经仿真分析结果如表 7.3-1 所示。

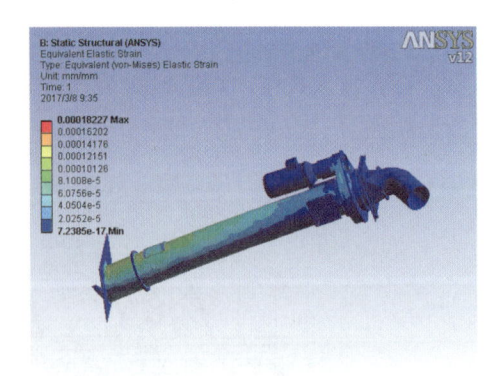

图 7.3-4　螺旋输送机有限元分析

从仿真结果可以看出只有螺旋叶片厚度达到 100 mm 时，其最大应力才小于 Q345B 材料的允许应力 230 MPa，最大应力为 200.57 MPa，变形率也小于 0.01%，满足螺旋输送机出渣的强度刚度要求，故将螺旋叶片厚度定为 100 mm。

表 7.3-1　不同叶片厚度有限元分析结果

叶片厚度/mm	100	80	60
最大应力/MPa	200.57	254.83	350.44
最大变形/mm	43.77	67.77	127.00
变形率	0.006 7%	0.010 4%	0.019 5%

（2）带式螺旋输送机叶片位置设计。

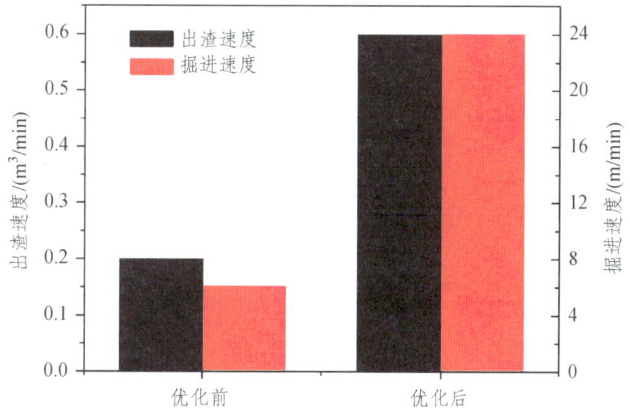

对螺旋输送机螺旋叶片安装位置进行优选试验：方案 1 为螺旋叶片端头与隔板平齐，不外伸［如图 7.3-5（a）］；方案 2 为螺旋叶片端头沿着轴线方向伸出隔板进入土舱 200 mm［如图 7.3-5（b）］。在刀盘转速、土舱压力、螺旋输送机转速一定的条件下分别对两种螺旋输送机叶片位置形式进行工业性物理试验。试验结果如图 7.3-6，可知螺旋叶片外伸后掘进速度明显提高，出渣速度亦有明显加快，试验表明螺旋叶片伸入土舱，可依靠外力将渣土携带排出，螺旋输送机的主动排渣能力得到大幅提升。

（a）优化前　　　　　　　　　　（b）优化后

图 7.3-5　螺旋叶片位置

图 7.3-6　螺旋输送机叶片位置优化前后掘进情况对比

非圆盾构法隧道建造关键技术

（3）筒体针对性设计。

筒体上预留土压压力表接口 2 个、渣土改良口 2 个、观察窗 2 个。螺旋输送机筒内壁及叶片外圆焊有耐磨层。螺旋叶片卡住时，可以通过控制电动机正反转来摆脱；必要时可打开螺旋输送机筒体上的观察窗门来对壳体内部进行清理。为应对砂卵石地层中直径较大的卵石，采用大直径带式输送机，形成"以排为主，以破为辅"的排石机制。

图 7.3-7　筒体针对性设计

（4）螺旋输送机出渣口优选设计。

矩形盾构顶管机出渣口常规插板式闸门，在砂卵石地层中不能够起到良好的止水作用，尤其是在渣土改良之后，渣土含水量较高，螺旋输送机密封作用不明显，因此采用新型螺旋输送机出渣口，将插板式闸门改为弧形密封闸门，由油缸控制闸门开合。出渣口见图 7.3-8，密封闸门如图 7.3-9 所示。

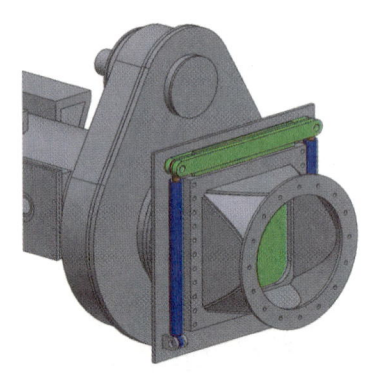

图 7.3-8　插板式螺旋输送机出渣口

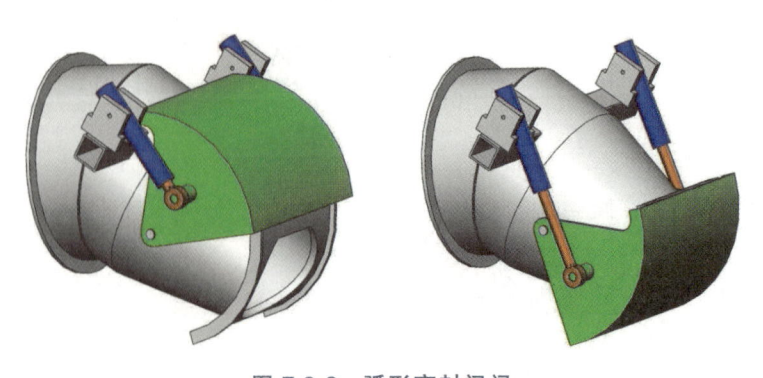

图 7.3-9　弧形密封闸门

7.3.3 螺旋输送机改造过程及方法

螺旋输送机具体的改造过程及方法如下：

（1）在盾体上焊接吊装使用的吊耳，然后用手拉葫芦对螺旋输送机进行吊装固定，见图 7.3-10。

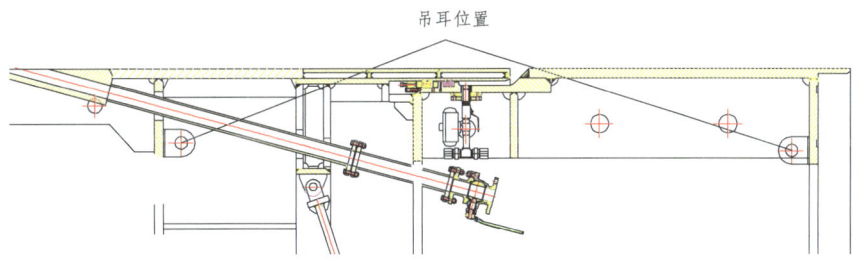

图 7.3-10　吊耳焊接位置

（2）拆除螺旋输送机出渣节的连接螺栓，螺栓规格为 M12×60（外六角），见图 7.3-11。

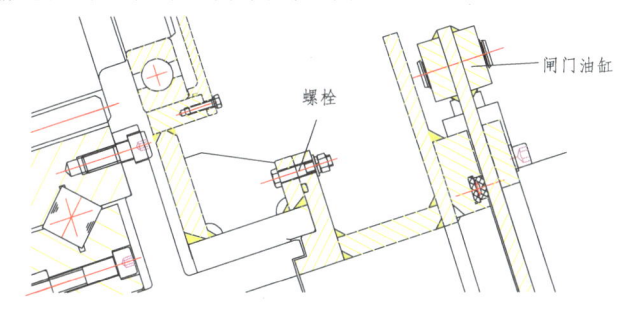

图 7.3-11　连接螺栓拆除

（3）拆除螺旋输送机与盾体筒体之间的连接螺栓，螺栓规格为 M24×90（内六角螺钉），注意配合止口，配合长度为 8 mm。

（4）利用盾体上的吊耳，将螺旋输送机逐步往管节方向移动，在移动过程避免与周围平台及其他设备发生磕碰，必要时可拆除周围的平台。

（5）将螺旋输送机放置在平板车上运输到始发井后，使用起重机吊至地面改造区域，见图 7.3-12。

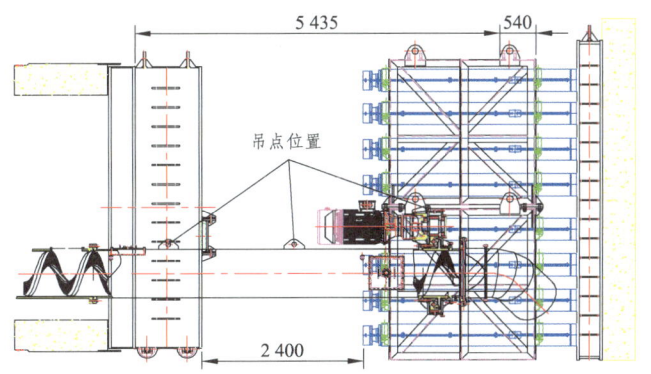

图 7.3-12　螺旋输送机吊装（单位：mm）

（6）将螺旋输送机筒节改短，叶片进入土舱长度设定为 350 mm，相当于约 1 个螺距的位置。

7.3.4　改造效果分析

技术人员采取提高螺旋输送机主动排渣能力的方案，主要包括将螺旋输送机筒节改短，改短长度相当于一个螺距，从而将螺旋输送机叶片伸入土舱的长度增大约 350 mm，将卵石土被动压入螺旋输送机变为通过螺旋输送机叶片在土舱内转动，主动将卵石土排出，实际施工过程中，土舱底部卵石土排出效率得到了显著提高，顶掘施工进度得到了明显提升。

螺旋机叶片未伸出前，导致螺旋输送机前部出渣困难，卵石堆积严重，导致下部刀盘扭矩增大，频繁跳停。因此在实际工程应用中，更改设计方案，将螺旋输送机叶片向土舱伸出一段距离以利于砂卵石的排出，如图 7.3-13 所示。

现场将螺旋输送机进行拆卸并实施修改方案，通过缩短筒节的长度，使螺旋叶片能够伸进土舱，便于排渣。同时为了避免伸出叶片与刀盘搅拌棒的干涉，将刀盘搅拌棒割除一定的长度。如图 7.3-14 和图 7.3-15 所示。

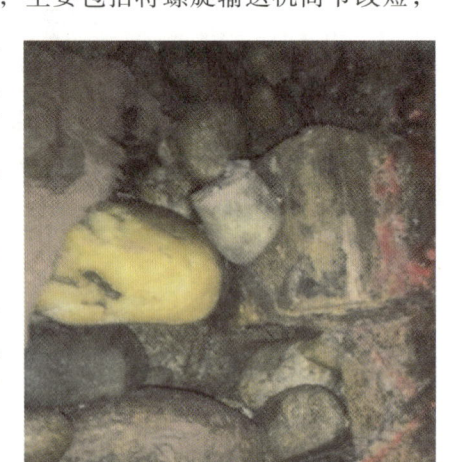

图 7.3-13　螺旋输送机前部卵石堆积

图 7.3-14　螺旋输送机拆卸

图 7.3-15　刀盘搅拌棒割除

经过方案修改后，螺旋叶片能够顺利带出土舱内堆积的卵石，如图 7.3-16 所示，通过对比发现改造能够达到预期效果。弧形闸门出渣应用如图 7.3-17 所示。

（a）改造前 　　　　　　　　（b）改造后

图 7.3-16　螺旋输送机叶片位置优化前后出渣情况对比

图 7.3-17　弧形闸门出渣应用

7.4 螺旋输送机保压密封装置改造

7.4.1 螺旋输送机保压密封装置改造原因

成都市砂卵石地层的螺旋输送机最初是按照常规地层螺旋输送机设计原理，只设计了一道闸门，通过该闸门控制渣土的排放，但成都市砂卵石地层卵石含量和粒径均大于国内其他地区砂卵石地层，实际施工过程中，地层中的砂砾和粒径较小的卵石经常造成螺旋输送机出渣口闸门关闭不严，渣土排放无法得到有效控制，螺旋输送机密封性差，土压平衡建立和维持困难。

实际施工过程中，螺旋输送机排渣工作完成，关闭螺旋输送机闸门时，残留在闸门附近的砂砾和卵石经常将闸门卡住，闸门关闭不严，大量泥浆及地下水通过闸门空隙处流出，导致土舱内水土压力与开挖掌子面水土压力不能相互平衡，主控室操作平台显示水土压力值平均下降 20~30 kPa。由于矩形盾构机施工必须建立在土压平衡的基础上，因此只要出现闸门关闭不严的情况，都需要立即安排人员，快速将残留的砂砾和卵石清理干净，尽快将闸门完全关闭，然后向土舱内注入大量的膨润土泥浆，以平衡流失的水土压力。流出的泥浆会污染通道内施工环境，还需要安排专人进行冲洗，一定程度上影响了施工效率，造成资源浪费。

鉴于螺旋输送机闸门关闭不严的问题，经与设备制造厂商共同研究讨论后确定在既有螺旋输送机闸门后方增设保压密封装置。

为解决螺旋输送机闸门关闭不严的问题，提高矩形顶掘机对成都市砂卵石地层的适应性，提高三环路扩能提升工程主体一标段地下通道施工进度，在顶掘施工开始之前增设了保压密封装置。

7.4.2 螺旋输送机保压密封装置改造过程及方法

将拆下的螺旋输送机运输至工厂内，先将螺旋输送机叶片缓慢拔出，然后把出渣口部分进行割除，安装保压密封装置。现状螺旋输送机如图 7.4-1 所示，新增设的保压密封装置如图 7.4-2 所示。

（1）安装支铰座：用葫芦将铰座吊起对准预埋螺栓，先留出四孔螺孔（上、下、左、右各 1 个）不要拧紧，检查铰底座与底盘之间间隙，调整好铰座的位置，最后再拧紧四孔螺栓。铰座安装后，严格检查两铰座的同轴度，相互调整达到规范要求。

（2）门叶下半节吊入门槽，在支臂拼装前用拉链葫芦将下半节固定。

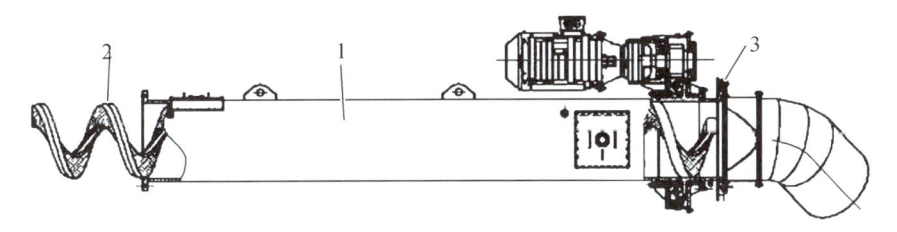

图 7.4-1　现状螺旋输送机示意

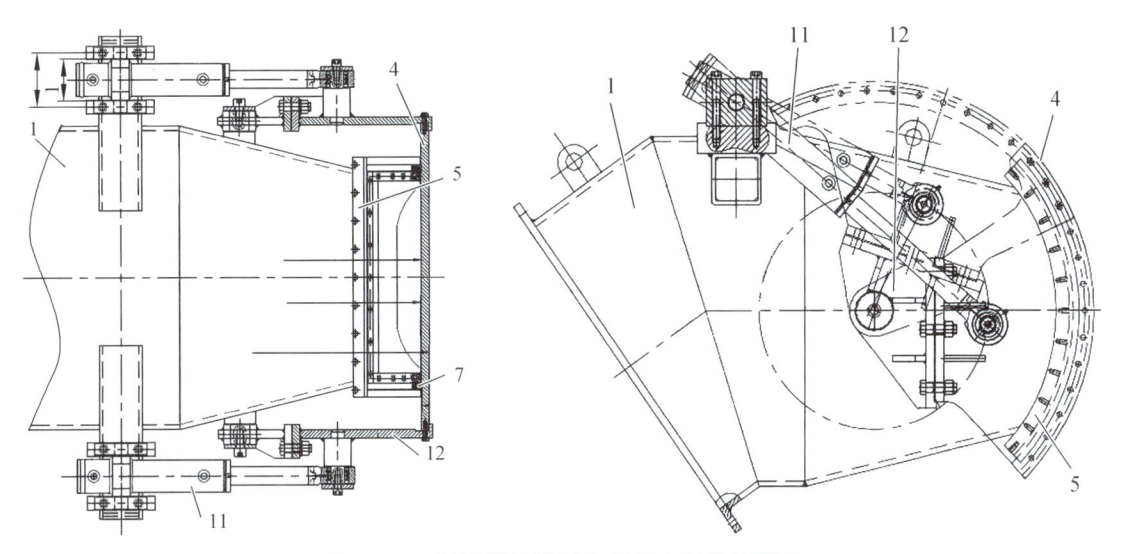

图 7.4-2　新增螺旋输送机保压密封装置示意

（3）将支臂吊入门槽，先连接铰轴，再通过连接螺栓与门叶连接，左右两只支臂都安装后，检查安装尺寸，等尺寸合格后再进行焊接。

（4）在下半节门叶与支臂安装焊接完毕后，用上方设置的两个临时吊点将上半节吊起，对准下半节落下，用背水面设置的临时吊点，调整前后方向，上吊点调整上下方向。上下半节完全吻合后，先用分段时的临时螺栓固定，复查安装尺寸，等合格后再进行最后组装焊接。焊接尽量避免仰焊，难以避免时，应由具备相应资格的焊工施焊。

（5）保压密封装置安装完毕后，拆除安装用的临时焊件，修整好焊缝，清除埋件表面和门叶上的所有杂物，在各转动部位按施工图纸要求灌注润滑脂。

（6）待启闭机安装调试后，对保压密封装置进行调整，在无水条件下，做全行程启闭试验，检查支铰转动情况，做到启闭过程平稳无卡阻、水封胶皮无损伤。调试过程中，必须对水封橡皮与不锈钢水封底板的接触面采用清水冲淋润滑以防损坏水封橡皮。在保压密封装置全关位置，水封橡皮无损伤，漏光检查合格，止水严密，有条件时做动水启闭试验。

螺旋输送机保压密封装置改造前后情况如图 7.4-3、图 7.4-4 所示。

图 7.4-3　螺旋输送机保压密封装置（改造前）

图 7.4-4　螺旋输送机保压密封装置（改造后）

7.4.3　改造效果分析

技术人员采用增设保压密封装置的方案，主要包括在既有螺旋输送机闸门末端，增设一道新型全自动双液压杆式保压密封装置，施工过程中螺旋输送机密封性得到了有效保障，土压平衡能够正常建立和维持。

7.5　小结

成都砂卵石地层较为致密，渣土流动性差，导致施工中大量致密的卵石土常常将刀盘卡停和出渣困难。通过对刀盘结构、刀盘驱动螺旋输送机结构及保压密封装置进行了系列优化和改造，确保了砂卵石地层中矩形盾构顶掘工程的顺利实施。

第8章　U形敞口盾构机工程

近几年来，各类矩形盾构、马蹄形盾构、多圆盾构技术已在许多工程中得到了成功应用，但以上都属于闭口且为地表下暗挖的盾构施工技术。在海口市椰海大道西延段地下综合管廊工程中，为节省明挖基坑支护，促进工程绿色低碳施工，推动盾构施工技术进步，创新了U形敞口盾构机及工法。

8.1　海口市椰海大道西延段地下综合管廊概况

海口市椰海大道西延段地下综合管廊东起海榆中线，西至长天路段，位于道路中央8 m绿化带下，里程桩号K7+447.5～K10+191.6，长度2 744.1 m，为单层双仓矩形断面，设计断面如图8.1-1所示。其中K9+398～K9+898（共计500 m）段标准段部分采用U形敞口盾构施工，标准段约为308 m，为预制管节施工段，共计169个预制节段，断面尺寸为8.55 m×4.95 m。整体管节预制共两种规格，将原设计截面分为上下两节，每节长1.8 m，上下及相邻管节之间通过精轧螺纹钢张拉连接。在K9+395～K9+426段施作盾构机始发工作井，盾构机在始发工作井拼装完成后由小里程向大里程推进，完成一段标准段管廊施工后，需通过非标节点段进入下一盾构施工段。在完成4段盾构施工段并通过3处非标节点段后，于盾构段尾部已施作完成的接收井内拆除盾构机。

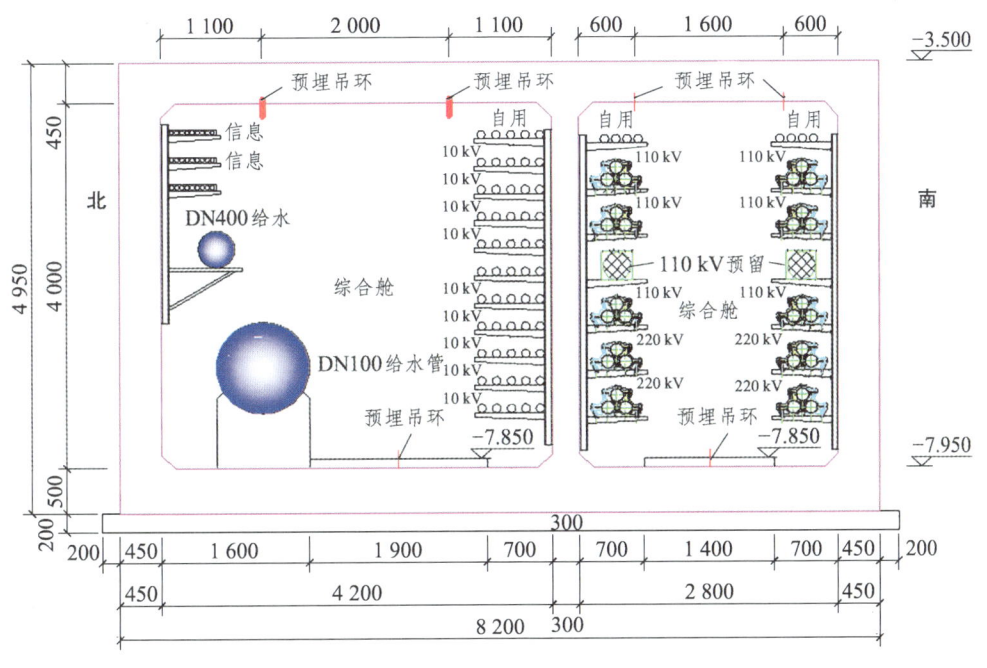

图 8.1-1　管廊设计断面图（单位：mm）

8.2 U形敞口盾构机总体设计

8.2.1 U形敞口盾构机的组成

设计的U形敞口盾构机整体外形如图8.2-1所示,其盾体主体结构截面呈U形,前盾侧部和底部设计可伸缩式插板;中盾后部设置顶推油缸和铰接油缸;尾盾上部开口,预制管节可从该开口处吊入设备内部。盾体内部设置有横向支撑,泵站和主控室安装在上部横撑上,为设备提供动力源并进行操控。

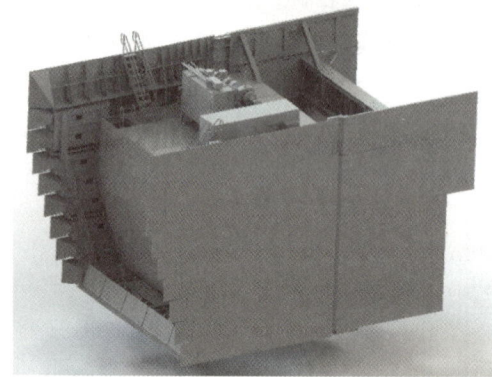

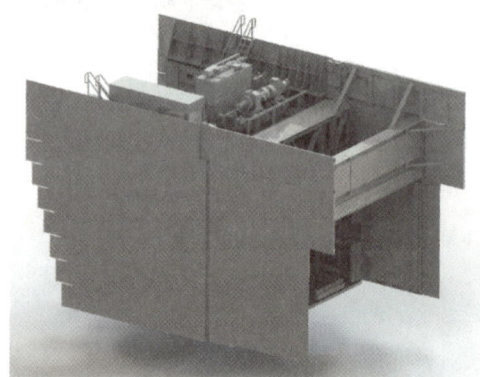

图 8.2-1 U形敞口盾构机外形

8.2.2 U形敞口盾构机的功能

U形敞口盾构机工作时,对廊体两侧的土体起到临时的支撑作用,前部插板可以伸出对开挖面的侧部形成支护。前部盾体下部设置有推板机构,可将开挖面的底部区域推平,并调节开挖面底部的深度,更方便实现深度方向的调节。

中部盾体安装顶推油缸,顶推油缸端部安装靴板,顶推时,靴板顶紧在预制管节的端面,推进设备整体向前移动。顶推油缸分组控制,可以调节每组的推力大小和推进速度。尾部盾体前部与中部盾体通过铰接油缸连接,使得两者之间可在上下左右方向发生偏转,辅助转向，结合顶推油缸分组控制，可以对 U 形敞口盾构机的推进姿态进行调整，从而实现推进方向的调整。

尾盾上部支撑俯视呈口字形，尾盾后下部开口，底部地面裸露，用于在地面上直接铺设垫层，用来放置预制管节。在侧部盾体的保护下，预制管节可从内部中空的部位吊入尾盾下部，与已铺设管节进行张拉连接。尾盾后上部设置支挡结构，支挡结构与尾盾侧部接近管节的部位安装橡胶板，避免回填土体进入尾盾的内部，影响管节的铺设。

8.2.3　U 形敞口盾构机的主参数

U 形敞口盾构机的尺寸如图 8.2-2 所示，具体参数见表 8.2-1。

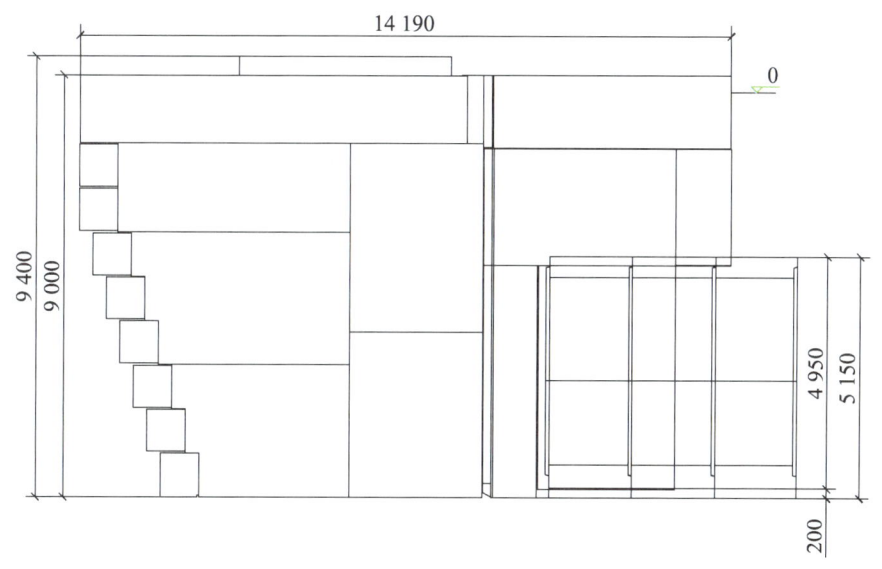

（a）侧视图

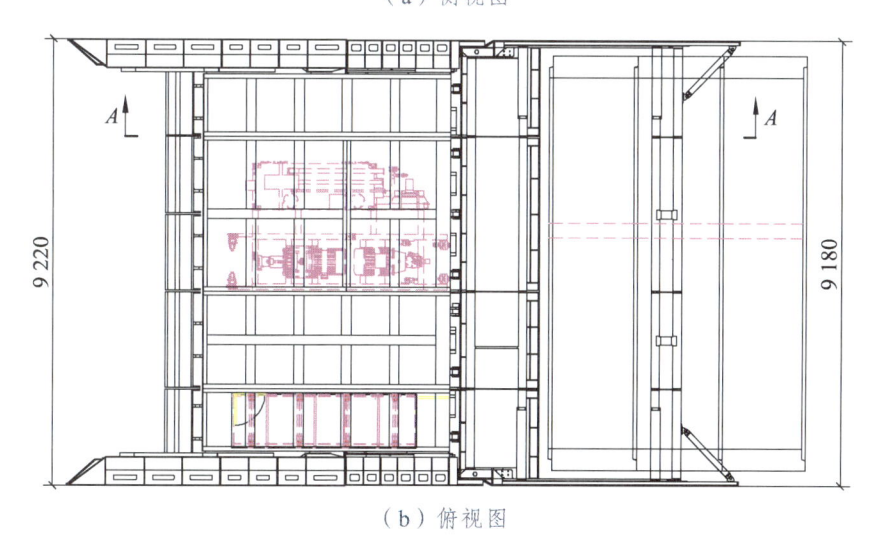

（b）俯视图

图 8.2-2　U 形敞口盾构机尺寸（单位：mm）

表 8.2-1　U形敞口盾构机的主参数

项目	参数	备注
设备外形/mm	14190×9220×9400	
设备总重/t	332	
装机功率/kW	255	380 V
推进油缸/mm	220/180-2150	
最大推进力/t	1 600	
推进行程/mm	2 150	
推进速度/(m/min)	0~0.5	
插板推力/t	30	
插板行程/mm	1 155	
推板俯仰角/°	±5	
设备工作坡度	±10%	
转弯半径/m	≥500	

8.3　U形盾构掘进施工技术

8.3.1　管廊预制拼装施工技术

1. 管节分段分块预制

为减轻吊装重量，增加吊装安全系数，管节采用水平分割，分段预制，如图 8.3-1~图 8.3-4 所示。将原有管廊分段、分上下两个截面进行预制，纵向拼缝采用企口缝的形式，并预留注浆槽，水平向拼缝采用平口对接，相邻两段及上下截面之间通过预留张拉孔穿精轧螺纹钢进行张拉，各拼缝处埋置弹性橡胶密封垫（内嵌遇水膨胀橡胶密封垫）。

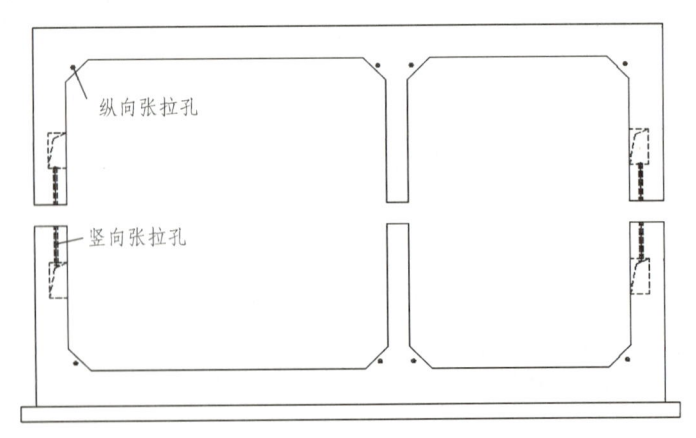

图 8.3-1　整体管节断面分段示意

图 8.3-2　预制段上段断面图

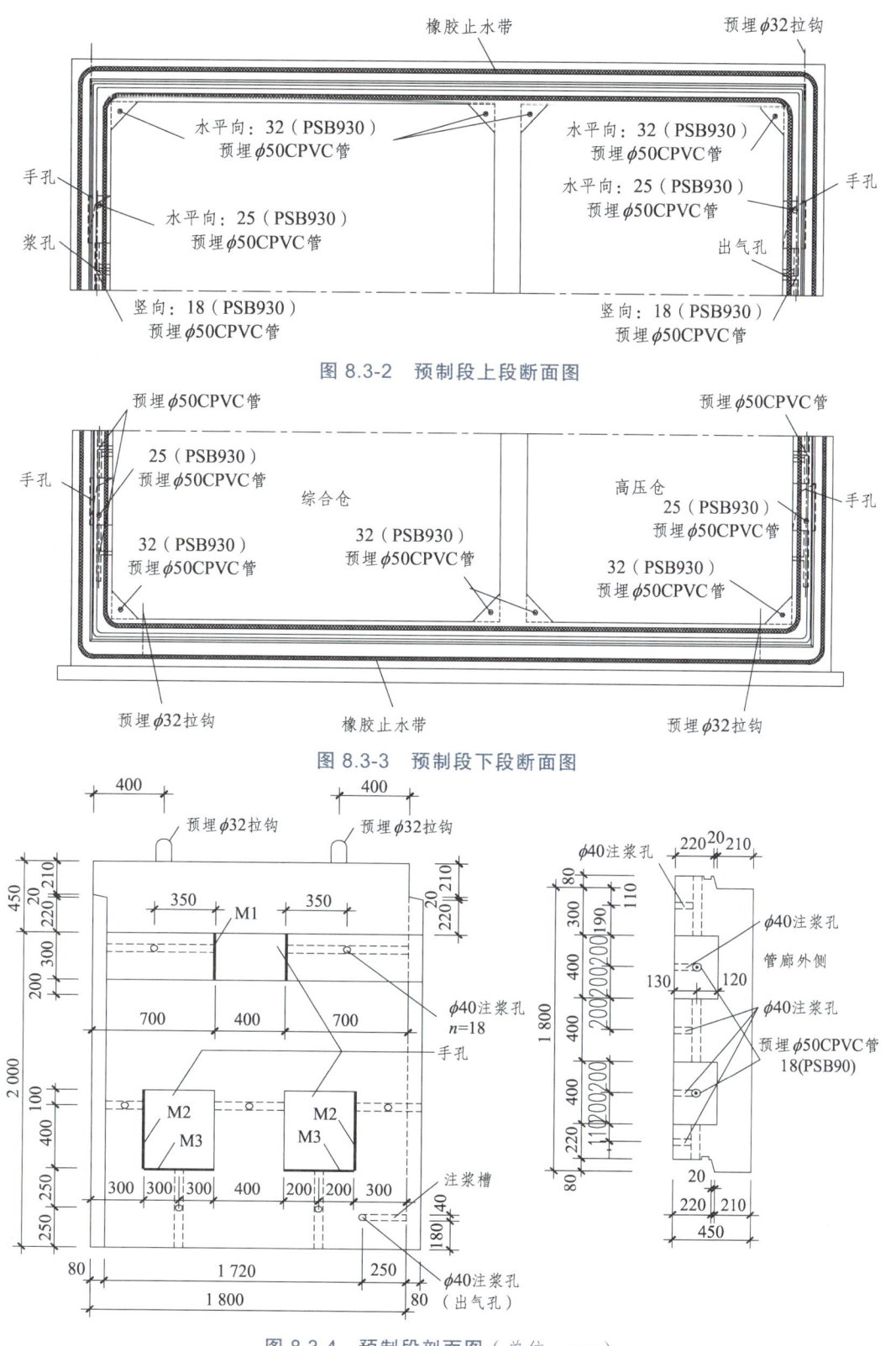

图 8.3-3　预制段下段断面图

图 8.3-4　预制段剖面图（单位：mm）

2. 管节预制模板设计

为确保管节预制结构尺寸符合设计要求，保证生产进度，模板采用定型钢模板，分为上下两段独立预制。外侧模、封端模、内模均设置轮轨导移系统与液压锁定装置，人工推动模板至设计位置来完成合模、拆模工序。合模效果见图8.3-5，拆模效果见图8.3-6。

安装顺序为：先推动两侧封端模至设计位置；再推动外侧模至设计位置，将外侧模与封端模锁定；之后将内模推动至设计位置，用液压油顶顶升至设计位置；最后完成锁合固定并且进行模板尺寸检查。

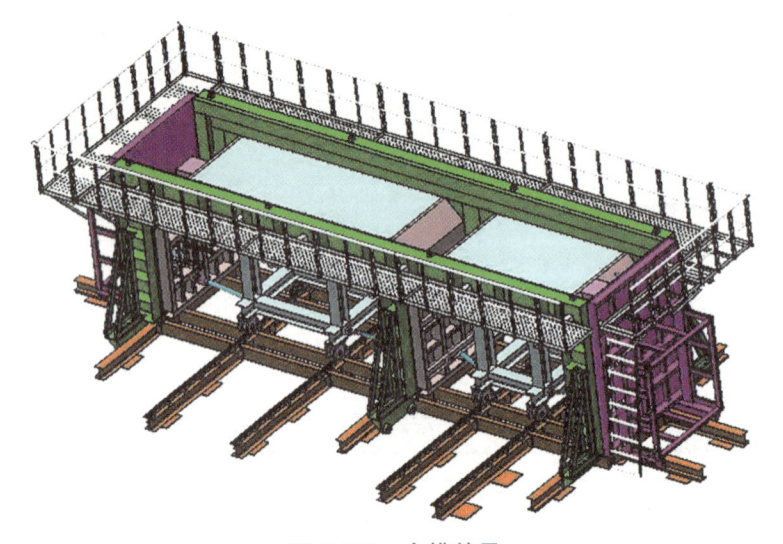

图 8.3-5 合模效果

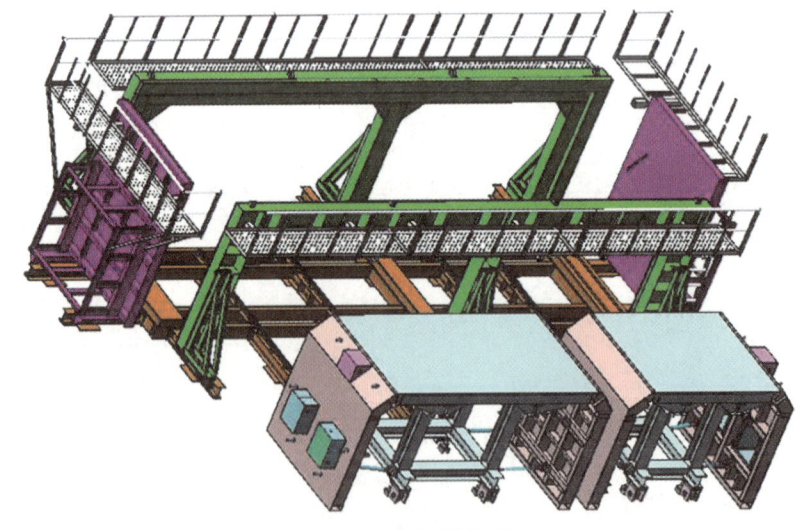

图 8.3-6 拆模效果

3. 管节拼装与连接

管节吊装采用 135 t 履带吊装顶至尾盾空间内，进行张拉连接，倒角位置纵向连接采用直径 32 mm 精轧螺纹钢，侧墙纵向连接采用直径 25 mm 精轧螺纹钢，竖向上下管节之间连接采用直径 18 mm 精轧螺纹钢，所有张拉工作完成后，对张拉孔进行压浆，手孔采用 C40 微膨混凝土进行封堵。管节吊装张拉顺序见图 8.3-7，具体为：

（1）吊装①$_B$ 与①$_A$ 管节就位，①$_B$ 与①$_A$ 竖向张拉直径 18 mm 精轧螺纹钢形成整体。

（2）吊装②$_B$ 与②$_A$ 管节就位，②$_B$ 与②$_A$ 竖向张拉直径 18 mm 精轧螺纹钢形成整体。

（3）盾构机推动②节段抵近①节段管节，②节段与①节段纵向张拉直径 32 mm 与 25 mm 精轧螺纹钢形成整体。

注：①$_A$ 表示第一节上半节，①$_B$ 表示第一节下半节，②$_A$ 表示第二节上半节，②$_B$ 表示第二节下半节。

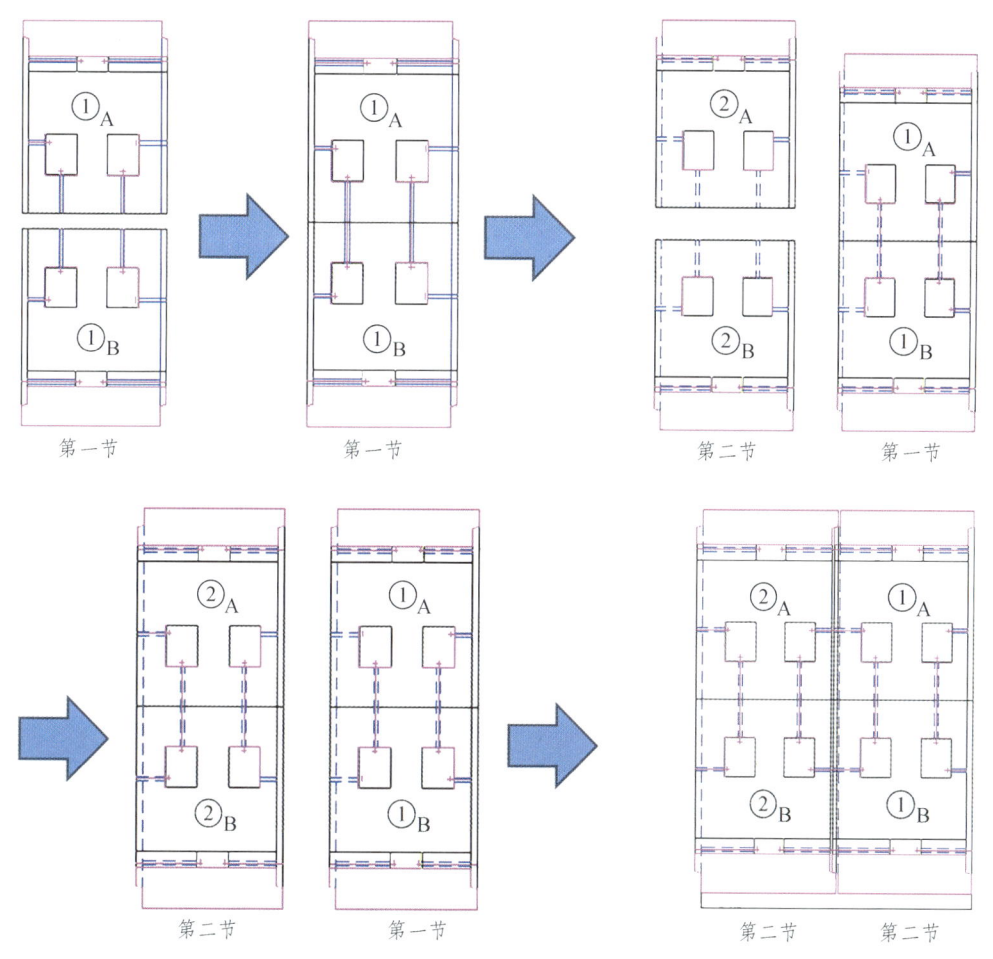

图 8.3-7　管节吊装张拉顺序

4. 管节拼缝应力监测

通过监测张拉过程中精轧螺纹钢的应力及其变化情况，校核并调整理论推导结果，总结精轧螺纹钢的应力变化规律。通过监测张拉过程中防水橡胶的应力的变化情况，校核调整精轧螺纹钢张拉应力，确保在设计张拉控制力下防水橡胶应力能够满足防水要求。管节拼缝应力监测点布置如图 8.3-8 所示。

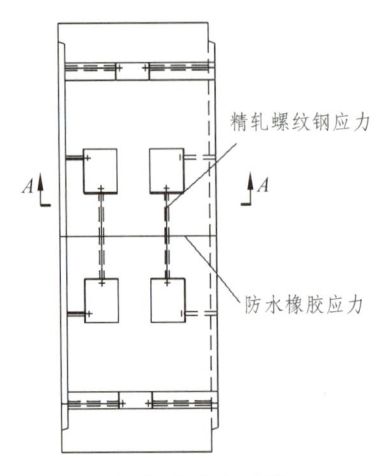

（a）节段立面图

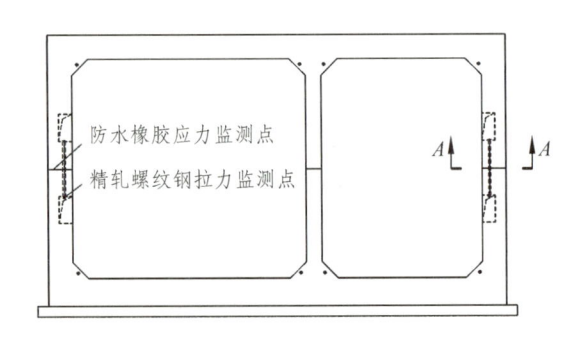

（b）监测点布置横断面

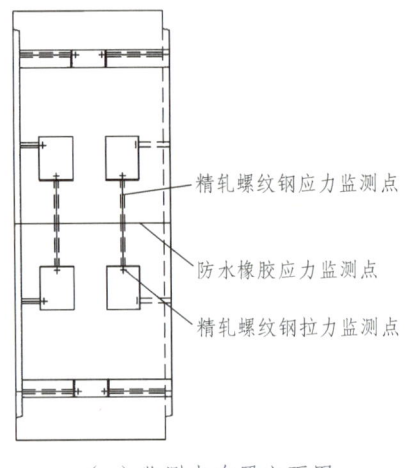

（c）监测点布置立面图

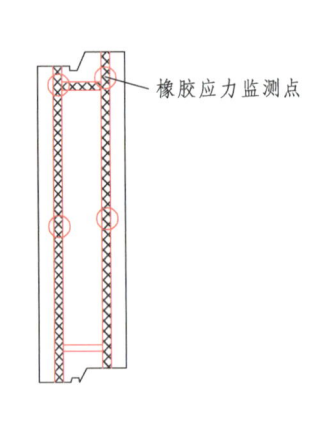

（d）A—A 剖面图

图 8.3-8 管节拼缝应力监测点布置

（1）监测内容为精轧螺纹钢和防水橡胶的应力变化情况。

（2）监测方法：分别在精轧螺纹钢和防水橡胶表面粘贴应变片（图 3.8-9）（沿受力方向粘贴，每个部件至少粘贴 3 个），同时粘贴温度补偿片，引出导线连接到电阻应变仪（图 3.8-10），加载过程中记录应变仪的读数变化，根据材料弹性模量可将其转化为应力，如图 3.8-11 所示。具体计算如下所示：

精制螺纹钢应力 $\sigma_s = E_s \varepsilon$

防水橡胶应力 $\sigma_p = E_p \varepsilon$

式中　E_s——精制螺纹钢弹性模量，可取 2×10^5 MPa。

E_p——防水橡胶的弹性模量，与应变有关，E_p 随压力增加逐渐增大，可取 0.007 8 GPa，泊松比 0.47。

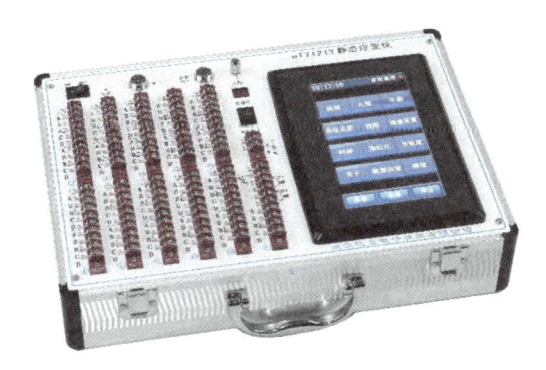

图 8.3-9　应变片　　　　　　　图 8.3-10　电阻应变仪

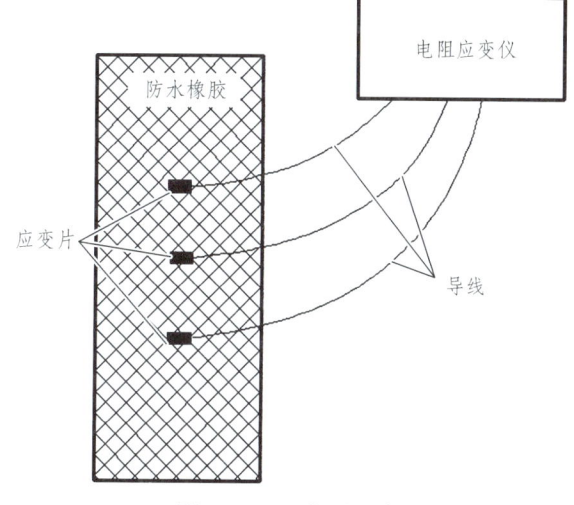

图 8.3-11　监测示意

5. 监测结果

（1）对精轧螺纹钢的应力监测。

① 对竖向 ϕ18 mm 精轧螺纹钢逐级加载至 100 kN，分别读取张拉控制力大小及与之对应的精轧螺纹钢应力及防水橡胶应力，见表 8.3-1 及图 8.3-12。

表 8.3-1　ϕ18 mm 精轧螺纹钢监测数据

序号	张拉力/kN	初始读数	当前读数	应变值/‰	备注
1	10	1 000	1 013	13	
2	20	1 013	1 039	26	
3	50	1 039	1 103	64	
4	80	1 103	1 205	102	
5	100	1 205	1 333	128	

图 8.3-12　φ18 mm 精轧螺纹钢监测数据

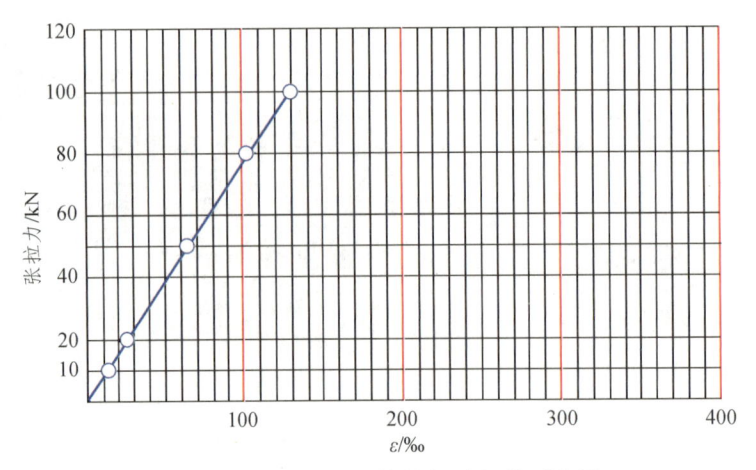

② 对竖向φ25 mm 精轧螺纹钢逐级加载至 250 kN，分别读取张拉控制力大小及与之对应的精轧螺纹钢应力及防水橡胶应力，见表 8.3-2 及图 8.3-13。

表 8.3-2　φ25 mm 精孔螺纹钢监测数据

序号	张拉力/kN	初始读数	当前读数	应变值/‰	备注
1	25	1 000	1 017	17	
2	50	1 017	1 050	33	
3	100	1 050	1 116	66	
4	150	1 116	1 215	99	
5	200	1 215	1 347	132	
6	250	1 347	1 513	166	

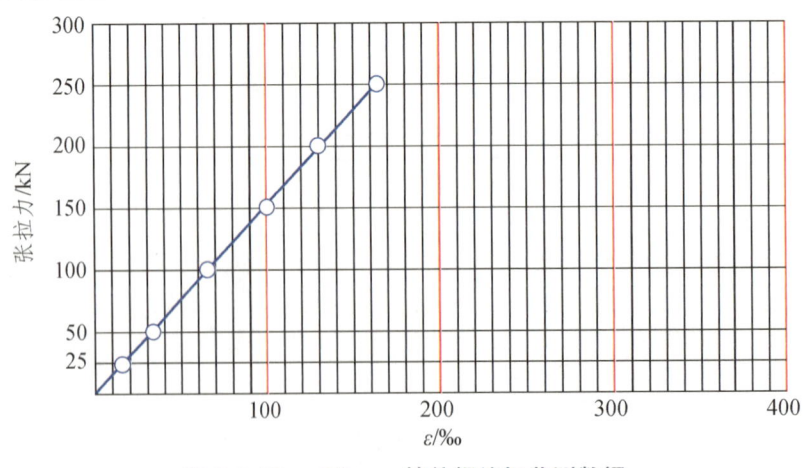

图 8.3-13　φ25 mm 精轧螺纹钢监测数据

③ 对竖向φ32 mm精轧螺纹钢逐级加载至500 kN，分别读取张拉控制力大小及与之对应的精轧螺纹钢应力及防水橡胶应力见表8.3-3及图8.3-14。

表8.3-3　φ32 mm精轧螺纹钢监测数据

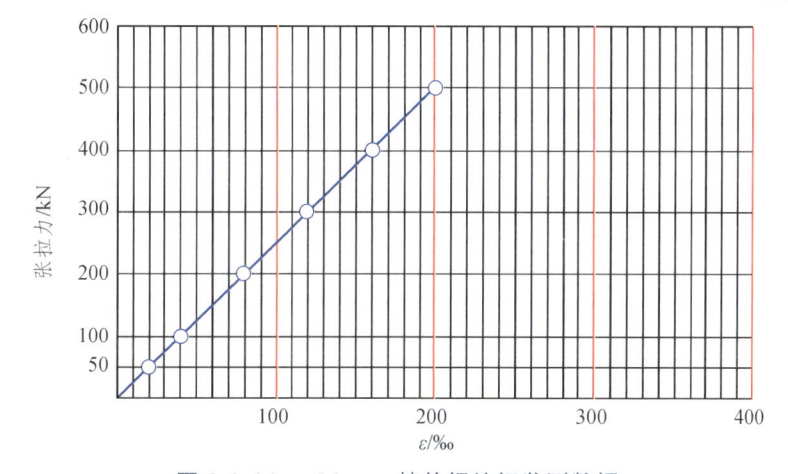

序号	张拉力/kN	初始读数	当前读数	应变值/‰	备注
1	50	1 000	1 020	20	
2	100	1 020	1 060	40	
3	200	1 060	1 141	81	
4	300	1 141	1 262	121	
5	400	1 262	1 424	162	
6	500	1 424	1 626	202	

图8.3-14　φ32 mm精轧螺纹钢监测数据

从监测数据看，张拉还处在应力弹性区，变化正常，精轧螺纹钢没有破坏，符合设计。

（2）对防水橡胶的应力监测。

① 竖向φ18 mm精轧螺纹钢张拉时该处接缝橡胶条应力监测数据见表8.3-4及图8.3-15。

表8.3-4　φ18 mm精轧螺纹钢监测数据

序号	张拉力/kN	初始读数	当前读数	应变值/‰	备注
1	10	100	103	3	
2	20	103	110	7	
3	50	110	126	16	
4	80	126	152	26	
5	100	152	185	33	

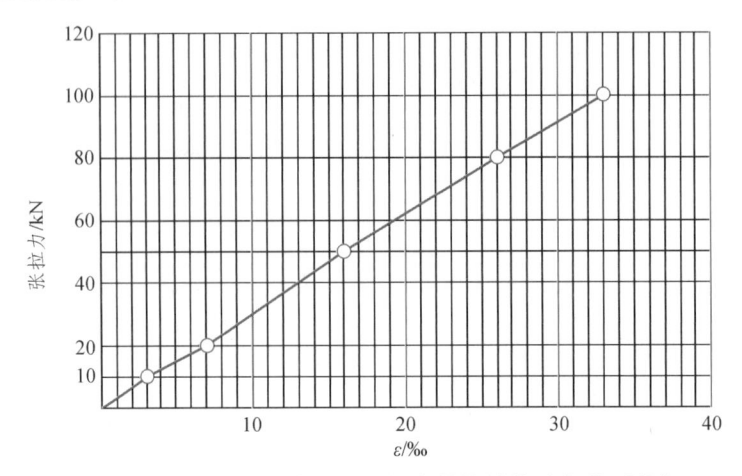

图 8.3-15　ϕ18 mm 精轧螺纹钢张拉接缝橡胶条监测数据

② 竖向 ϕ25 mm 精轧螺纹钢张拉时该处接缝橡胶条应力监测数据见表 8.3-5 及图 8.3-16。

表 8.3-5　ϕ25 mm 精轧螺纹钢张拉接缝橡胶条监测数据

序号	张拉力/kN	初始读数	当前读数	应变值/‰	备注
1	25	100	104	4	
2	50	104	113	9	
3	100	113	130	17	
4	150	130	156	26	
5	200	156	191	35	
6	250	191	234	43	

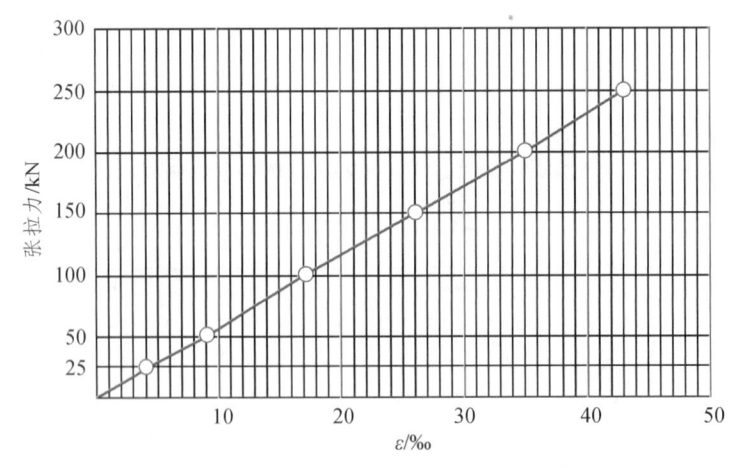

图 8.3-16　ϕ25 mm 精轧螺纹钢张拉接缝橡胶条监测数据

③ 竖向 ϕ32 mm 精轧螺纹钢张拉时该处接缝橡胶条应力监测数据见表 8.3-6 及图 8.3-17。

表 8.3-6　ϕ32 mm 精轧螺纹钢张拉接缝橡胶条监测数据

序号	张拉力/kN	初始读数	当前读数	应变值/‰	备注
1	50	100	107	7	
2	100	107	121	14	
3	200	121	148	27	
4	300	148	189	41	
5	400	189	244	55	
6	500	244	312	68	

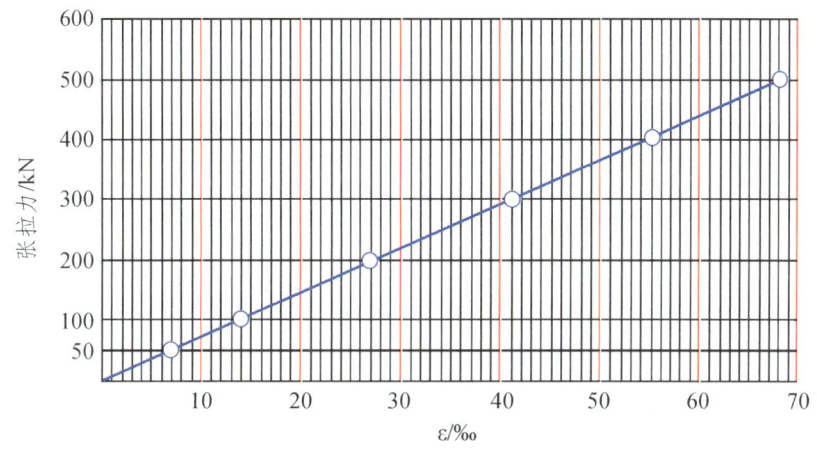

图 8.3-17　ϕ32 mm 精轧螺纹钢张拉接缝橡胶条监测数据

从监测数据看，接缝橡胶条还处在弹性变形阶段，符合设计要求。

8.3.2　管廊 U 形盾构顶推技术

1. 管节顶推摩擦力监测

如图 8.3-18 所示，②$_B$ 与 ②$_A$ 吊装就位后竖向张拉形成整体，逐级加大盾构机千斤顶对节段②顶力，使②管节抵近①管节。当对②管节的顶推力大于其与垫层的静摩擦力时，②管节开始移动，记录此时千斤顶顶推力大小，通过公式计算出摩擦系数 μ 大小。

预制管节水平分割为上下两段，管节宽 8.55 m，下段高 2.5 m、上段高 2.45 m，每节长 1.8 m。预制管节上半部分质量约为 30 t，下半部分质量约 32 t，整体质量约 62 t。通过记录并查阅盾构机记录的工作数据，得知管节推进时工作压力为 2.5 MPa，系统背压约 1 MPa，实际工作压差为 1.5 MPa，底部 2 组共 4 根油缸顶推，油缸缸径 220 mm。则其总推力为

$$F = (220 \times 220 \div 4 \times 3.14 \times 15 \times 0.1) \times 4 = 227\,964\,(\text{N})$$

即预制管节与混凝土垫层表面摩擦力为 227 964 N，管节总质量 62 t；管节移动时的摩擦系数约为

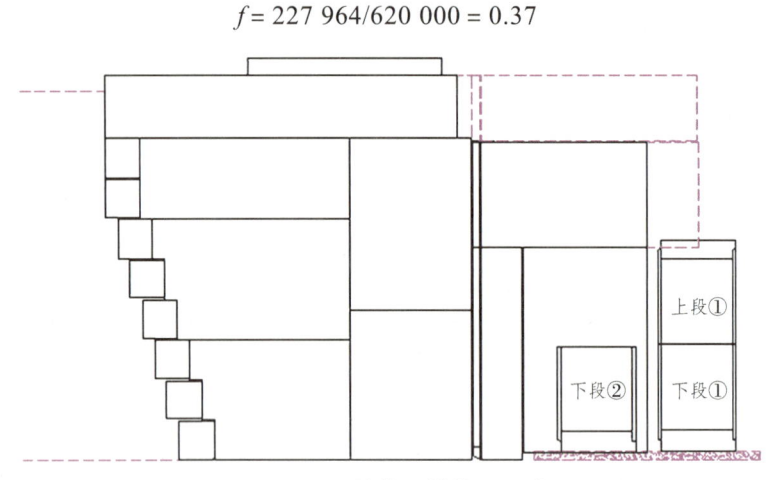

$$f = 227\ 964/620\ 000 = 0.37$$

图 8.3-18　管节顶推施工示意

2. 盾构机顶推摩擦力监测

（1）以管廊为顶力后背，逐级加大盾构机顶推力至设备抵抗其与始发井垫层的静摩擦力开始移动，记录此时千斤顶顶推力大小，通过公式可计算出盾构机与混凝土垫层的摩擦系数 μ。

（2）盾构机完全进入土层开始切土顶进时，重复上一步的过程，记录千斤顶顶推力抵抗盾构机与土层静摩擦力时，即盾构设备开始移动时的顶推力，通过公式可计算出盾构机与土层的摩擦力（对管廊的最大顶力）及其摩擦系数 μ。

（3）监测结果。

① 盾构机与始发井垫层摩擦力。

首节负环顶推完成，再次吊装管节进行始发井内首节顶推，在此顶推过程中，盾体将向前移动，同时推进的阻力也将比首节负环的阻力大，对应的工作压力将升高。

测试在始发井基坑内进行，底部为混凝土硬化地面。U 形盾构机总质量为 320 t，顶推时采用 12 根油缸顶推，顶推时泵站设定的压力为 10 MPa，12 根油缸顶推分为上下左右 4 组控制，然后将盾构机调节到推进模式，从低到高调高每一组的顶推压力，直到盾体开始前移，根据模型预估阻力主要分布在下部，始终保持下部的油缸调定压力高于上部油缸的压力。

过程中检查管节和设备无异常状况。顶推过程中，顶推系统的工作数据整理和计算如表 8.3-7 所示。

表 8.3-7　顶推系统的工作数据整理和计算

项目	泵站	A 组（右）	B 组（下）	C 组（左）	D 组（上）
压力/MPa	4	2.6	2.6	2.4	1.8
推力/t	总 $F=143$	40	40	36	27

根据设备监控系统数据可知，推力变化在 130~160 t 变动，此时盾构机与混凝土垫层摩擦系数约为 μ = 0.40~0.46。

② 盾构机与周围土体摩擦力。

从第 8 环开始，盾体开始逐步进入土体，侧部的开挖面由两侧盾体进行支护，这意味推进阻力将逐步增大，同时受到侧部盾体与土体的摩擦阻力。

盾体进入土体后的顶推参数如表 8.3-8 所示。

表 8.3-8　盾体进入土体后的顶推参数

项目	第 8 环	第 10 环	第 12 环	第 14 环	第 16 环	第 18 环	第 20 环
推进泵最大压力/MPa	6.2	6.0	8.2	7.9	9.2	8	9
推进缸 A 组压力/MPa	4.2	4.9	6.1	5.9	6.7	4.2	5.7
推进缸 B 组压力/MPa	4.4	4.7	3.9	2.8	0.6	0.2	0
推进缸 C 组压力/MPa	3.9	4.9	6.2	5.6	6.8	3.3	3
推进缸 D 组压力/MPa	0	0	0	0	0	5.2	7.5
总推力/t	158	140	260	220	195	160	250
最大推进速度/(mm/min)	30	30	39	50	60	60	55

盾体的姿态监测参数如表 8.3-9 所示。

表 8.3-9　盾体的姿态监测参数

项目	第 8 环	第 10 环	第 12 环	第 14 环	第 16 环	第 18 环	第 20 环
盾体俯仰角/(°)	0.8	0.1	-0.8	-1.2	-1.4	-1.5	-1.4
盾体滚动角/(°)	0.6	0.6	0.6	0.5	0.4	0.4	0.5

由表 8.3-9 数据可以发现，盾体在进入土体的过程中，顶推力由 150 t 逐步上升到 260 t 左右，由于在出始发井时，盾体整体出现下沉，同时右侧下沉量比左侧下沉量大，在第 8~16 环进行了姿态调控，使盾体姿态由下沉逐步过渡到上升爬坡状态，同时对滚动角进行约 0.2°的矫正。实际推进过程中可以发现，当盾体处于直线行走时，顶推阻力较小约为 200 t，当进行姿态调整时，推进阻力增大，最大增大到约 300 t。

此时周围土体对盾体移动的摩擦阻力系数约为 0.47~0.81。

3. 盾构机姿态的监测

采用直线激光靶系统和人工测量辅助进行 U 形盾构机姿态监测。导向系统在进口处设置激光发射器，在 U 形明挖盾构机内设置激光靶，同时在激光靶处设置摄像头。U 形明挖盾构机司机通过激光靶上激光光束的投射位置判断 U 形明挖盾构机当前的掘进姿态。同时在盾体内设置有倾角传感器，司机可以利用倾角传感器判断 U 形明挖盾构机当前的滚动状态。如图 8.3-19、图 8.3-20 所示。

图 8.3-19　U 形盾构机导向系统示意

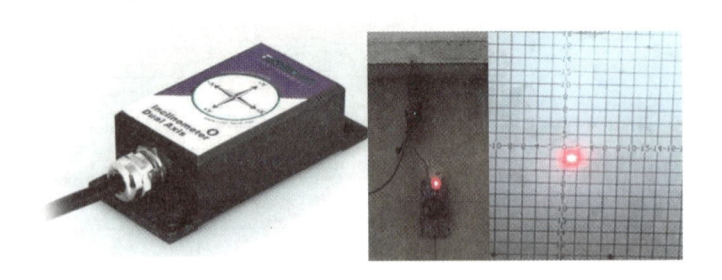

倾角+俯仰检测　　　　　　　激光导向检测

图 8.3-20　倾角传感器与激光导向系统

随着 U 形明挖盾构机推进，必须通过人工测量来进行精确定位。为保证推进方向的准确可靠，每管节进行一次人工测量，以校核导向系统的测量数据并复核盾构机的位置、姿态，确保 U 形明挖盾构机掘进方向的正确。

4. U 形盾构机姿态的调整与纠偏

U 形盾构机借鉴常规圆形盾构机的铰接系统设计，盾构机盾体之间设计有铰接油缸连接，如图 8.3-21 所示。顶推油缸和铰接油缸均采用分组控制，如图 8.3-22、图 8.3-23 所示。顶推系统包括顶推油缸、靴板或顶铁。顶推油缸安装在中部盾体后部，顶推油缸缸杆端部安装靴板。顶推时，靴板顶紧在预制管节的端面，推进设备整体向前移动。顶推油缸分组控制，可以调节每组油缸的推力大小和推进速度，结合铰接油缸分组控制，可以在推进过程中对盾构机的姿态进行主动调整，实现推进方向的微调。图 8.3-24 为盾体姿态显示界面。

（1）掘进方向的调整。

根据线路条件所做的拟合控制计划和导向系统反映的盾体姿态信息，结合地层情况，通过分区操作 U 形明挖盾构机的顶推油缸来控制掘进方向。一般调节的原则是：使 U 形明挖盾构机的掘进方向趋向隧道的理论中心线。顶推油缸分为上下左右 4 组，需要调整掘进方向时，适当增大调整侧的开挖量，实现设计范围的超挖；同时差异化控制 4 组顶推油缸的顶推力，增大反向顶推油缸的推力，减小同侧顶推油缸的推力，从而实现差异化的行程控制，实现盾体的方向控制。

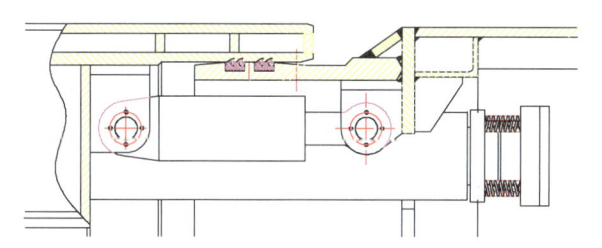

图 8.3-21　U 形盾构机铰接系统示意

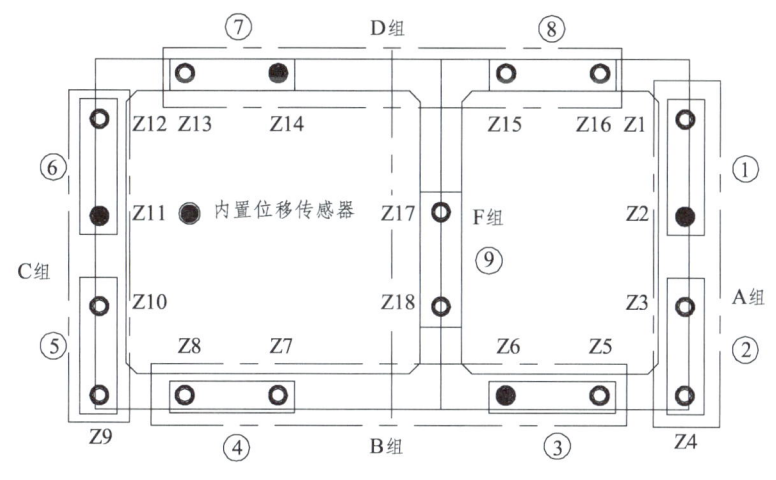

图 8.3-22　顶推油缸分组控制

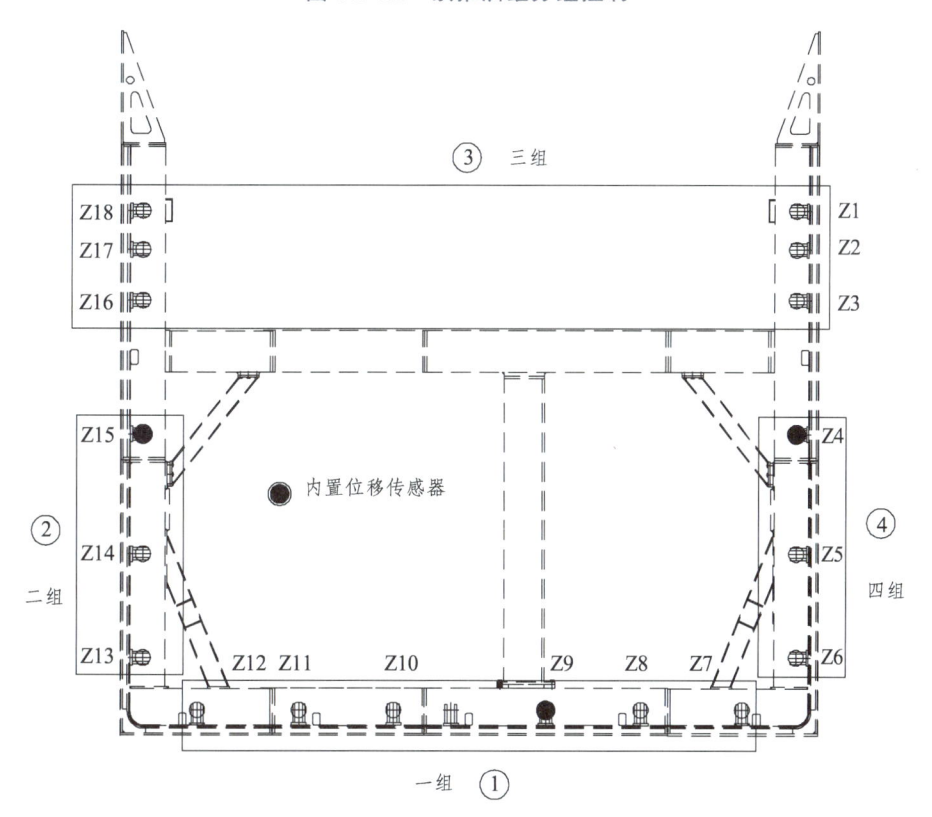

图 8.3-23　铰接油缸分组控制

图 8.3-24 盾体姿态显示界面

（2）俯仰角的调整。

俯仰角的控制主要通过行进方向下部土体超欠挖来控制，行进方向下部土体的超欠挖由反铲挖掘机和盾体前下部的推板配合来实现。当盾体需要向前进方向向下调整时，让挖掘机将开挖面底部的土体进行适当的超挖，同时操控盾构，将盾体前下部的推板降至最低位置，伸出推板将前部地面推平，此时盾体前部的地表将低于盾体底部，当盾体继续前行推进时，将逐步进入下坡状态；当盾体需要向前进方向向上调整时，挖掘机保持常态开挖，控制盾体前下部的推板进行抬升，伸出推板将前部地面推平，此时盾体前部的地表将高于盾体底部，在前部盾体底部的楔形引入口的作用下，推进时，盾体将逐步进行抬升。推板及楔形引入口如图 8.3-25 所示。

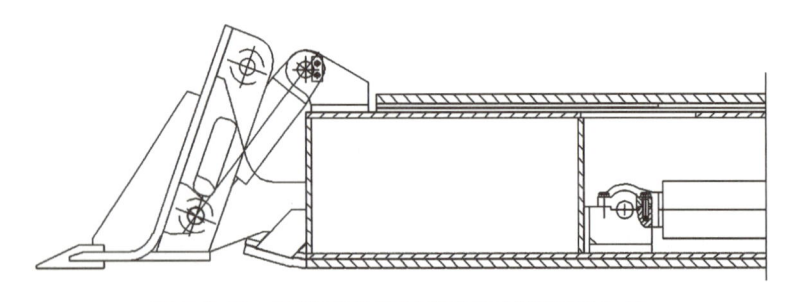

图 8.3-25 可升降推板及盾体前部楔形引入口

（3）滚动角的调整。

在实际施工中，由于各种原因，推进方向可能会偏离设计轴线。在不均匀地层中掘进，因地层两侧承载力不同，可能会产生盾体滚动偏差，应及时检测并调整盾构机姿态、纠正偏差。滚动角的调整需要前盾底部推板的升降控制同时配合侧部的超挖来实现，通常滚动角的产生比较慢，但同时纠正也相对困难，因此操作时应随时关注，及时预防滚动角的增大。滚动角的调整主要由调控左右侧推板的高度来进行控制，当盾体向右侧倾斜时，将右侧推板抬高，左侧推板压低；当盾体前行时，盾体的倾斜状态及滚动角即会缩小；当盾体向左侧倾斜时，推板高度控制相反。

8.3.3 综合管廊 U 形盾构垫层、回填施工技术

1. 干硬性混凝土垫层施工

因为普通混凝土垫层等强时间过长，所以开展对干硬性混凝土配合比的研究，通过试验对比，最终确定设计配比为：水泥：砂：石：石屑：水 = 337：679：791：527：125 = 1：2.01：2.35：1.56：0.37。

用 25 t 汽车吊吊放料斗将拌制好的干硬性混凝土材料，吊放至基坑底部，人工均匀布料，利用打夯机进行夯实，并控制表面平整度与高程符合设计要求，即可进行预制管节吊装，如图 8.3-26 所示。

图 8.3-26　垫层施工

2. 基坑回填施工

预制管廊拼装完成后，盾构机向前推进，避免基坑侧壁坍塌，需及时采用 C15 混凝土进行两侧对撑回填至管廊顶部，采用振动棒振动密实，管廊顶部以上采用素土进行分层回填并压实，如图 8.3-27 所示。

因管廊回填施工时间较长，与管节拼装工序时效不匹配，增加了基坑侧壁坍塌的风险。为了加快回填施工速度，也为避免回填的混凝土进入尾盾管节拼装平台，影响管节拼装施工，设计制作了 U 形盾构机尾刷装置与基坑侧壁回填装置。

图 8.3-27 预制管廊回填施工

（1）U 形盾构机尾刷装置。

采用钢板、尼龙板等材料制作尾刷装置，再将尾刷装置固定在 U 形盾构机尾部盾体侧部，接近管节拼缝的部位，尾刷装置设计如图 8.3-28，安装如图 8.3-29 所示。

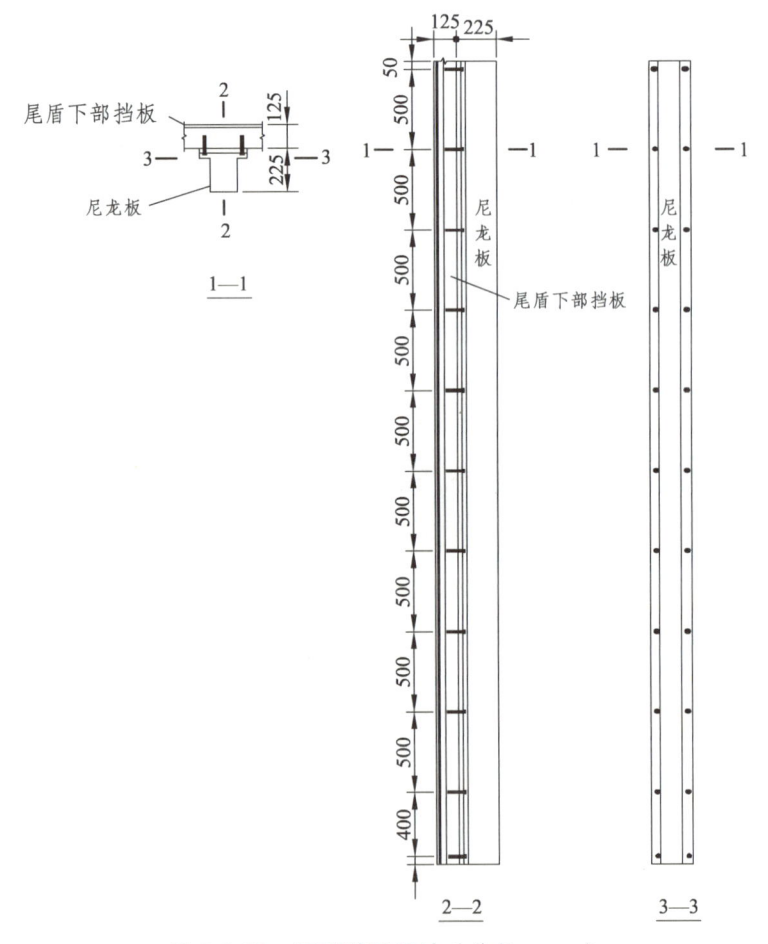

图 8.3-28 尾刷装置设计（单位：mm）

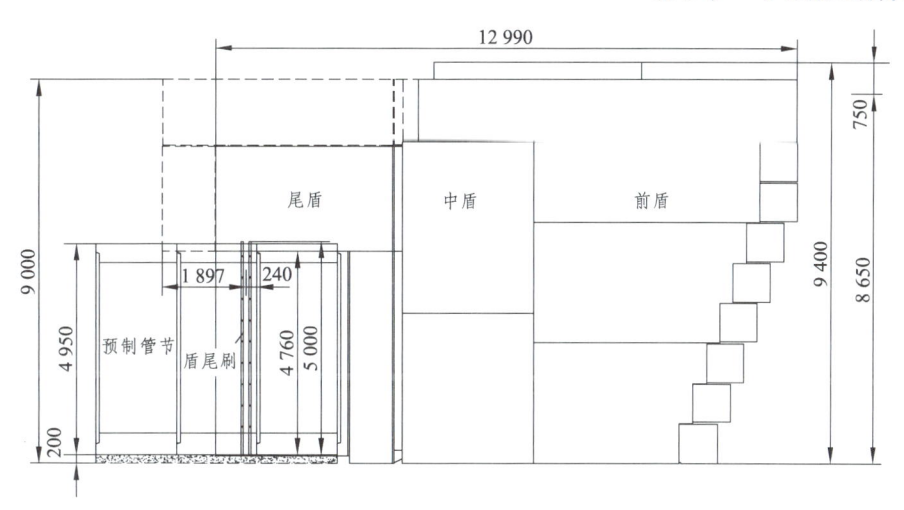

图 8.3-29　尾刷装置安装示意（立面，单位：mm）

（2）基坑侧壁回填装置。

利用钢板、钢管制作回填装置，再将回填装置固定在U形盾构机尾盾上部，直接将混凝土通过罐车出料斗放置在回填装置内，节省了人力与机械，节约了成本，并且提高了基坑回填的效率，如图8.3-30所示。

图 8.3-30　基坑侧壁的回填装置

8.3.4　管廊U形盾构机过非标节点段技术

1. 钢管节反力架设计制作

以第一个非标节点为例，里程为K9+480～K9+530，长50 m。在K9+480与K9+530处，设计为3°转角，设计制作一种钢制管节代替混凝土管节，盾构机作用在钢管节上，进行顶推，如图8.3-31所示。

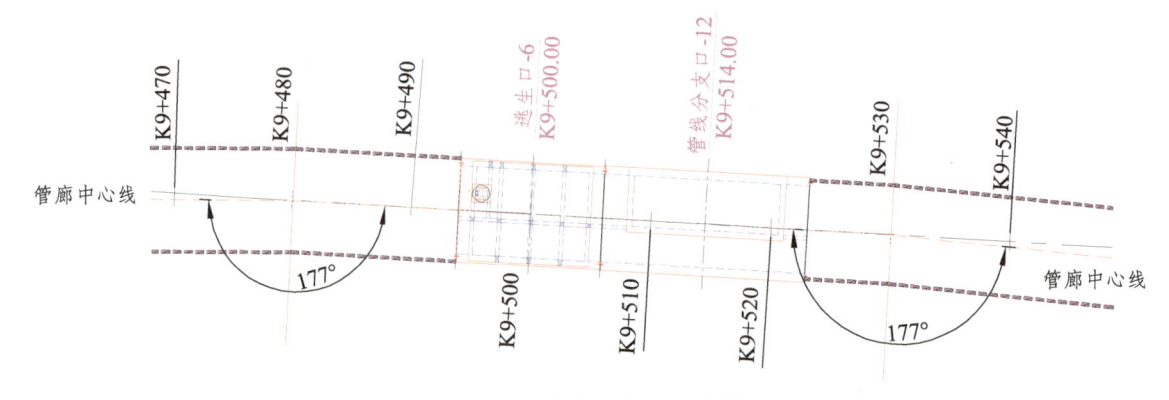

图 8.3-31　非标准段平面布置

采用φ609×16钢支撑制作钢管节反力架,每组钢管节反力架由6根同长度的钢支撑组成,钢支撑间用[20b槽钢焊接。钢管节反力架规格分5 m标准节、1.8 m调整节两种,两组钢管节反力架间采用M18高强螺栓连接。为方便吊装、运输,将钢管节分左、右两侧加工,利用M12螺栓在现场进行拼装,如图8.3-32~图8.3-35所示。

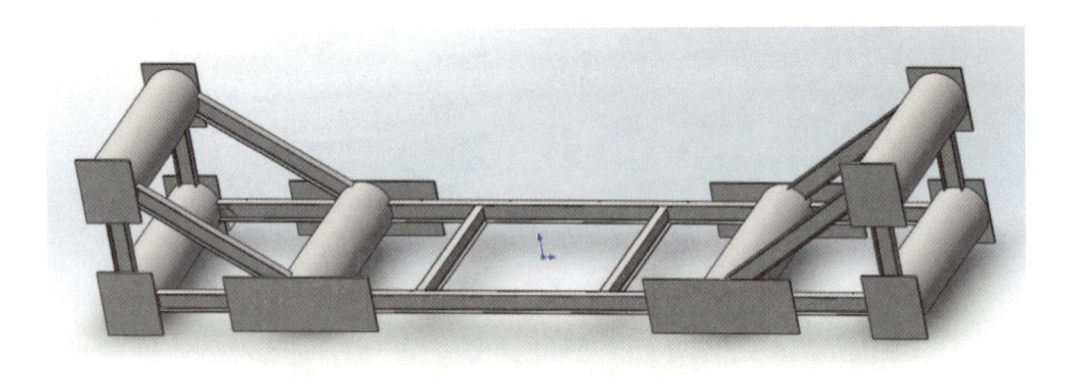

图 8.3-32　1.8 m段调整管节设计

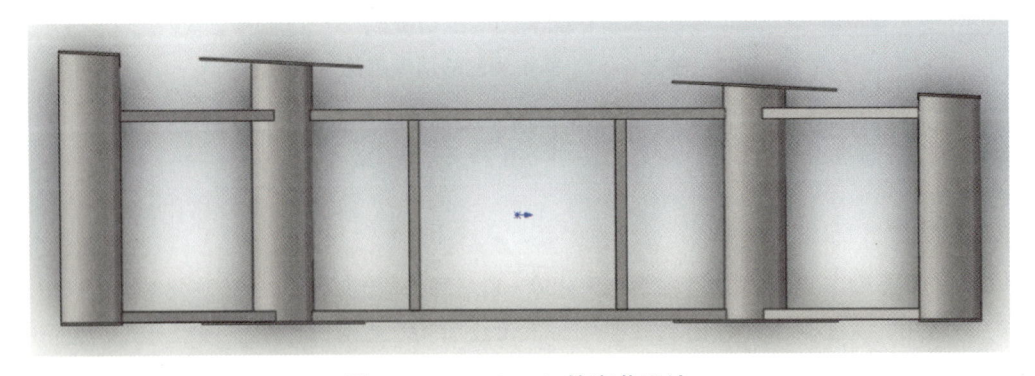

图 8.3-33　1.8 m 3°转弯节设计

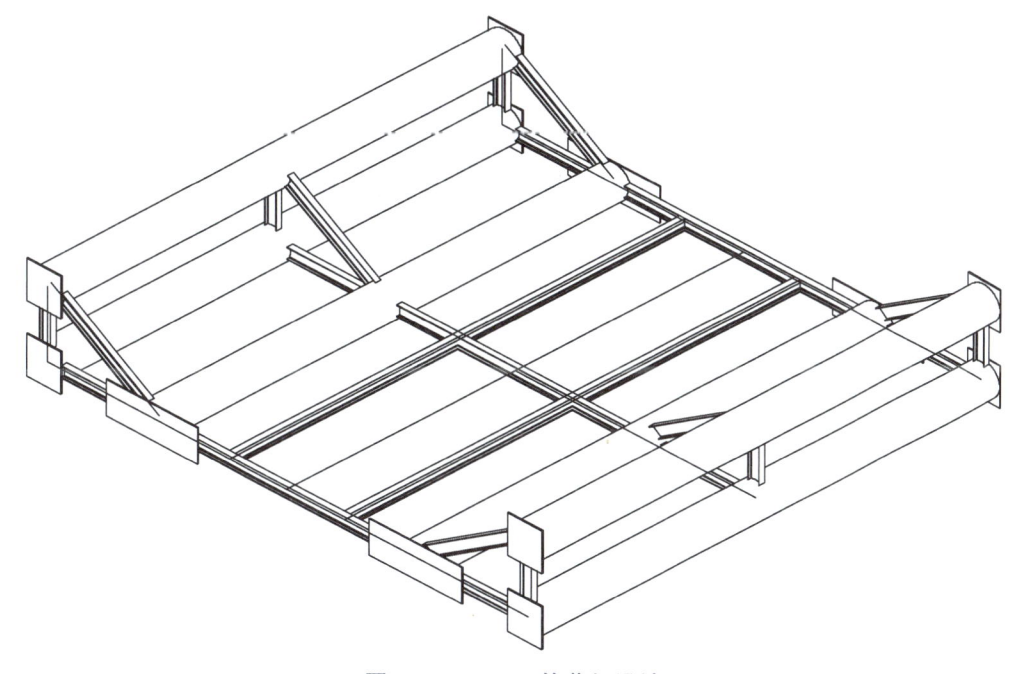

图 8.3-34　5 m 管节架设计

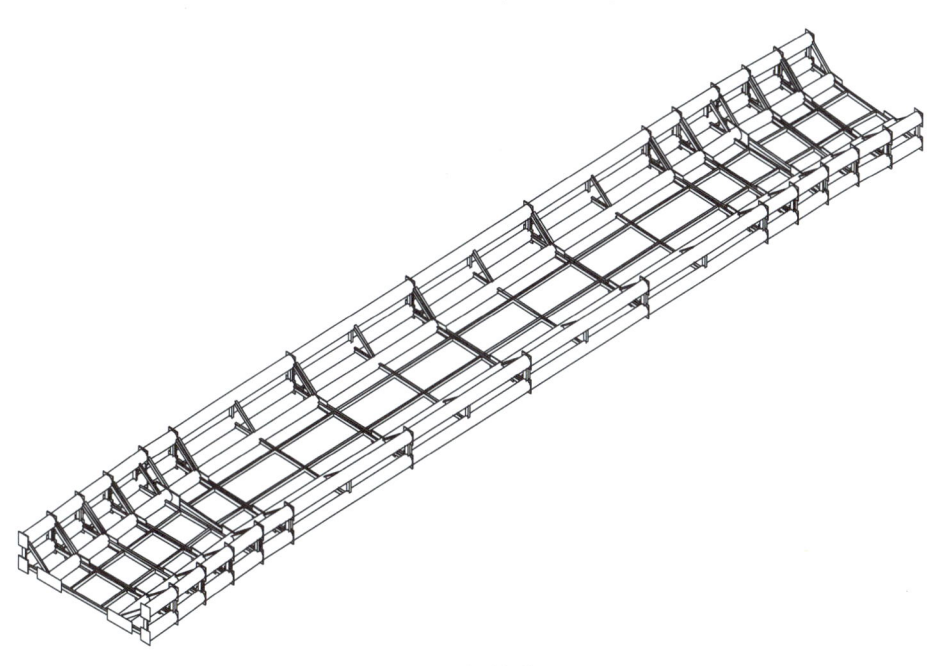

图 8.3-35　50 m 钢管节反力架设计

2. 钢制管节受力分析

用 ANSYS 程序进行反力架实体建模与网格划分，图中 A、B、C、D 四处限制 X 方向自由度，E 面处限制 Z 方向、Y 方向自由度。红色端面加载 6000 kN 压力，即 600 t 载荷模型及计算结果如图 8.3-36～图 8.3-40 所示。

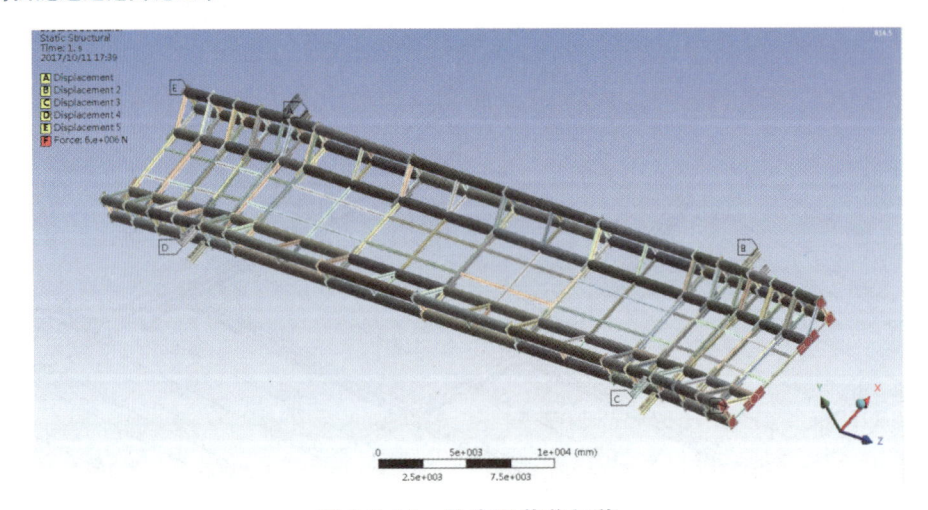

图 8.3-36　约束及载荷加载

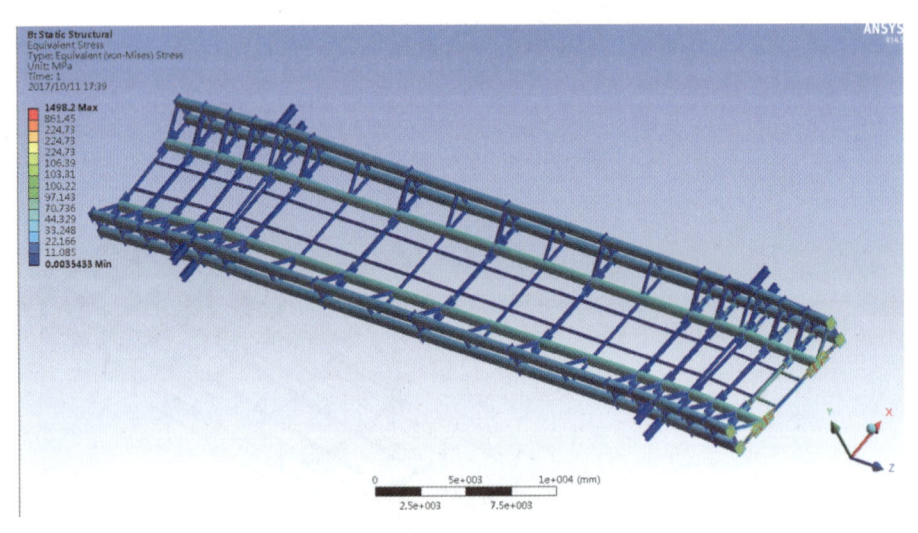

图 8.3-37　应力云图 1

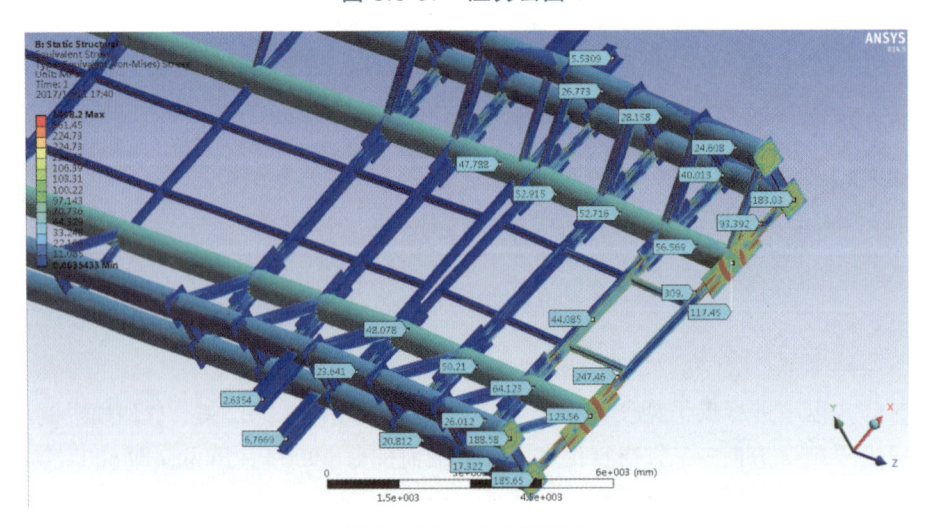

图 8.3-38　应力云图 2

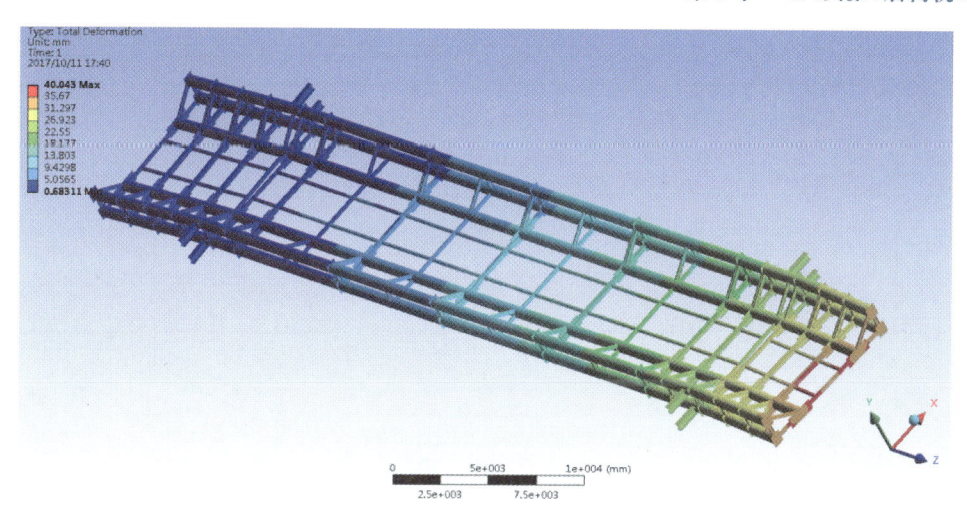

图 8.3-39　应变云图 1

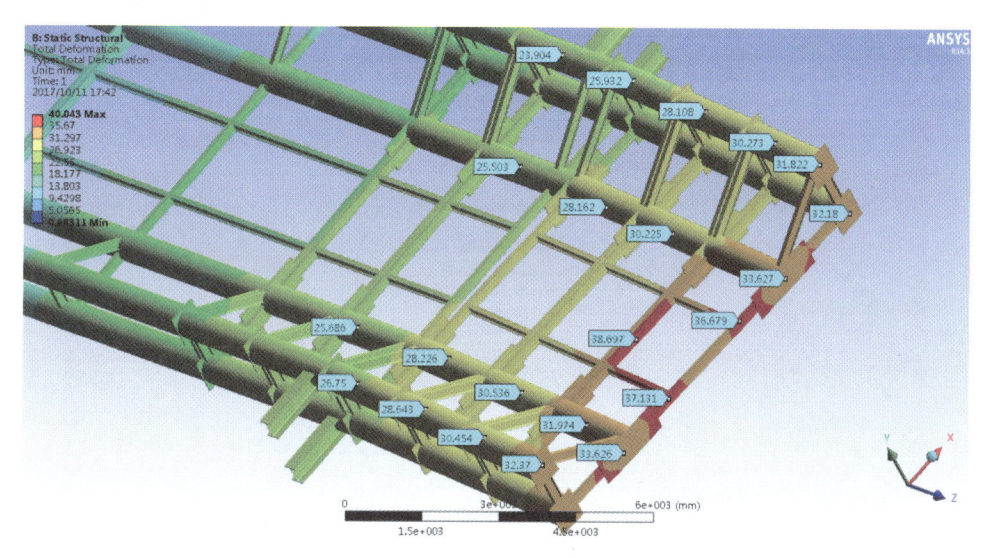

图 8.3-40　应变云图 2

通过分析可以发现，在转弯处增加工字钢，使钢管节顶在端部工法桩上后，钢管节反力架的主体应力在 120 MPa 以下，满足要求。

根据以上分析，实际测试时，需要在图示结构上对反力架两端的端面连接部位和转角部位，进行加强加固（增加筋板或增大连接型钢）。

3. 钢制管节拼装

由于盾构机油缸行程有限，每次只能推进 1.8 m，故每吊装 2 节 1.8 m 调整节，盾构机推进 5.4 m 后，吊起 2 节 1.8 m 调整节，吊装 5 m 标准节替换 2 节 1.8 m 调整节。在转角处设置转弯节，使盾构机转弯通过。钢管节安装定位如图 8.3-41 所示，拼装效果如图 8.3-42 所示。

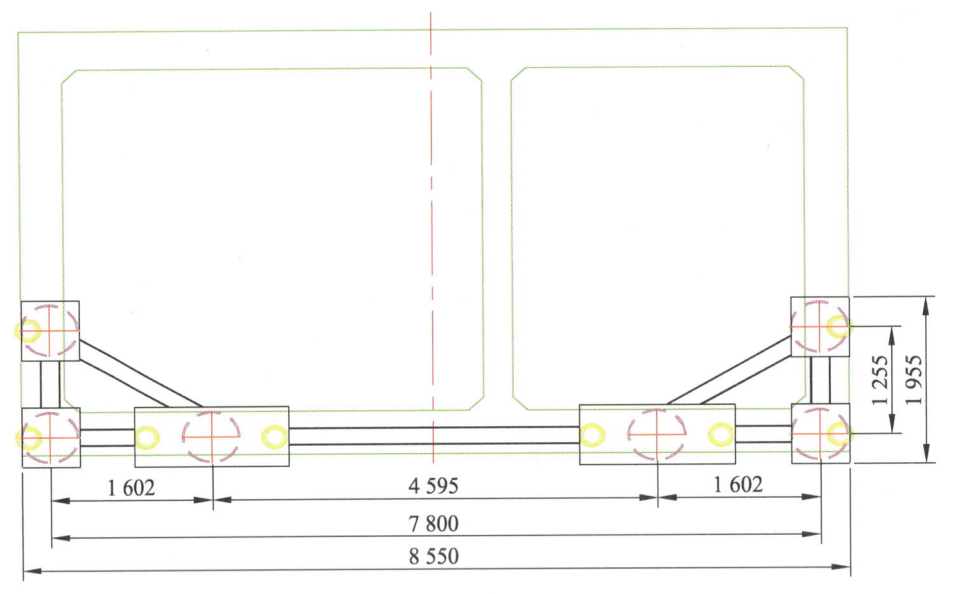

图 8.3-41　钢管节安装定位断面图（单位：mm）

图 8.3-42　钢管节拼装效果图

8.4　小结

海口市椰海大道西延段地下综合管廊工程采用了新的 U 形敞口盾构工法。本章介绍了工程概况、U 型盾构机的功能、设计参数；阐述了 U 型盾构机施工涉及的管节预制、管节拼装、管节拼缝监测等情况；详细分析了 U 形盾构掘进过程中的摩擦力监测和盾构姿态的监测与调整的技术要点；总结了综合管廊 U 形盾构垫层、回填施工，以及 U 形盾构机过非标节点段等关键技术。

第 9 章　马蹄形盾构隧道 BIM 技术与信息化系统

当前，BIM（建筑信息模型）技术已成为土木工程行业信息化的重要方向和抓手，盾构施工具有高度集成化和自动化的特点，远程数据采集、诊断、管理，乃至智能化也已成为盾构技术发展的一大方向。在白城隧道项目中，采用 BIM 技术，对盾构隧道的地质、洞门、明洞、管片结构、盾构机进行了三维建模，同时利用三维激光扫描的点云重构了隧道三维实景数字化模型，以实现隧道三维重构和相应的质量检测功能。白城隧道项目进一步采用盾构在线监测云平台，实施了项目集成化管理和智能分析预警。

9.1　地质三维数字模型

以浩吉铁路白城隧道为例，地形模型生成主要包括 4 个步骤：参考地形等高线、创建图形过滤器、生成地形模型和地形模型分层。根据地形等高线图，生成参考地形等高线，其中包含了带有高程信息的等高线图，如图 9.1-1 所示。

图 9.1-1　地形等高线图（局部）

在软件中可以快速通过等高线建立地表模型，三维地表模型可以更加清晰地表达地表的起伏。在已有的地表模型基础上，根据地质勘查报告和隧道纵断面图中的地质分层的信息，在软件中绘制出地层分布。最终的地质三维数字模型见图 9.1-2，纵剖面见图 9.1-3。

图 9.1-2　地质三维数字模型

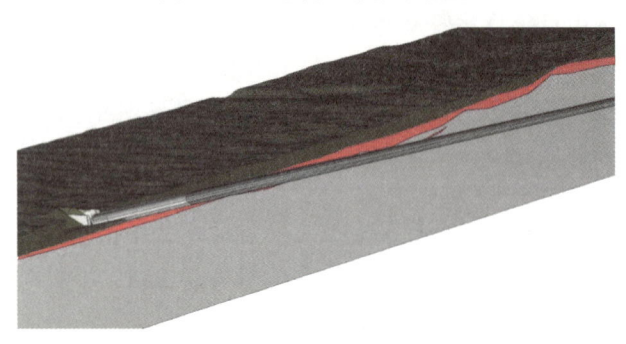

图 9.1-3　地质三维数字模型纵剖面

通过直接截取地质横断面图能够清晰地看到地层分布情况，并结合附加信息，能够对地层信息进行整合，实现浏览一个模型即可了解所有地层信息。具体地质三维数字模型横剖面图见 9.1-4。

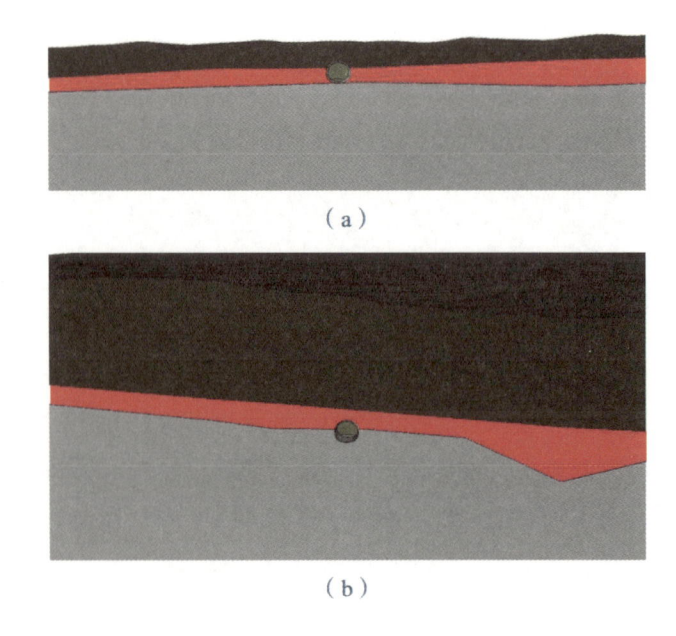

（a）

（b）

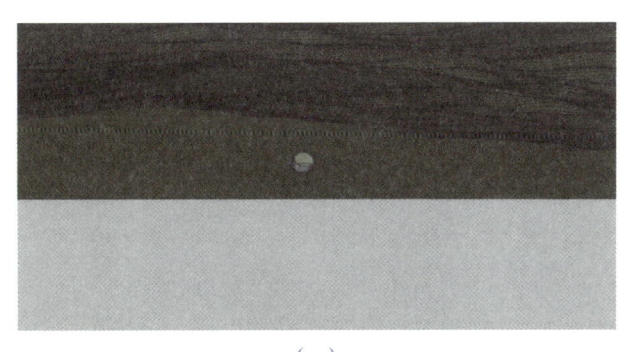

（c）

图 9.1-4　地质三维数字模型横剖面图

本项目的地质条件三维数字模型，在参考地质勘查报告和隧道纵断面图的基础上，过滤出有效信息，结合现场施工的实际情况进行修正，建立真实地质环境，完成了大范围带状无缝可量测的地形数字模型的建立，实现了建立真实地质环境的目标。将可量测的立体实景信息直接提供给设计人员，使其可在实景立体环境下直接进行设计活动。后期此模型还可与地图工具、GIS（地理信息系统）工具有效地关联，实现信息集成。

9.2　隧道及管片结构三维数字模型

9.2.1　进口段构造物三维数字模型建模

1. 进口明洞建模

进口明洞的原始设计断面如图 9.2-1 所示。直接导入断面图进行处理，生成相应的平面，可以直接测量对应的断面的面积，如图 9.2-2 中，可直接得到选中断面面积为 28.803 1 m²。

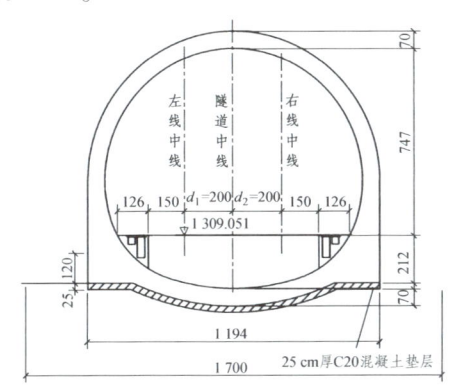

图 9.2-1　隧道进口明洞断面图（单位：cm） 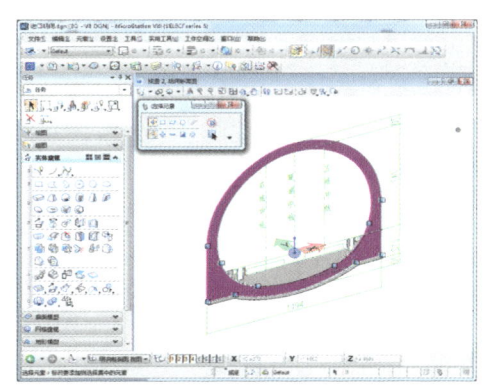　　**图 9.2-2　断面面积测量**

将断面沿线路中线放样即可得到明洞的三维实体模型，通过选择相应的部分，可以直接读取该部分的体积，选中 10 m 长的模型体积为 97.2338 m³，见图 9.2-3。

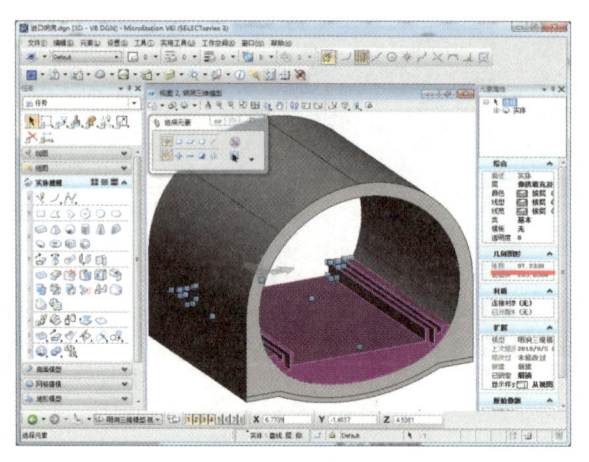

图 9.2-3 实体体积测量

明洞加强段提供盾构机推进时所需的反力，盾构始发时，推力主要集中在下半部。因此，其衬砌厚度要比明洞段的衬砌厚，其尺寸见图 9.2-4。

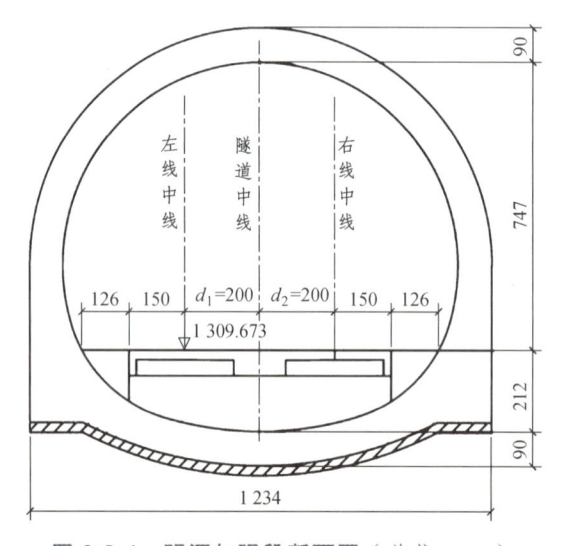

图 9.2-4 明洞加强段断面图（单位：cm）

将明洞与明洞加强段按照中心线位置及里程放在同一坐标系下，整个进口段明洞模型见图 9.2-5。

图 9.2-5 进口段明洞模型

2. 进口洞门建模

白城隧道进口段采用翼墙式洞门，翼墙式洞门由端墙、翼墙和挡土墙构成。在模型建立过程中，将翼墙式洞门模型分为三部分进行建模。建模思路是通过分部建模后再将模型拼合而成，模型情况如图9.2-6所示。

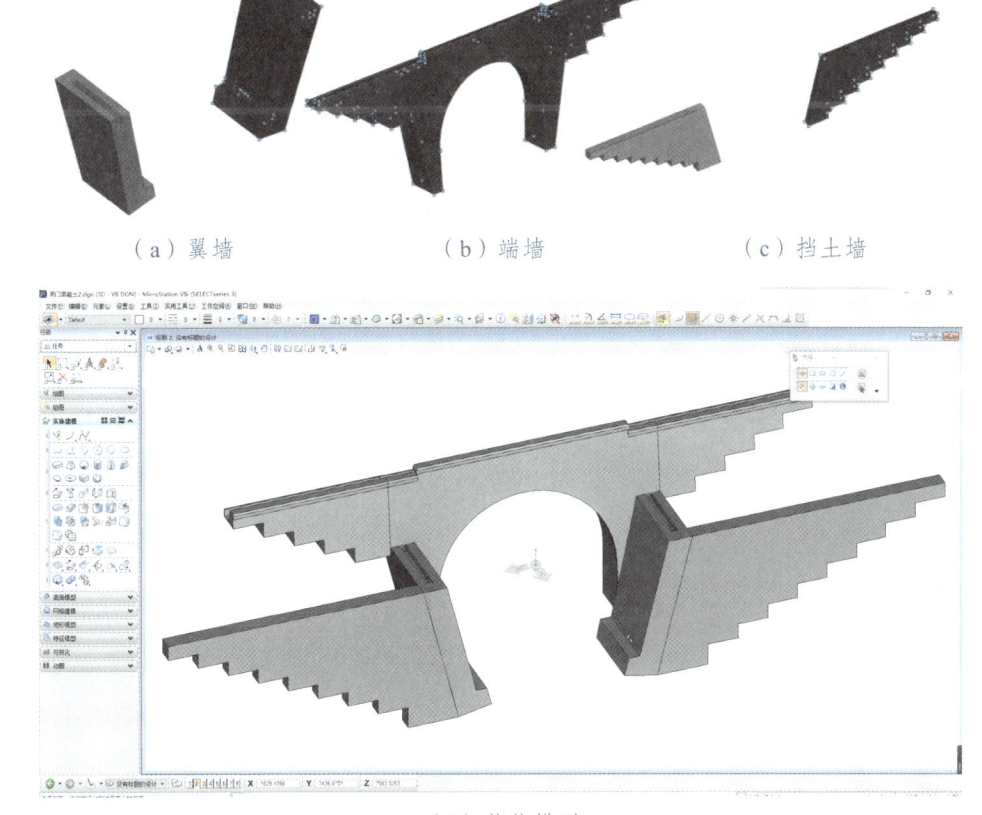

（a）翼墙　　　　（b）端墙　　　　（c）挡土墙

（d）整体模型

图 9.2-6　白城隧道洞门三维模型

进口洞门渲染图与实拍摄图对比见图9.2-7。

（a）渲染图　　　　（b）实拍图

图 9.2-7　进口洞门渲染图与实拍图对比

3. 盾构始发结构建模

龙门吊基础建模：龙门吊基础模型包含龙门吊基础及其下的冠梁和桩孔灌注桩，龙门吊基础模型如图 9.2-8 所示。

始发基座采用 C30 钢筋混凝土结构，在始发基座上设置 3 根 120 kg/m 钢轨作为盾构机导向轨道。盾尾与中盾连接处，预留宽 800 mm，高 700 mm 的盾尾焊接槽，始发基座三维实体模型见图 9.2-9。DK206+584.34～DK206+597.84 设置 50 cm 厚 C25 喷混凝土套拱。套拱为盾构机顺利进洞提供一定的保护和辅助，套拱三维模型如图 9.2-10 所示：

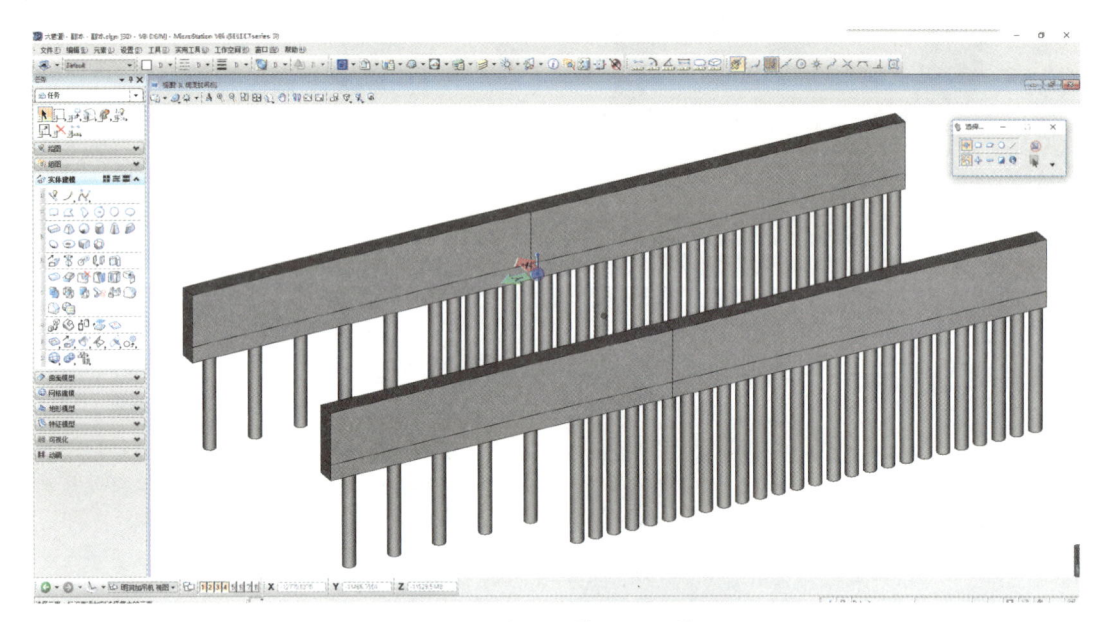

图 9.2-8 龙门吊基础三维模型

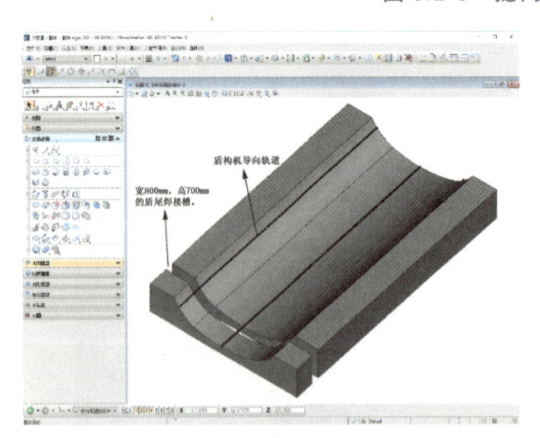

图 9.2-9 盾构始发基座三维模型

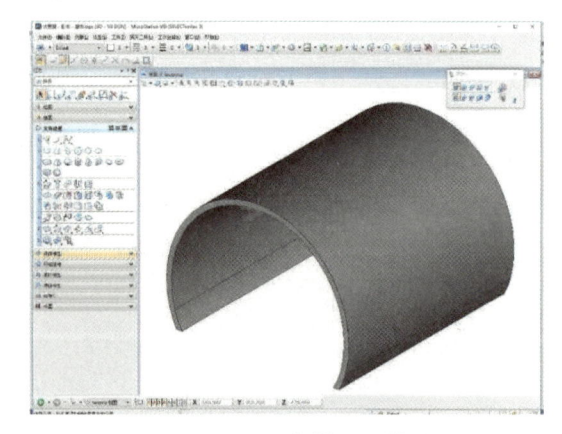

图 9.2-10 套拱三维模型

盾构始发结构的各个分部模型建立完成后，将以上模型以及明洞加强段共同"参考"进同一文件下，即可得到完整的盾构始发结构三维模型，如图 9.2-11 所示。

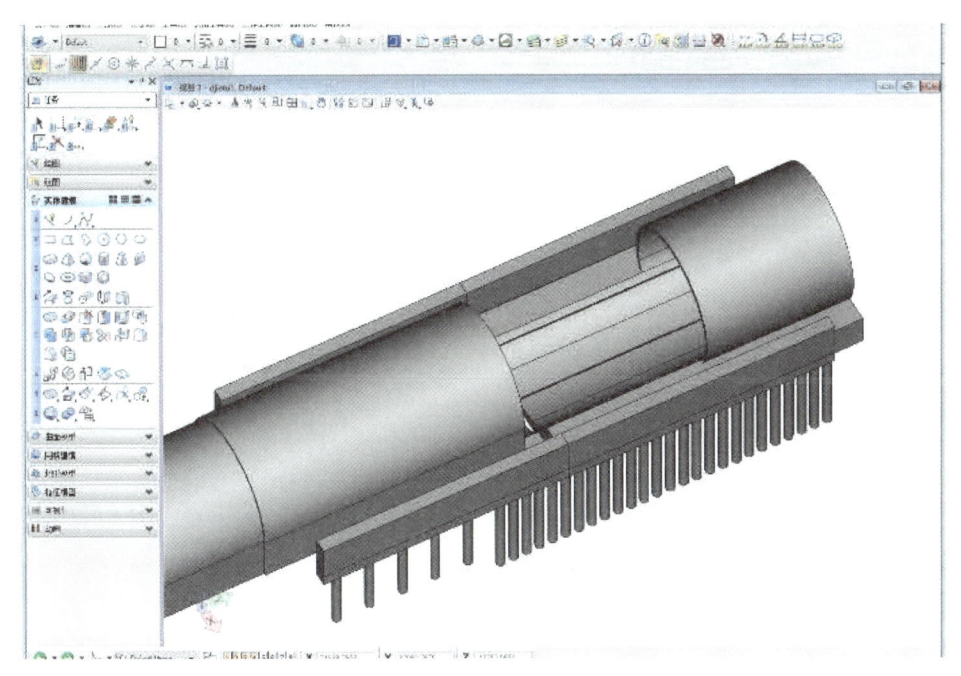

图 9.2-11　完整盾构始发三维模型

9.2.2　出口段构造物三维数字模型建模

1. 出口洞门

出口采用的斜切喇叭口式洞门，对隧道明洞斜切，向前伸出喇叭口，喇叭口帽檐部分是一个不规则斜向上伸出的实体，见图 9.2-12。

图 9.2-12　斜切喇叭口式洞门

帽檐的表面是由 4 个直纹曲面围成，如何建立帽檐模型是出口洞门建模的难点。首先需要绘制喇叭口帽檐的边线。该喇叭口帽檐的 4 个边线由 4 根椭圆曲线组成，见图 9.2-13。

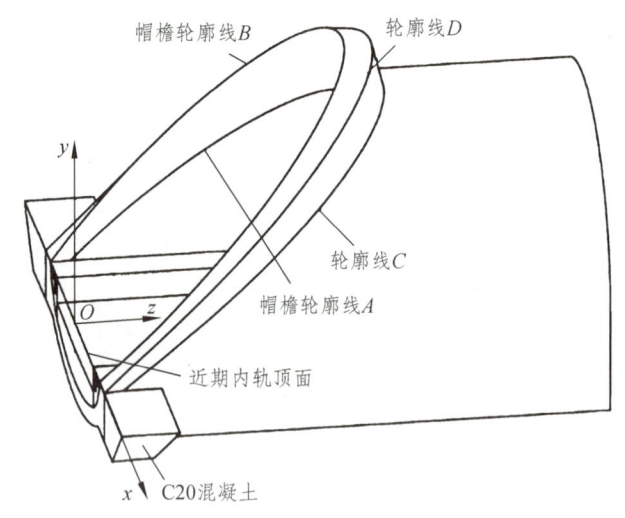

图 9.2-13 出口洞门示意

轮廓线 A、B、C 均为椭圆的一段；轮廓线 D 的上部分为椭圆，下部分为直线且切点为椭圆短轴对应的象限点上。由其位置关系可以发现轮廓线 A、C 是帽檐与隧道衬砌相连接的边界，因此这两条轮廓线可以通过对衬砌进行切割得到如图 9.2-14 所示。

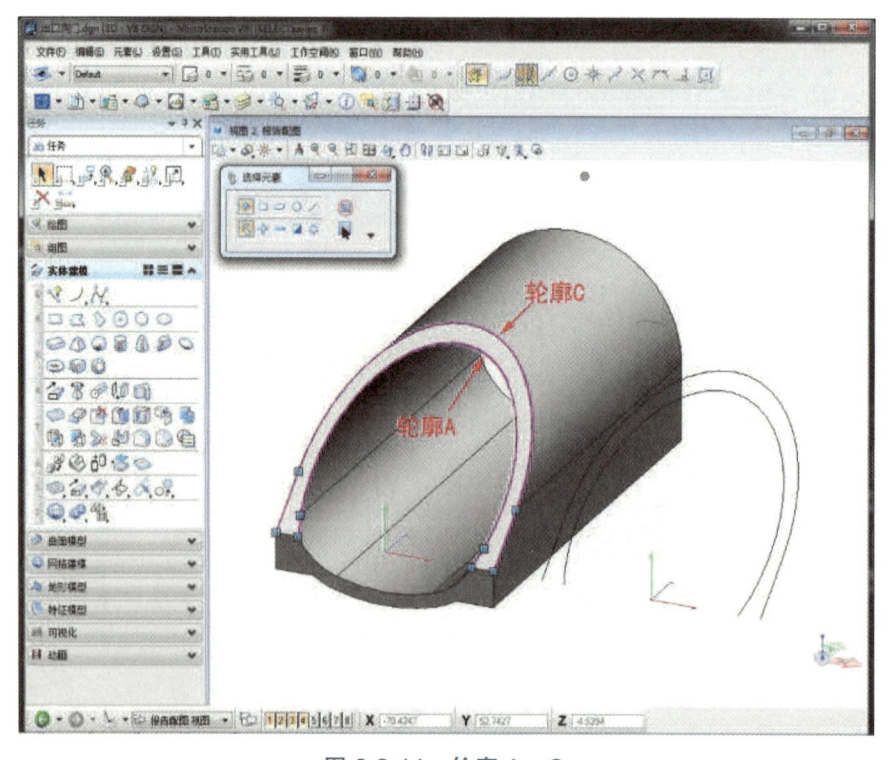

图 9.2-14 轮廓 A、C

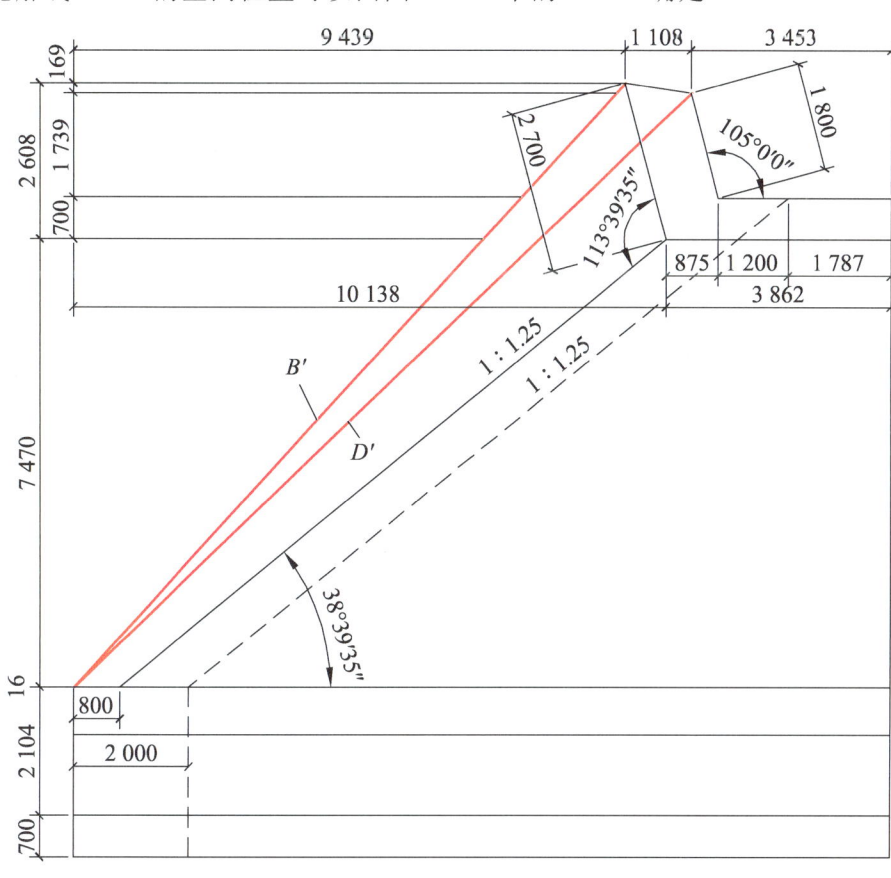

而轮廓线 B、D 的空间位置可以由图 9.2-15 中的 B′、D′ 确定。

图 9.2-15 轮廓线 B、D 的集聚线（单位：mm）

由以上操作可以定出轮廓线 A、B、C、D。通过 4 条轮廓线可以生成直纹曲面，最终可"缝合"成实体，具体操作流程见 9.2-16。

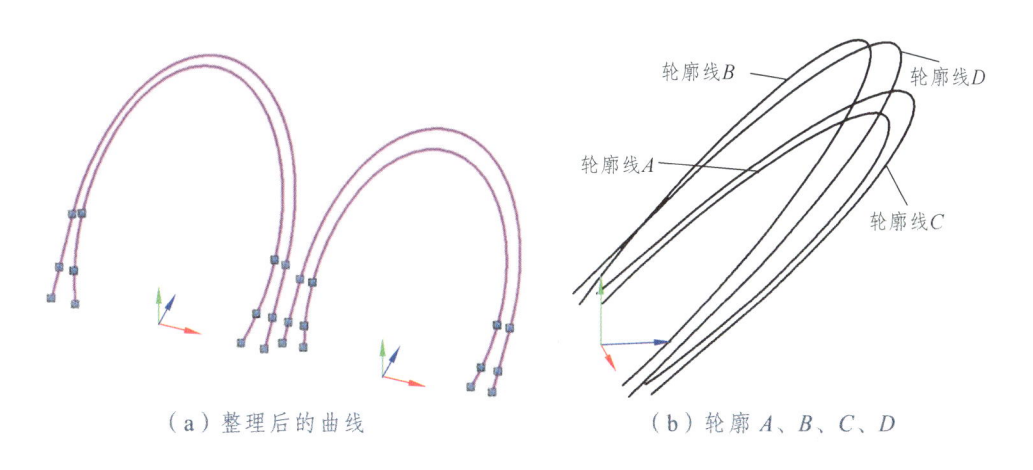

（a）整理后的曲线　　　　　（b）轮廓 A、B、C、D

（c）上、下直纹曲面　　　　　（d）前、后直纹曲面

图 9.2-16　帽檐建模流程

表面模型完成后可在软件中直接生成实体，如图 9.2-17 所示，可以直接查看帽檐体积为 38.312 8 m³。将帽檐和第一步剪切生成的隧道衬砌合并如图 9.2-18 所示，即完成出口洞门三维数字模型，可以直接查看帽檐体积为 333.185 8 m³。

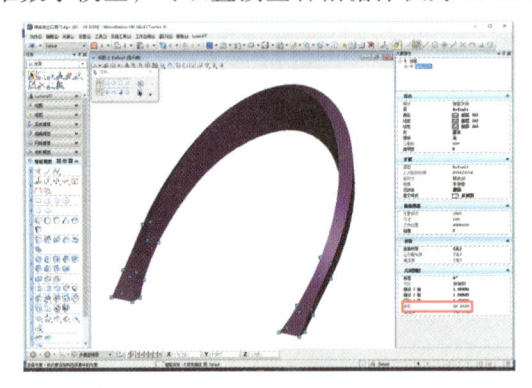

图 9.2-17　喇叭口帽檐三维模型 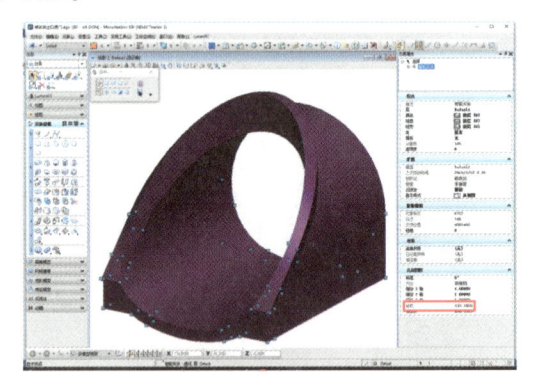　　　　图 9.2-18　喇叭口式洞门体积查看

将软件中的模型赋予混凝土材质，调整角度后和实际洞门对比，见图 9.2-19。

（a）实际洞门　　　　　　　　（b）三维模型

图 9.2-19　喇叭口式洞门三维模型与实际洞门对比

建模选择的 BIM 软件中可以方便地通过三维模型生成三视图、断面图等。在生成的断面图中标注尺寸，然后与设计图中的尺寸相比，见图 9.2-20，从图中可以看出在毫米精度下二者无差别。

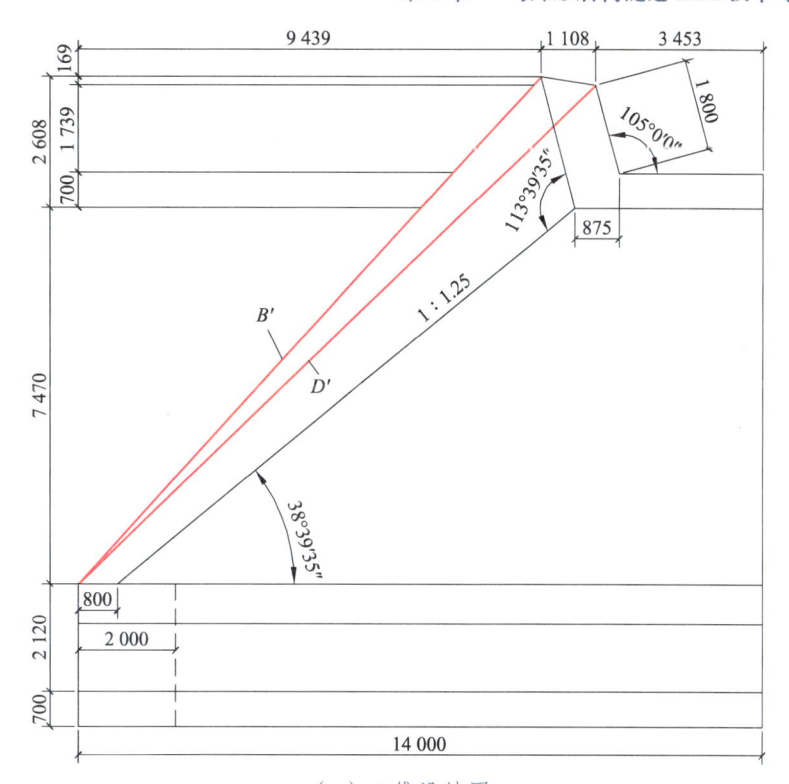

第 9 章　马蹄形盾构隧道 BIM 技术与信息化系统

（a）二维设计图

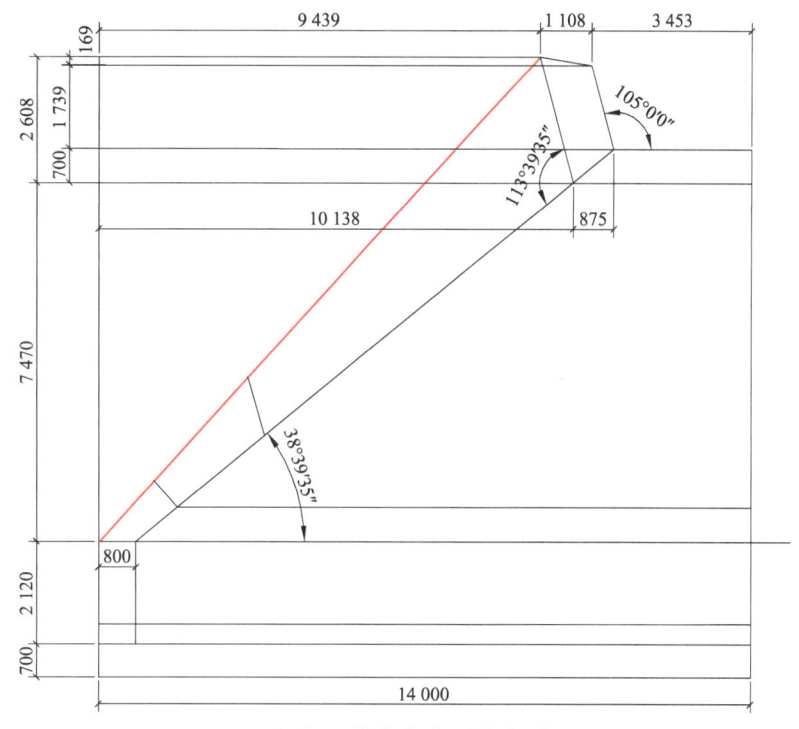

（b）三维实体截面导出图

图 9.2-20　明洞洞门剖面图（单位：mm）

2. 盾构到达出洞端墙及基座

盾构到达出洞端墙及基座由一面端墙、两个挡墙以及一个盾构基座组成，具体结构见图 9.2-21，设置在出口段明洞的前段 DK206+611 ~ DK206+623。

（a）端墙　　　　（b）挡墙　　　　（c）基座　　　　（d）加强环

图 9.2-21　盾构到达端墙及基座三维模型

9.2.3　管片三维数字模型建模

1. 奇数环管片建模

首先绘制一环管片的内外轮廓［图 9.2-22（a）］，通过内外轮廓生成环状面域［图 9.2-22（b）］，通过对环状面域的拉伸生成管片实体，根据设计的防水层凹槽剪切该实体［图 9.2-22（c）］。

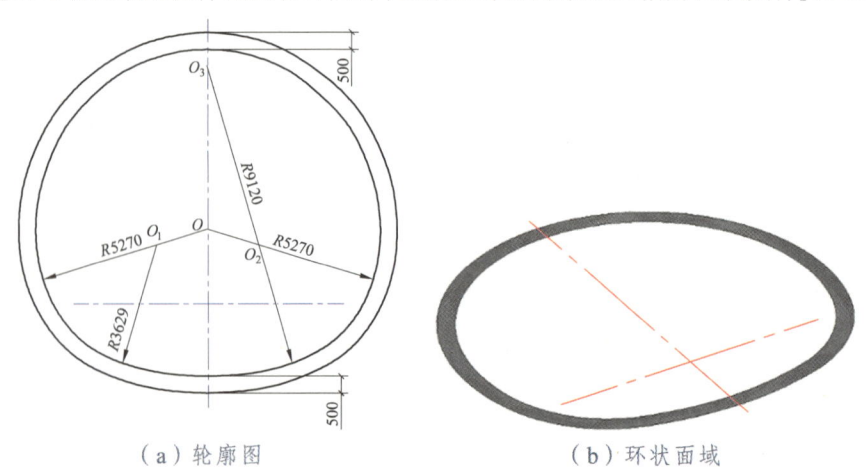

（a）轮廓图　　　　　　　　　　（b）环状面域

第 9 章 马蹄形盾构隧道 BIM 技术与信息化系统

（c）管片实体

图 9.2-22 管片建模过程（单位：mm）

根据设计图中纵向连接缝分割管片，管片纵向拼接的断面见图 9.2-23（a）。通过该断面对隧道进行切割，可以将管片分割为 8 部分见图 9.2-23（b）。

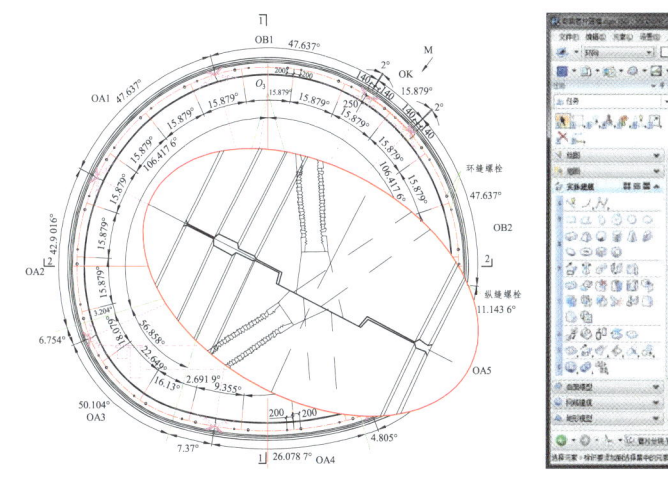

（a）管片纵向拼接处的断面　　　　　　　　（b）管片分割后全环效果

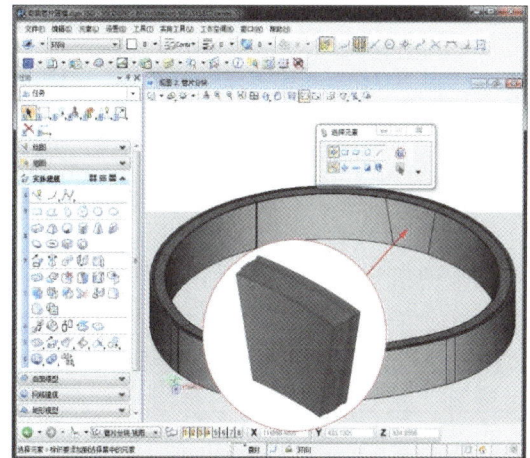

图 9.2-23 管片分割

管片分割完成后就是手孔的绘制，见图 9.2-24（a），手孔完成后隧道管片模型的建模就全部完成，见图 9.2-24（b）。

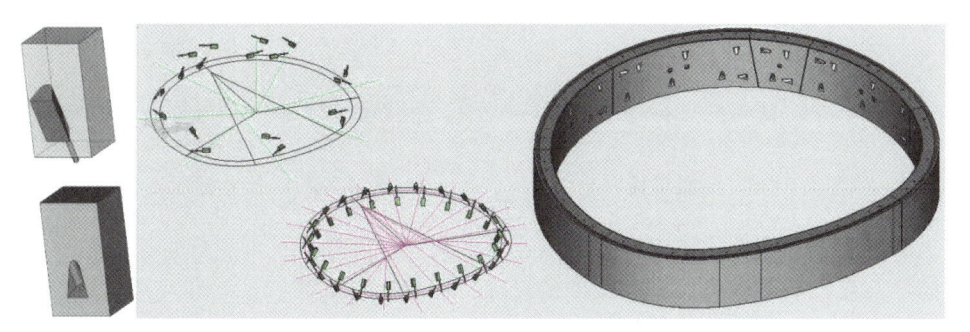

（a）手孔绘制方法及定位　　　　　　　　（b）最终整环管片实体

图 9.2-24 奇数环管片三维模型

195

2. 偶数环管片建模

偶数环建模的方法和奇数环建模的方法一样，同样是采用整环同时建模的方式。偶数环与奇数环不同的是其封顶块不在同一边，而是关于隧道中线对称的位置。除了按照奇数环的建模方法对偶数环进行二次建模，还可以通过奇数环管片平移、旋转操作转换成偶数环管片三维模型见图 9.2-25。

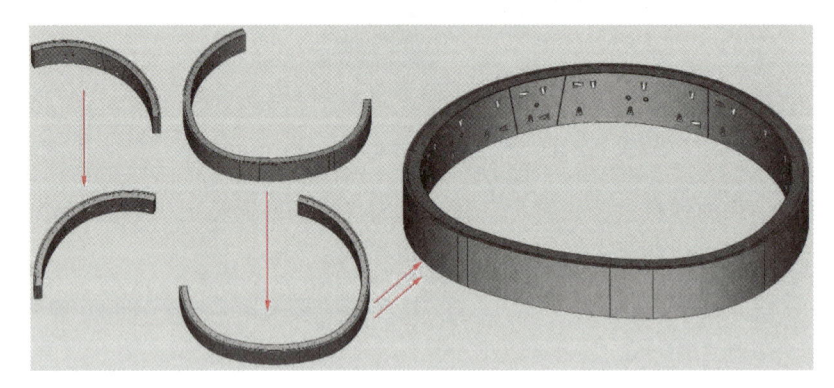

图 9.2-25 偶数环管片

9.2.4 隧道结构信息附加

附加的信息主要包括几何属性和非几何属性。白城隧道中用到的附加信息手段主要包括属性附加、描述附加、参数设置、外部链接和数据库存储。

几何属性是 BIM 模型最基本的信息，其包含有构件的外在尺寸、空间体积、空间相对位置关系等。在 MicroStation 软件中，查看构件的几何信息方式主要有以下 3 种：

（1）测量工具：若需要知道构件简单尺寸信息，可以通过软件测量工具，来查看元素的几何尺寸信息，如图 9.2-26 所示。

（2）尺寸标注工具：Microstation 软件中也提供了丰富的尺寸标注功能，其中包括角度尺寸标注、线性尺寸标注、坐标尺寸标注等，如图 9.2-27 所示。

图 9.2-26 测量工具　　图 9.2-27 尺寸标注工具

（3）属性查看：属性栏中包括综合属性、几何图形属性、扩展属性、原始数据属性、材质属性等。在属性查看中可以查询构件的尺寸、体积、材质等信息，可以用于简单的工程量计算。元素属性面板见图 9.2-28。

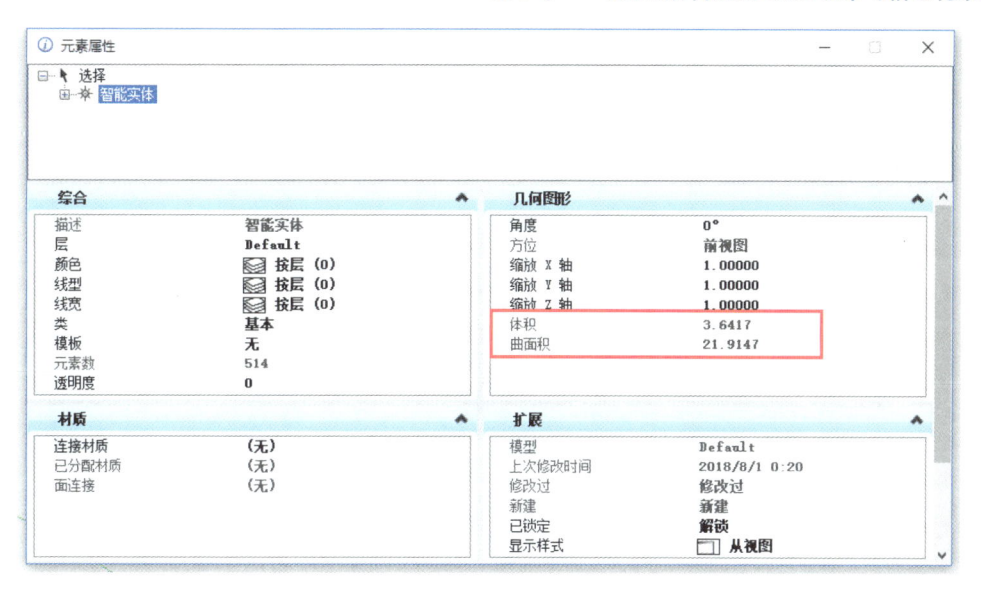

第 9 章 马蹄形盾构隧道 BIM 技术与信息化系统

图 9.2-28 元素属性面板

MicroStation 平台提供了"标签"功能，用户可以将一些简单的信息定义为标签，然后将定义好的标签连接到指定的几何元素上。以管片的属性为例，将奇数环封顶块管片的相应信息定义成标签，后将此标签连接到封顶块模型上，就可以简单地查看关于此块管片的信息，如图 9.2-29 所示。

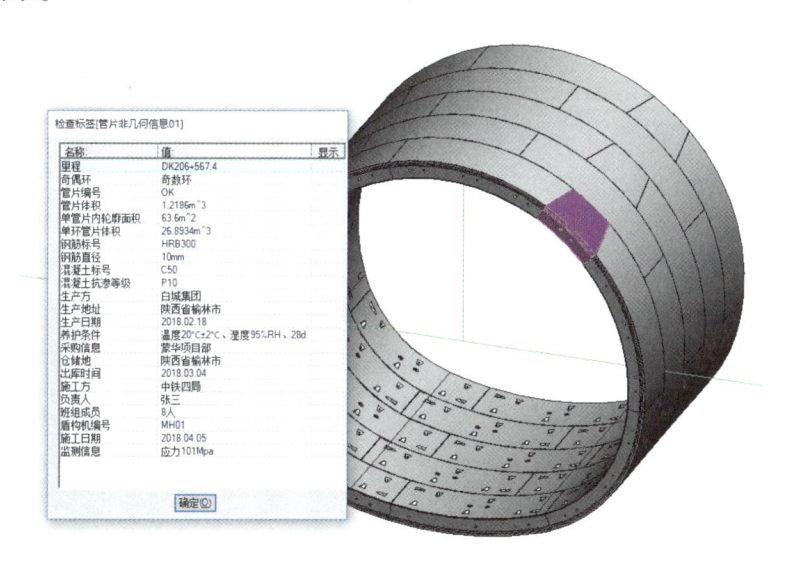

图 9.2-29 标签属性查看

Access 数据库的建立：Access 软件中按照一行一列的格式创建数据库，下面将以盾构管片作示范，以每环管片的里程定位，选取了隧道轮廓面积，管片的混凝土标号、抗渗等级、生产情况、养护情况、施工情况、监测信息等作为附加信息的示范，部分数据见图 9.2-30。

图 9.2-30　在 Access 中建立信息示例

在将图形文件中的图形元素与数据库中的数据行连接起来之前，要建立数据库与图形文件之间的连接，建立这样的连接需要通过数据库接口，通过它可以将图像元素与数据行相链接。完成管片信息数据库的建立和 ODBC 数据库接口的设置后，下一步将实现构件模型与数据库之间的连接，使之能够和数据库信息一一对应。

完成了管片的信息的附加，若要进行每块管片非几何信息的查询，可点击"工具—数据库—检查元素的数据库属性"，单击相应的构件就会显示它的属性信息，如图 9.2-31 所示。

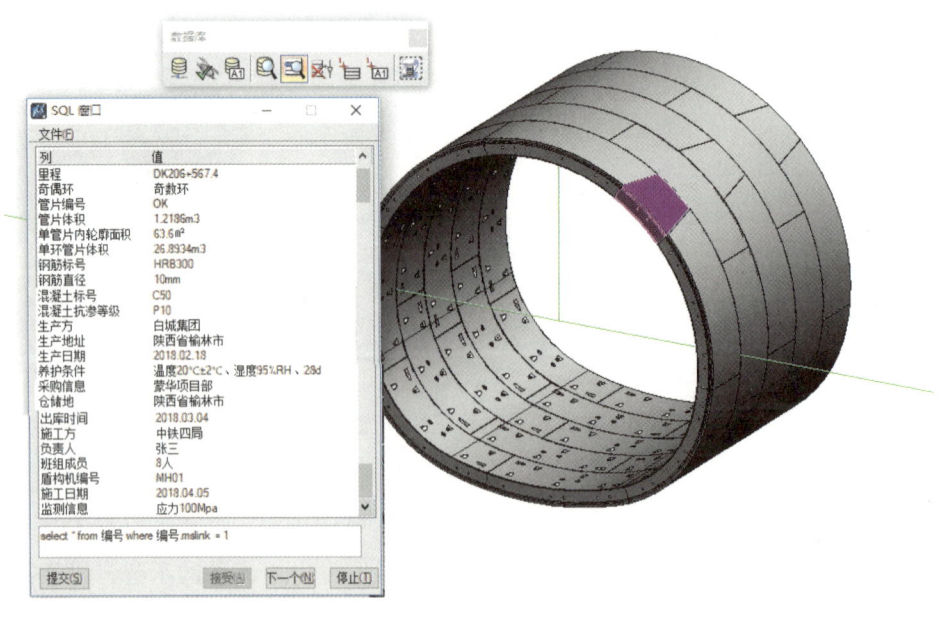

图 9.2-31　利用数据库查询管片的非几何信息

9.3 盾构机三维数字模型

超大断面马蹄形盾构机模型包含了刀盘、盾体、管片拼装机及螺旋输送机，具体样式如图 9.3-1 所示。

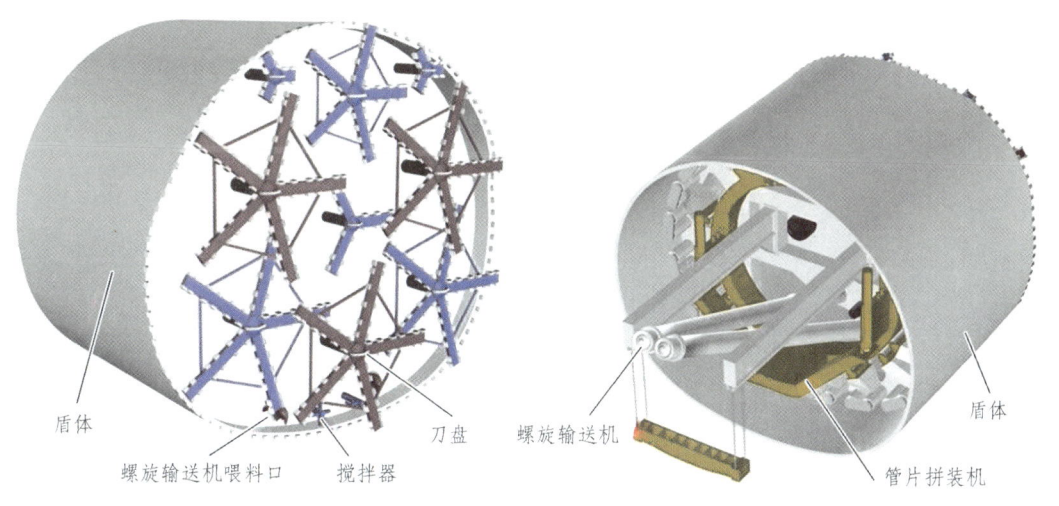

图 9.3-1　盾构机三维模型

结合盾构机模型及盾构始发装置，对盾构机始发进行了三维模拟，见图 9.3-2。

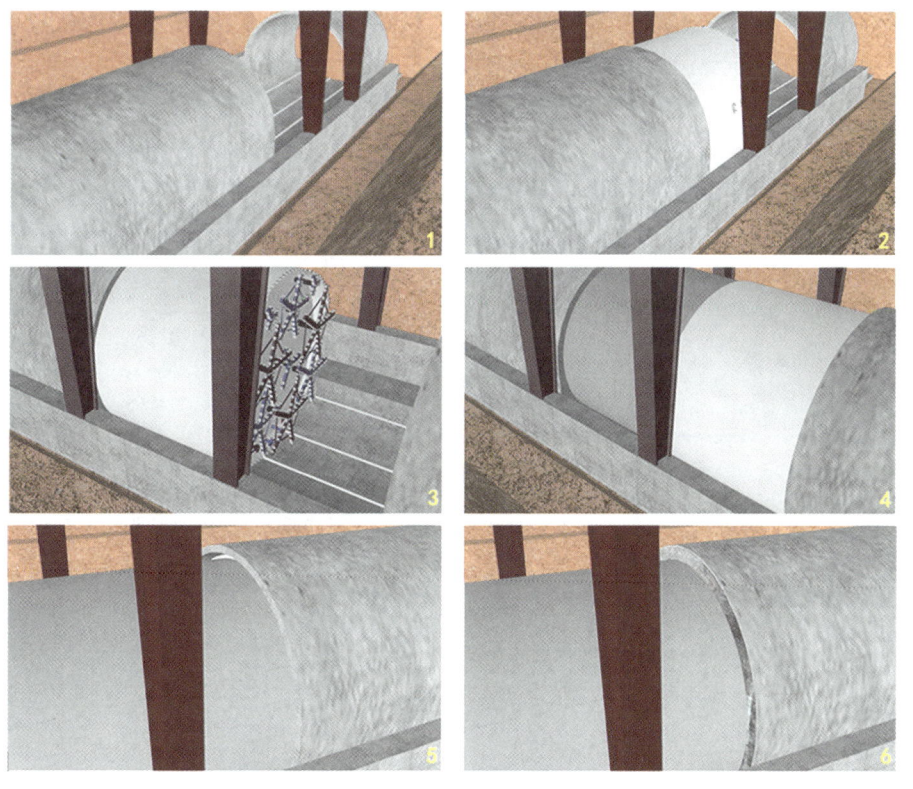

图 9.3-2　盾构始发三维模拟

结合盾构机模型及管片模型，对管片拼装进行了三维模拟，见图 9.3-3～图 9.3-11。管片安装时，首先安装最下方一块管片，先连接纵向螺栓；由下到上左右对称安装剩余管片，随每块管片的安装将纵向螺栓及环向螺栓连接好并进行紧固；封顶块安装时，先搭接 1/3，再径向插入，边调整位置边缓慢纵向顶推；整环管片全部安装完后，用风动扳手紧固所有螺栓；盾构掘进时，在上一个循环管片脱出盾尾后，及时以风动扳手对所有管片环纵向螺栓进行复紧。

图 9.3-3　EA2 拼装

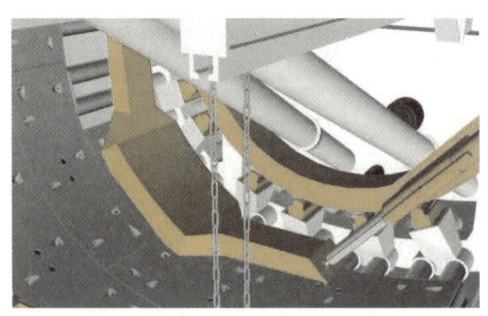

图 9.3-4　EA3 拼装

图 9.3-5　EA1 拼装

图 9.3-6　EA4 拼装

图 9.3-7　EB1 拼装

图 9.3-8　EA5 拼装

图 9.3-9　EB2 拼装

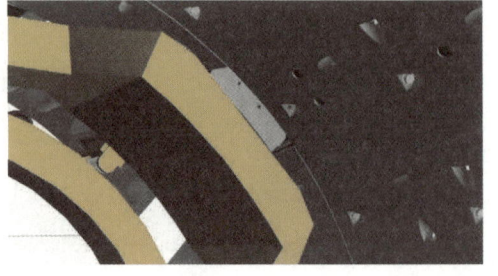

图 9.3-10　EK 拼装（一）

图 9.3-11　EK 拼装（二）

9.4　施工过程及控制三维数字模型

9.4.1　施工进度模拟

MicroStation 平台下的 Navigator 模型审查和进度模拟软件，能够把施工进度计划导入软件中，并把施工进度计划连接至三维模型，使得三维模型能够按照施工进度计划进行施工模拟，图 9.4-1 为管片拼装进度模拟。

（a）

（b）

（c）

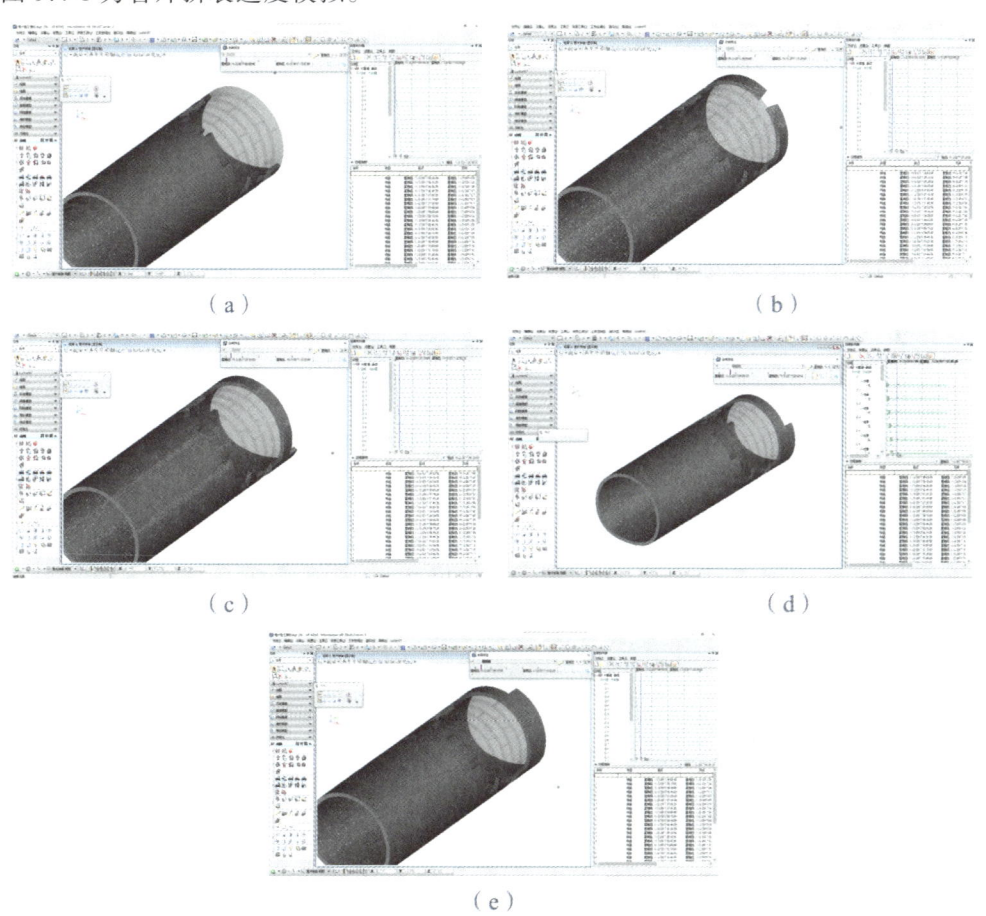

（d）

（e）

图 9.4-1　管片拼装进度模拟

9.4.2 基于白城隧道现场数据的 BIM 建模

三维激光扫描技术又称"实景复制技术",它利用向被测对象发射激光束和接收由被测物发射回的激光信号获取被测对象的空间坐标信息,这些三维坐标信息可导入三维软件进行后续工程设计。图 9.4-2 是白城隧道施工过程点云数据,图 9.4-3 是白城隧道贯通后的点云数据,图 9.4-4 是白城隧道进口点云数据,图 9.4-5 是白城隧道出口点云数据。

图 9.4-2 白城隧道施工过程点云数据

图 9.4-3 白城隧道贯通后的点云数据

图 9.4-4 白城隧道进口点云数据

图 9.4-5　白城隧道出口点云数据

在盾构隧道中，存在开裂、破损、错台等问题，在软件中构建的三维模型可以定量的获得被测物信息。可以测量扫描点之间的距离，显示点与点的实际距离、水平距离及垂直距离，可以用于观测裂缝，测量其宽度和长度，见图 9.4-6。

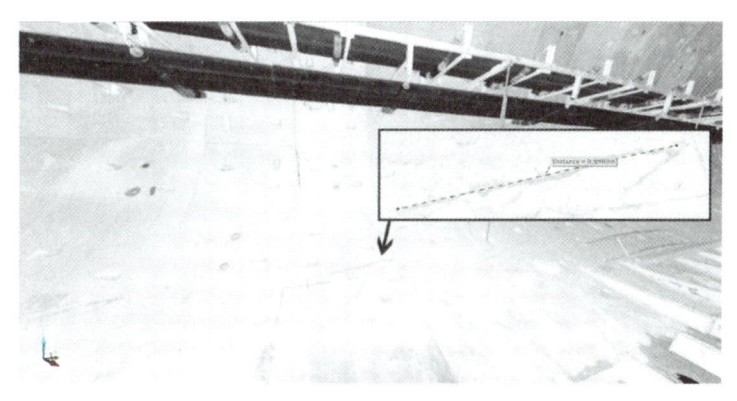

图 9.4-6　管片裂缝

管片错台不仅影响盾构隧道的外观质量，还会导致管片破裂、隧道渗漏、盾尾刷损坏等，在软件中可以直观地观察到这种相邻管片之间内弧面不平整的情况，进一步提高盾构隧道质量，如图 9.4-7 中里程 DK207+121.89 处管片相差 1.4 cm 左右。

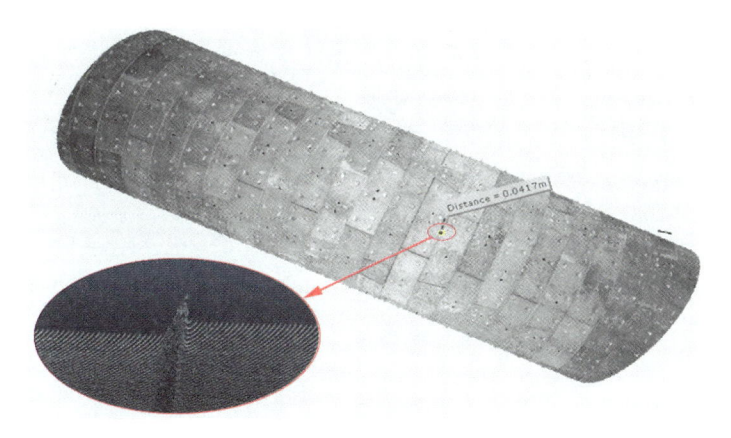

图 9.4-7　管片错台

除了直接对点云模型进行运用外，还可以通过《智隧三维激光点云处理分析系统》（TK-PCAS）对点云数据进行自动分析，可以自动检测净空、平整度等并出具报告，也可生成三维浏览数据，通过颜色云图直观形象地展示隧道中遇到的问题。使用该软件的具体步骤如下：

新建《智隧三维激光点云处理分析系统》工程项目并从已经建立好的 BIM 模型中导入平曲线、竖曲线及设计断面等设计参数，如图 9.4-8。其中红色点位表示测站在线路中的位置。

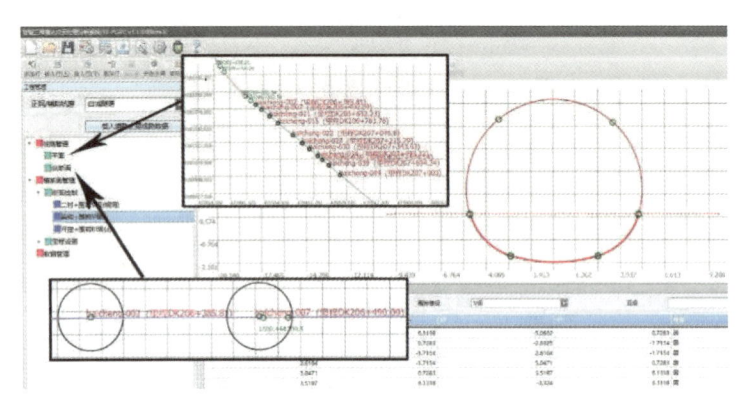

图 9.4-8　导入设计参数

通过平曲线、竖曲线形成线路文件，对于宏观把握线路走向，统筹全局具有指导性地位。可以直观地看到测站位置在整个线路中所处的位置，同时也是将三维激光扫描仪测站坐标通过相对坐标转换到绝对坐标，纳入施工控制网，将测站位置对应到线路中线。在此线路图中，也能观测到测站位置是否处于线路中线，便于及时筛选出不合格的测站信息，提高测量质量和效率。再将各区段设计断面文件加载到工程文件，在不同的里程区间对应不同的设计断面，精准对扫描断面进行分析。通过相同断面的点云数据与设计断面进行对比，从而能够分析盾构断面是否与设计断面贴合，对施工过程进行控制，从而提高施工质量。图 9.4-9 为管片激光断面与隧道设计断面的比对图。

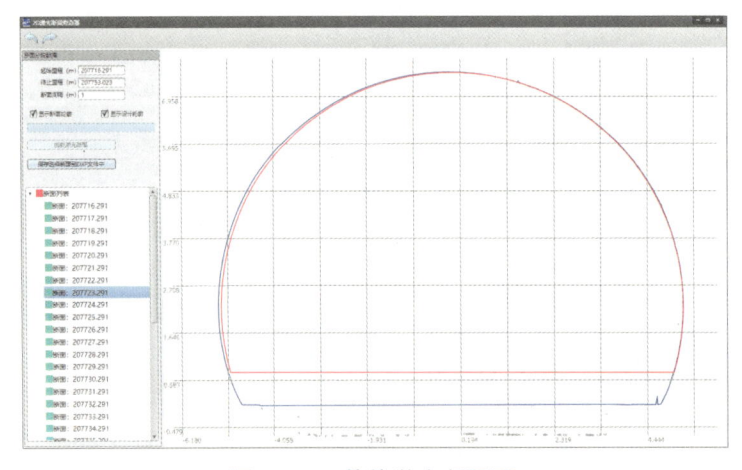

图 9.4-9　管片激光断面图

通过本软件还可以自动将选中里程内的数据按照所选间隔出具净空检测报告，见图 9.4-10。

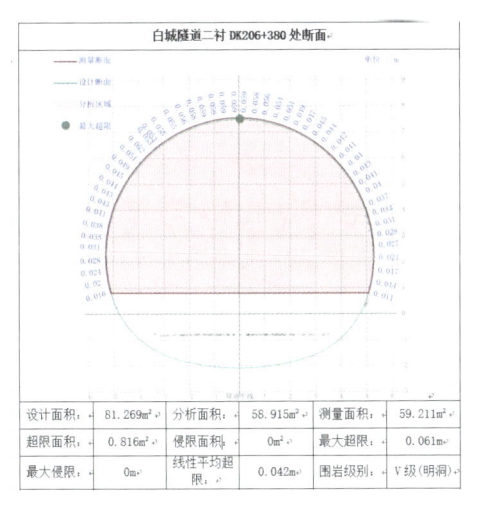

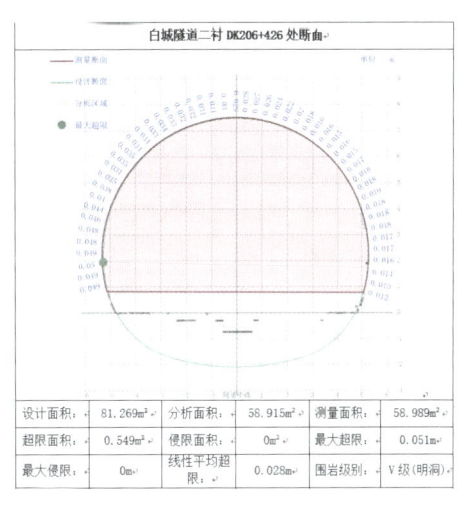

图 9.4-10　净空检测报告

除了二维报表外，本软件还可以将三维点云数据直接转化为表面模型，通过顶点的颜色赋值表示超侵限、平整度等。白城隧道净空三维展示见图 9.4-11。通过点击平面图，软件自动跳出改点的数值、所在里程及所在断面的位置，见图 9.4-12。

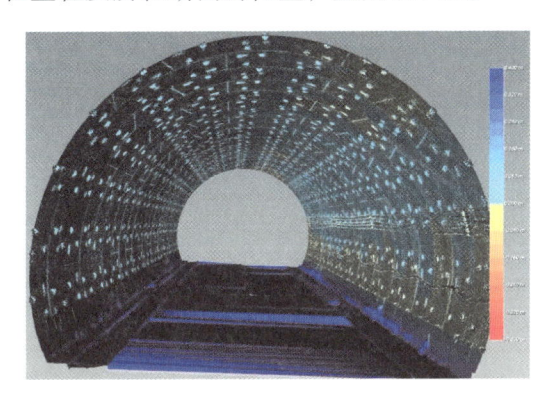

图 9.4-11　白城隧道净空三维展示

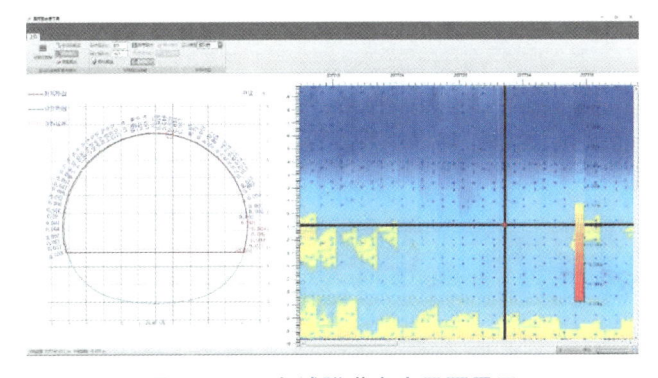

图 9.4-12　白城隧道净空平面展开

9.5 盾构项目管理系统

9.5.1 项目背景

随着盾构装备向复杂化、巨型化发展，以及施工规模的扩大，如何对盾构工程建设现场进行有效监控和管理，是施工单位和建设单位需要解决的问题。

白城隧道施工单位以远程数据采集为手段，依托大数据处理技术与移动互联网技术成功开发研制了盾构在线监测云平台，为地下空间建设项目提供了施工现场集成化管理和智能分析预警服务。

9.5.2 项目目标

面向盾构施工的在线监测管理平台旨在实现对盾构施工现场的盾构装备全面管控，同时对盾构数据进行采集、存储、分析，针对盾构装备提供运行监控、报警管理、健康诊断、掘进进度等状态监测功能与安全风险管控、部件维护保养、项目资料归档、工序优化及智能掘进等运维优化功能，以此提升重大工程装备智能运维技术水平。

9.5.3 项目方案

1. 总体架构

面向盾构施工的在线监测管理平台整体架构设计分为 4 层，分别是数据采集、数据汇聚、数据分析、数据展示 4 层，如图 9.5-1 所示。

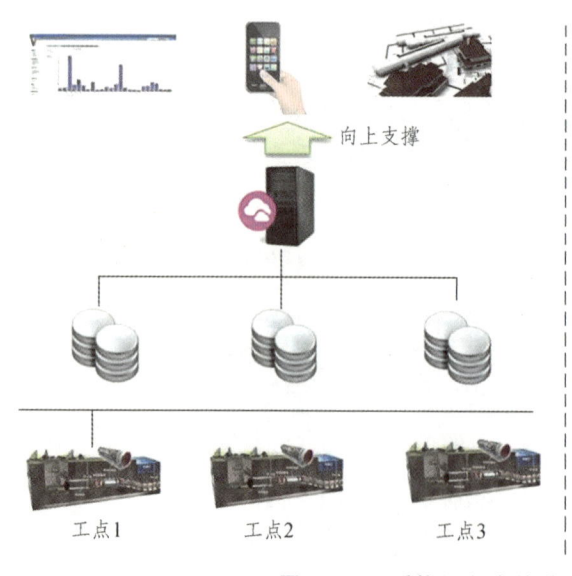

图 9.5-1 盾构远程在线监测云平台架构

2. 各层级功能

（1）数据采集层：采集工点盾构装备及传感器的相关数据，包括沉降数据、水平位移、地质数据、盾构机运行参数、风险数据、监理日志、隐患数据、工程资料及视频图像等。

（2）数据汇聚层：通过数据中心实现对采集数据的汇聚和存储，并进行预处理。

（3）数据分析层：通过盾构云中心的算法和模型实现对数据进行精细加工和计算。

（4）数据展示层：实现对分析处理后的数据在网页应用、手机应用程序及 BIM 等呈现载体上的可视化展示。

9.5.4 技术方案

平台通过打造盾构施工行业"物联网+盾构数据"的服务新模式，使施工单位能够更准确、快速地掌控项目施工进度、施工材耗、掘进风险、设备状况等关键信息，有效提升管理水平和能力，加大技术量化强度并降低工程对施工经验的依赖性。同时通过收集盾构设备数据，实现了盾构装备全生命周期的智能分析和管理。平台部分功能见图 9.5-2。

（1）基于盾构装备的控制网络体系，结合自动控制技术，通过上位机系统进行盾构机数据自动采集系统的设计与研发。

（2）基于流数据处理及数据分布式存储技术，进行多台盾构机运行参数、预警报警数据实时存储的数据中心的设计与研发，并将盾构机运行参数与地质数据、地层信息相结合，开展功能性研究。

（3）基于盾构机运行参数、报警数据与地层数据的实际应用设计功能模块，包括网页端在线监测、预警与报警信息推送、智能维护与保养、沉降点分析等。

（4）基于互联网开放机制，将平台中的数据与应用分发给有权限的业主客户，进一步挖掘平台潜在增值服务能力。

（5）通过大数据处理技术，提高设备使用率，降低故障与停机次数，提高盾构机的运转和参数设定的智能化水平。

（a）项目组段划分预警响应

（b）纵断面风险

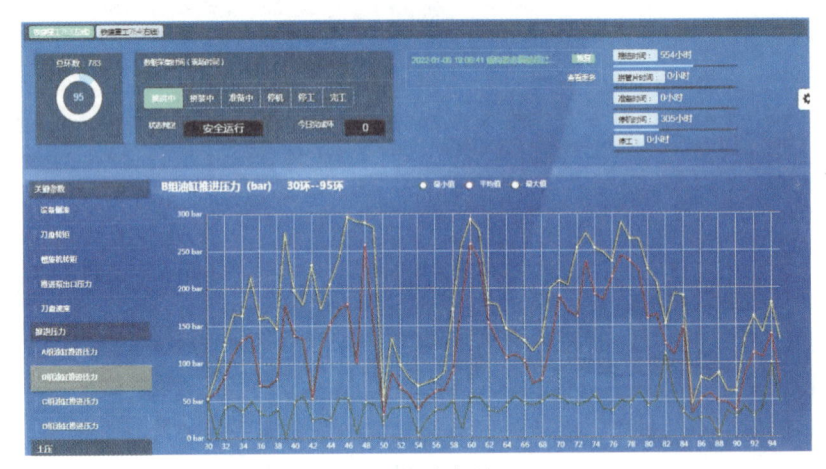

（c）推进参数

（d）总体情况

图 9.5-2　盾构项目管理系统

9.6 小结

本章针对白城马蹄形盾构隧道的地质、洞门、进口明洞、管片结构，建立了三维数字化 BIM 模型，以及盾构机和施工过程数字化模型，实现了马蹄形盾构施工过程和进度的模拟。进一步采用三维激光扫描技术，重构了隧道三维实景数字化模型，实现了对开裂、破损、错台等缺陷检测和线路及净空复核等功能。白城隧道项目采用远程数据采集手段，依托盾构在线监测云平台，实现了施工现场集成化管理和智能分析预警服务。基于 BIM 技术和盾构远程控制诊断技术，盾构施工的智能化必将迅猛发展，引领隧道施工技术的潮流。

参考文献

[1] 赵勇，等. 隧道设计理论与方法[M]. 北京：人民交通出版社股份有限公司，2019.

[2] 王梦恕，等. 中国隧道及地下工程修建技术[M]. 北京：人民交通出版社股份有限公司，2010.

[3] 赵勇，李国良，喻渝. 黄土隧道工程[M]. 北京：中国铁道出版社，2011.

[4] 李建斌，等. 异形断面隧道掘进机技术[M]. 北京：人民交通出版社股份有限公司，2020.

[5] 洪开荣，等. 盾构与掘进关键技术[M]. 北京：人民交通出版社股份有限公司，2018.

[6] 陈馈，洪开荣，焦胜军. 国内外盾构法隧道施工实例[M]. 北京：人民交通出版社股份有限公司，2015.

[7] 陈馈，王江卡，谭顺辉，等. 盾构设计与施工[M]. 北京：人民交通出版社股份有限公司，2019.

[8] 章龙管，李志刚，谭江. 白城隧道工程大断面马蹄形盾构始发与接收技术[J]. 隧道建设(中英文). 2020，40(7):1041-1048.

[9] 申志军，夏勇. 黄土隧道马蹄形盾构工法选择及应用[J]. 隧道建设(中英文). 2017，37(12):1518-1528.

[10] 申志军，艾旭峰，郑余朝，等. 马蹄形盾构隧道结构内力现场测试[J]. 土木工程学报. 2017，50(S2):267-273.

[11] 李飞宇，胡燕伟，李龙飞. 马蹄形盾构负环管片拼装技术[J]. 隧道建设. 2017，37(9):1162-1166.

[12] 薛广记，董艳萍，范磊，等. 超大断面马蹄形盾构盾体系统研究设计及应用[J]. 隧道建设. 2017，37(9):1179-1186.

[13] 刘娇. 马蹄形隧道掘进机刀盘设计探讨[J]. 隧道建设. 2017，37(S1): 204-211.

[14] 何川，李讯，江英超，等. 黄土地层盾构隧道施工的掘进试验研究[J]. 岩石力学与工程学报，2013，32(9):1736-1743.

[15] 陈建勋，姜久纯，王梦恕. 黄土隧道网喷支护结构中锚杆的作用[J]. 中国公路学报，2007，20(3):71-75.

[16] 刘赪. 郑西客运专线大断面黄土隧道施工方法研究[J]. 现代隧道技术，2007，44(6):10-17+31.

[17] 韩兴博，陈子明，苏恩杰，等. 盾构隧道围岩压力分布规律及作用模式[J]. 隧道与地下工程灾害防治. 2022，4: 1-10.

[18] 李奎. 水平层状隧道围岩压力拱理论研究[D]. 成都：西南交通大学，2010.

[19] 崔欢. 盾构管片受力特性的有限元分析[D]. 沈阳：沈阳工业大学，2021.

[20] 徐凯. 砂卵石地层叠线小净距盾构隧道管片结构受力特征与松动土压力计算方法研究[D]. 成都：西南交通大学，2021.

[21] 陈龙. 大埋深盾构隧道壁后填充层对管片结构-围岩相互作用的影响研究[D]. 成都：西南交通大学，2021.

[22] 欧颂炜. 隧道管片的快速建模技术与力学分析[D]. 广东：暨南大学，2020.

[23] 江帆. 盾构掘进对上软下硬土层引起的地表沉降及围岩稳定性影响分析[D]. 安徽：安徽建筑大学，2014.

[24] 周小阳. 水工隧洞平行四边形管片衬砌结构受力特性研究[D]. 武汉：武汉大学，2019.

[25] 聂奥祥. 软弱围岩隧道掌子面稳定性及预加固工法研究[D]. 北京：北京交通大学，2019.

[26] 丁智，董毓庆，张霄，等. 盾构姿态变化对管片影响与控制研究及展望[J]. 科学技术与工程. 2021，21(21): 8745-8756.

[27] 崔欢. 盾构管片受力特性的有限元分析[D]. 沈阳：沈阳工业大学，2021.

[28] Sapigniam, Bertibm, Bethaze E, et al. TBM performance estimation using rockmass classifications[J]. International Journal of Rockmechanics andmining Sciences, 2002, 39(6): 771-788.

[29] Kasper T,meschke G. A 3D finite element simulationmodel for TBM tunnelling in soft ground[J]. International Journal for Numerical & Analyticalmethods in Geomechanics, 2004, 28(14): 1441-1460.

[30] Saito J, Kurosaki S, Takahashi A, et al. The damage control of the segment during tunnelling in a large dept shield tunnel[J]. Doboku Gakkai Ronbunshuu F, 2007, 63(2):200-211.

[31] Sugimotom Sramoon A, Konishi S, et al. Simulation of Shield Tunneling Behavior along a Curved Alignment in amultilayered Ground[J]. Journal of Geotechnical and Geoenvironmental Engineering, 2007, 133(6): 684-694.

[32] Koyama Y. Present status and technology of shield tunnelingmethod in Japan[J]. Tunnelling and Underground Space Technology Incorporating Trenchless Technology Research, 2003, 18(2): 145-159.

[33] Kahraman S. Correlation of TBM and Drillingmachina Performances with Rock Brittlens[J]. Engineering Geology, 2002(65):269-283.

[34] 贾连辉，范磊，冯猛. 马蹄形盾构机研制关键技术及工程应用[J]. 中国铁道科学. 2018，39(06):61-70.

[35] 章龙管，李志刚，路桂珍，等. 大断面马蹄形盾构施工关键技术——以蒙华铁路白城隧道工程为例[J]. 隧道建设(中英文). 2020，40(S1):297-306.

[36] 黄健. 异型盾构多刀盘系统设计[J]. 现代隧道技术. 2016，53(S1):20-28.

[37] 王贺. 双滚刀协同破岩研究与滚刀布置优化设计[D]. 大连：大连理工大学，2018.

[38] 李东阳. 富水砂层条件下双螺旋土压平衡盾构施工技术[J]. 工程机械与维修. 2021, (5): 54-55.

[39] 陈乔松. 土压平衡盾构穿越富水砂层双螺旋输送机控制喷涌技术探讨[J]. 广东土木与建

筑. 2015，22(1): 44-46.

[40] 董艳萍，贾连辉，薛广记，等. 马蹄形盾构的工程应用解析[J]. 隧道建设(中英文). 2020，40(11): 1664-1672.

[41] 王正庭. 土压平衡盾构机渣土输送系统综述[J]. 机电工程技术. 2016，45(7): 150-155.

[42] Li Wu, Jia Yuan Zhang, Tianmin Guan. Structural Optimization of Shieldmachine Cutterhead Applied in Sandy Cobble Stratum[J]. Appliedmechanics andmaterialsVolume, 2014, 3484: 633-634.

[43] Lai Kuang Lin, Yimin Xia, Fei He, et al. Geological Adaptive Cutterhead Selection for EPB Shield Based on BP Neural Network[J]. Appliedmechanics andmaterials, 2014, 3343: 607-607.

[44] 巩一凡，丁文其，龚琛杰，等. 大断面类矩形盾构隧道管片接头极限抗剪切承载力试验研究[J]. 土木工程学报. 2019，52(11):120-128.

[45] 肖明清，封坤，张力，等. 盾构隧道管片接头抗弯承载力计算模型研究[J]. 土木工程学报. 2019，52(11):108-119.

[46] 龚琛杰，丁文其. 盾构隧道钢纤维混凝土管片接头极限承载力试验[J]. 中国公路学报. 2017，30(8): 134-142.

[47] 王士民，申兴柱，何祥凡，等. 不同拼装方式下盾构隧道管片衬砌受力与破坏模式模型试验研究[J]. 土木工程学报. 2017，50(6): 114-124.

[48] 封坤，何川，肖明清. 高轴压作用下盾构隧道复杂接缝面管片接头抗弯试验[J]. 土木工程学报. 2016，49(08): 99-110+132.

[49] 刘四进，封坤，何川，等. 大断面盾构隧道管片接头抗弯力学模型研究[J]. 工程力学. 2015，32(12):215-224.

[50] 郭瑞，何川. 盾构隧道管片衬砌结构稳定性研究[J]. 中国公路学报. 2015，28(6): 74-81.

[51] 朱合华，黄伯麒，李晓军，等. 盾构衬砌管片接头内力 变形统一模型及试验分析[J]. 岩土工程学报. 2014，36(12):2153-2160.

[52] 张君禄，段峰虎，廖文来，等. 湛江湾跨海盾构隧道管片现场监测试验研究[J]. 岩石力学与工程学报. 2014，33(S1): 2878-2884.

[53] Galli G, Grimaldi A, Leonardi A. Three-dimensionalmodelling of tunnel excavation and lining[J]. Comptuters and Geotechnics, 2004, 21(3):171-183.

[54] Jin Saito, Shigeru Kurosaki, Akira Takahashi, et al. Damage Factors of the Segment during Tunnelling in a Large Depth Shield Tunnel[J]. Doboku Gakkai Ronbunshuu F, 2007, 63(2): 200-211.

[55] Takamatsu N,mmrakamo H, Koizummi A. A study on the bending behaviour in the longitudinal direction of shield tunnels with secondary linings[C]//Proceedings of the International Congress: Towards New Worlds in Tunnelling, Acapulco:452-459.

[56] Lee Km, Hou X Y, Ge X W, et al. An analytical solution for a jointed shield-driven tunnel lining[J]. International journal for numerical and analyticalmethods in geomechanics, 2001,

25(4): 365-390.

[57] Tomoaki Takeuchi, Yoshihiro Emori, Yoshihiro Suda, et al. Influence on segmetns by jack thrust of shield-driven tunneling[J]. Doboku Gakkai Ronbunshuu F. 2010, 66(4): 599-611.

[58] Wunfan N A, Postam.P.D. Full scale testing of tunnel liner[C]//Towards New Worlds in Tunneling, Rotterdam, 1992: 315-320.

[59] 张合沛. 盾构掘进优质数据提取及在姿态控制中的应用[J]. 建筑机械化. 2021，42(11): 36-40.

[60] 刘肖楠. 盾构机掘进过程姿态建模与控制研究[D]. 江西：江西理工大学，2020.

[61] 刘成，管会生，谢友慧，等. 盾构掘进姿态和纠偏曲线研究[J]. 现代隧道技术. 2019, 56(4): 105-112+126.

[62] 李俊逸. 复合地层土压平衡盾构隧道掘进参数与安全控制技术研究[D]. 成都：西南交通大学，2015.

[63] 肖超，阳军生，褚东升，等. 长沙地铁典型板岩地层土压平衡盾构掘进参数精细化控制[J]. 中南大学学报(自然科学版). 2015，46(1)：261- 266.

[64] 龚国芳，洪开荣，周天宇，等. 基于模糊 PID 方法的盾构掘进姿态控制研究[J]. 隧道建设. 2014，34(7):608-613.

[65] 王林涛. 盾构掘进姿态控制关键技术研究[D]. 浙江：浙江大学，2014.

[66] 侯典清. 盾构推进系统顺应特性及掘进姿态控制研究[D]. 浙江：浙江大学，2013.

[67] 李志帅. 软土地层盾构掘进姿态控制技术研究[D]. 北京：北京交通大学，2013.

[68] 施虎. 盾构掘进系统电液控制技术及其模拟试验研究[D]. 浙江：浙江大学，2012.

[69] 张正. 基于模型预测控制的土压平衡盾构机掘进控制方法研究[D]. 浙江：浙江大学，2019.

[70] 秦佳佳. 合肥地区复合地层盾构掘进参数控制研究[J]. 隧道建设(中英文). 2020，40(3): 435-443.

[71] 傅德明，周文波. 超大直径盾构隧道工程技术的发展. 第五届中国国际隧道工程研讨会文集.上海：同济大学出版社，2011:62-70.

[72] 藤井崇弘、平田昌孝，石原企洋，长尾邦充、山崎敏弘. 椭圆断面 TBM の开发，建设的机械化，1994，1，54-57(日文).

[73] 孙统立. 异形盾构工法研究现状及其应用[J]. 铁道科学与工程学报，2017，14(9): 1959-1966.

[74] 孙统立. 多圆盾构施工扰动土体位移场特性及其控制技术研究[D]. 上海：同济大学，2007.

[75] matsumoto Y, Arai T, Ohta H, et al. Experimental study on themulti-circular face shield[C] Proceedings:1991 Rapid Excavation and Tunneling Conference, Seattle, Washington,1991: 815-828.

[76] Sonoda T, Hagiwara H, Osaki H, et al. Construction of underground space by a new shield tunnelingmethod: spiral tunneling and ramification ofmulti-circular face shield[J]. Tunneling

and Underground Space Technology,1992,7(4): 355-361.

[77] Kashima Y, Kondo N, Inouem. Development and application of the DPLEX shieldmethod: results of experiments using shield and segmentmodels and application ofmethod in tunnel construction[J]. Tunneling and Underground Space Technology, 1996,11(1): 45-50.

[78] 楼葭菲. 双圆盾构隧道管片衬砌内力计算与分析[D]. 上海：同济大学，2004.

[79] 袁金荣，周裕倩，刘学增，等. 双圆盾构隧道衬砌结构设计及参数研究[J]. 岩土工程学报，2005，27(6):638-641.

[80] 孙巍，官林星，温竹茵. 大断面矩形盾构法隧道的受力分析与工程应用[J]. 隧道建设，2015，35(10):1028-1033.

[81] 宋博. 双圆盾构隧道衬砌结构及施工技术研究[D]. 上海：同济大学，2003.

[82] 汤继新，王柳善，季昌，等. 类矩形土压平衡盾构掘进引起的地层变形三维数值分析[J]. 华东交通大学学报，2016，33(1): 9-15.